UnRead
—
艺术家

〔美〕卡罗琳 · 沃恩 ————————————————— 编

文心 ————————————————— 译

文艺复兴大师的
素描、书信、诗歌及
建筑设计手稿

手稿　米开朗琪罗

Carolyn Vaughan

Michelangelo's

Notebooks

The Poetry, Letters,
and Art of
the Great Master

北京联合出版公司
Beijing United Publishing Co.,Ltd

目　录

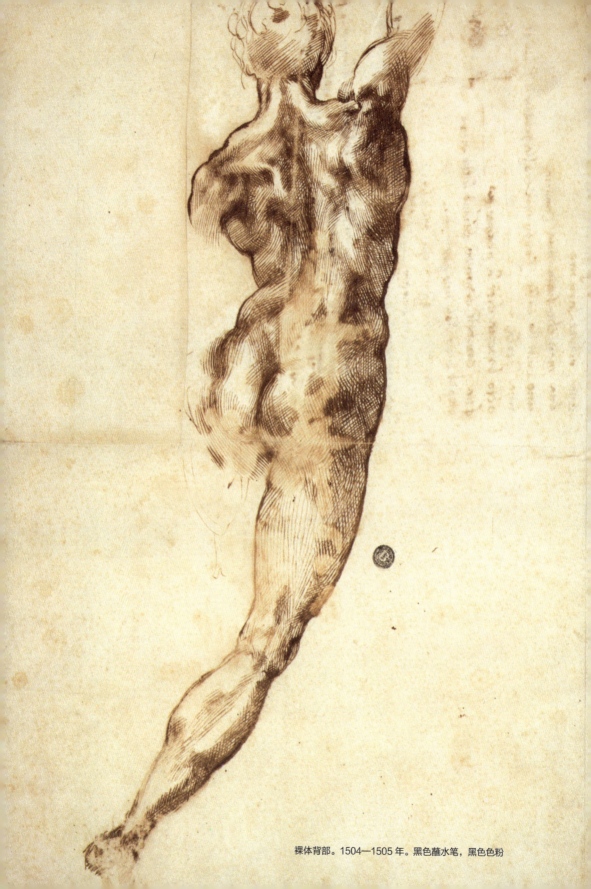

裸体背部。1504—1505 年。黑色蘸水笔，黑色色粉

简介

"我不是画家。"在米开朗琪罗回忆创作西斯廷礼拜堂天顶画这一西方文明中最受赞誉的绘画之一时，他这么辩白道。然而众所周知，他确实是一位画家、雕刻家以及建筑师。

他的其他身份更鲜为人知，他是位受人尊敬的诗人，著作有300余首。此外，他还写过不少书信。在他的诗作中，本书收录了其中77首十四行诗——从他受到但丁和彼特拉克[1]的影响的早期作品，到后来对年轻的托马索·德·卡瓦列里 (Tommaso de'Cavalieri) 写下的诚挚告白，再到最后死亡临近时痛苦的自省。

本书从他现存的近500封书信中选取了一部分。其中包括了一些关于家庭琐事的日常书信，最初是写给父亲或兄弟的，后来是写给侄辈的。本书也收录了他与其他人的通信，其中包括好友且同为艺术家的塞巴斯蒂亚诺·德尔·皮翁博 (Sebastiano del Piombo)，以艺术家传记闻名的编年史学家乔尔乔·瓦萨里 (Giorgio Vasari)，更不用说诸如教皇、公爵、法国国王弗朗西斯一世等身份显赫的人物。即使是关于财务往来、货物运输、婚姻建议的书信，也能折射出米开朗琪罗性格的方方面面——时而高傲，时而任性，时而沮丧，时而尖刻，时而机敏。

不过，他最重要的身份还是艺术家，而绘画是他无法摆脱的宿命。他在白纸上画，在收据、诗歌和收到的信件的空白处画，也在自己写信时打的草稿上画。这一幅精美的素描 (左图) 在他的工作室里尘封了二十五年之后，他把它折了起来，在背面列起了清单。似乎他一看到空白的地方，就抑制不住想要把它填

---

1 弗朗切斯科·彼特拉克 (Francesco Petrarca, 1304—1374)，著名意大利学者、诗人与人文主义者。——译者注

满的冲动，他曾对自己的学生安托尼奥·米尼 (Antonio Mini) 说过这么一句话："画吧，安托尼奥，画吧，安托尼奥。别浪费时间，画吧。"而他自己才是这句话的最佳例证。

也许是多疑症作祟，米开朗琪罗坚信其他艺术家会从他的画中偷师，盗取灵感。他会在书信里要求对方藏好或者包裹好自己的作品，他甚至毁掉了许多自己的画作（这对我们后人来说是多么不幸），在他临终前不久，他曾将一些作品付之一炬。他怀疑自己所谓的"敌人"——特别是事业早期的劲敌拉斐尔 (Raffaello Sanzio) 和布拉曼特[1](Bramante) —— 在策划什么阴谋陷害他，甚至到了晚年，他还在烦恼一些流氓无赖在四处散布他的谣言。

即使在今天看来，米开朗琪罗仍然有着阴沉乖戾、不擅社交、天性多疑、一毛不拔、气度狭小、难以相处的形象。不过，我们也可以看出他的幽默感，比如说在1525年12月的一封信中，他对教皇克雷芒七世 (Clement VII) 的巨大雕像就进行了冷嘲热讽。从他的书信中，我们还能看出他至少对部分家庭成员抱有感情，他还有不少朋友，其中不乏感情深厚者。

米开朗琪罗享年八十九岁，经历了将近一个世纪的政治、宗教、社会和艺术的动荡。在一次次大小战役中，在欧洲强国——法国和拥有德意志及西班牙军队的神圣罗马帝国的入侵下，意大利的城邦不断遭受外来侵略的威胁。 米开朗琪罗也曾多次因为战火而被迫逃难。他的人生也见证了马丁·路德的宗教改革和愈演愈烈的天主教分裂。同时，艺术家不再只是工匠，艺术家名人层出不穷。米开朗琪罗在生前就被众人冠上了"天才"的头衔。

米开朗琪罗在书信中很少谈论自己的艺术理论。不过在他的十四行诗中，比如

1　多纳托·布拉曼特（1444—1514），文艺复兴时期知名建筑师，拉斐尔的朋友。——译者注

《完美的理念》(*Se ben concetto*) 和《最好的艺术家》(*Non ha l'ottimo artista*)，他表达了自己对雕塑的看法，这些诗句被后人大量引用。他相信艺术创作的最初理念 (concetto) 诞生于艺术家的头脑之中，当他面对一块大理石的时候，他的任务就是让大理石中的形象显露出来，凿去多余的石头，直到雕像现身。绘画也许是他用于探索和澄清自己想法的一种方式。但是，最终的作品不过是具体之物，始终不及艺术家脑海中的理想形象那么完美，也许这也是他留下那么多未完成作品的理由之一。在那些未完成的作品中，被困住的雕像似乎正在奋力挣脱石块的束缚。

英文翻译与先后顺序的说明

十四行诗[1]的英文版本取自约翰·阿丁顿·西蒙兹[2](John Addington Symonds) 1878 年的译著。

本书中的书信大多来自罗伯特·W. 卡登 (Robert W. Carden)1913 年的作品《米开朗琪罗：书信与著作中的人生轨迹》(*Michelangelo: A Record of His Life as Told in His Own Letters and Papers*)。 1533 年 1 月 1 日、1533 年 7 月 28 日以及 1533 年 8 月的书信则来自 1987 年出版的乔治·布尔 (George Bull) 的著作《米开朗琪罗：生活，书信，诗歌》(*Michelangelo: Life, Letters, and Poetry*)。1550 年 8 月 1 日写给瓦萨里的信、1550 年 10 月 13 日、1555 年 9 月 28 日以及 1556 年 12 月 18 日的书信，来自 1816 年出版的理查德·杜帕 (Richard

---

1　部分十四行诗 (caudal sonnet) 会多加三行或六行。
2　约翰·阿丁顿·西蒙兹（1840—1893），英国诗人与文学评论家，同时也是研究文艺复兴的文化史学者。——译者注

Duppa）的著作《米开朗琪罗·博纳罗蒂的一生》（*The Life of Michael Angelo Buonarroti*）。米开朗琪罗的财务与合同事务的相关记录也被收入此书，这为他的书信提供了背景资料。相关脚注是卡登或本书编辑所加。[1]

米开朗琪罗的许多书信都没有写上具体日期，或者出于种种原因而没有写上正确日期。根据最新的学术研究成果，我们将书信按时间排列，形成本书的框架。多数素描作品也是按照时间排列的，或者放在与之相关的文字旁边，也有一些作品因为各种考虑穿插在书中各个部分。米开朗琪罗在16世纪30年代早期和16世纪40年代中期写下了大量诗歌，考虑到整体平衡，这些诗歌也会穿插在不同章节里。

✠

最好的艺术家
Non ha l'ottimo artista

最好的艺术家只会展示
坚石外壳下的本来面目
只有服从智慧的双手
才能打破大理石的魔咒

我逃避的厄运与寻求的美好
都在于你，美丽的夫人
你高贵而神圣
让我一向擅长的技艺无处施展

1　为了便于读者进一步探究，在原书注释之外，译者对部分信息进行了补充说明，详见脚注中的"译者注"。——中文版编者注

因此，并非爱或是你美丽的容貌造成了我的不幸
也不是残酷、财富或厌弃
更不是我的天命与运气

而是在你的心中，死亡与永生
密不可分，而我的愚钝
却只能从中寻求到死亡

如果有时我的信中充满愤怒的语句，

请不要见怪。

因为我不时堕入深切的悲苦，

而这对一个离家的人来说更加难受。

如果我为艺术而生，

如果我从童年开始就是那致命之美的猎物，

那我一切不幸的来源都是她——

我注定一生要伺候的主人。

1

为艺术而生

两个披着斗篷的人像，仿乔托（Giotto），c. 1490—1492 年。
以灰色与棕色墨水覆盖之前用尖笔（stylus）创作的绘画痕迹

米开朗琪罗经常说，他对雕塑的爱与天赋来自其乳娘的乳汁，她是一个石匠的女儿，又嫁给了一个石匠。米开朗琪罗在家里的五个儿子中排行第二，他于1475年3月6日出生在阿雷佐 (Arezzo) 附近的卡普雷塞 (Caprese)。米开朗琪罗出生后不久，全家就搬回了佛罗伦萨。他从小就对艺术有着天生的兴趣，虽然他的父亲认为艺术是个卑微的职业 (当然，当米开朗琪罗功成名就，成了家里的顶梁柱时，他的父亲改变了这一看法)，米开朗琪罗13岁时就成了佛罗伦萨最有名的画家之一——多梅尼科·吉兰达约 (Domenico Ghirlandaio) 的学徒。在吉兰达约的作坊里的短暂学习中，米开朗琪罗学会了湿壁画[1]的技能，二十年后，米开朗琪罗借此名垂千古。

离开吉兰达约的作坊之后，他搬到了美第奇家族的花园，"伟大的洛伦佐"[2]会召集年轻的艺术家来研究他的雕像收藏，并请来了多纳泰罗 (Donatello) 的学生，贝托尔多·迪·乔瓦尼 (Bertoldo di Giovanni) 指点他们。米开朗琪罗在这里创作了自己最早的雕像作品，包括《浮雕楼梯上的圣母》(*Madonna of the Stairs*)以及《半人马之战》(*Battle of the Centaurs*)。他还曾因为激怒同在美第奇花园学习的一个艺术家[3]而吃了一拳，我们在他的肖像中看到的他那扁平歪斜的鼻子，就是这一场事故的"纪念品"。米开朗琪罗与新柏拉图主义的拥护者们为伴，吸收了他们的哲学思想并得到了启发。在这一段早年生涯中，他还开始对同样诞生于托斯卡纳的但丁与彼特拉克心生敬仰，这种敬仰将贯穿他的一生。1494年，当美第奇家族被逐出佛罗伦萨的时候，米开朗琪罗也离开了佛罗伦萨，在这之前，他已经开始接受来自博洛尼亚、佛罗伦萨和罗马的委托制作雕像。当他接受委托创作《哀悼耶稣》(*Pietà*) 时，只有二十出头，这座雕像被誉为"罗马最美的大理石作品"。制作雕像的同时，他还在绘画。在这段时期里，他创作了构

1　湿壁画 (fresco)，在铺上灰泥的墙壁及天花板上作画，14 至 16 世纪形成于意大利，是一种要求快速作画的技术，优点是易于保存。——译者注
2　"伟大的洛伦佐"，指洛伦佐·德·美第奇 (Lorenzo de Medici，1449—1492)。——译者注
3　对方是彼得罗·托里贾尼 (Pietro Torrigiani，1472—1528)，佛罗伦萨的雕刻家与画家。——译者注

《半人马之战》，1490—1492 年。大理石

图别具创意的《多尼圆幅》(Doni Tondo，又称《圣家族》)，以及为佛罗伦萨的维奇奥宫的大会议厅 (Sala Grande del Consiglio) 所作却从未完成的《卡辛那之战》(The Battle of Cascina，现已散佚) 的草图。原本《卡辛那之战》将与达·芬奇的《安吉里之战》共处一室，一决高下，可惜两幅作品都没有最终完成。米开朗琪罗在佛罗伦萨完成大卫像之前，已经是个名气不小的雕刻家了。

1505年，米开朗琪罗被教皇尤利乌斯二世 (Julius II) 召赴罗马，为教皇设计陵墓，他也满怀期待地答应了下来。但是，在监督了上百吨大理石的开采过程之后，米开朗琪罗开始对教皇对他的怠慢以及不信任心生不满，回到了佛罗伦萨。尤利乌斯二世只能写信说服他返回罗马。回到罗马后，米开朗琪罗希望立刻回到陵墓的建造工作中去，但反复无常的教皇又坚持让他去博洛尼亚建造自己的青铜像。米开朗琪罗在博洛尼亚写的信中，就有关于自己"悲惨的生活条件"（他要和三个人挤在一张床上睡觉）以及工作的缓慢进度的抱怨。这座青铜像于1508年建成，又在1511年被占领博洛尼亚的教皇的敌人摧毁。最后，它沦为了一门大炮的原料，敌人们还给大炮起了个绰号"茱莉亚"（La Giulia）。当米开朗琪罗终于得以回到陵墓的工作上时，教皇又有了别的主意。

这段时间，在家排行老二的米开朗琪罗主要和他的父亲，卢多维科[1]（Ludovico），以及他的三弟，同时也是他最喜欢的兄弟，博纳罗托（Buonarroto）通信。在他的其他兄弟姐妹中，大哥李奥纳多（Liornardo）成了牧师，并因为追随狂热的多明我会牧师吉罗拉莫·萨沃纳罗拉（Girolamo Savonarola）而被解除教职（后来他得以恢复原职）。四弟焦万·西莫内（Giovan Simone）以及最小的弟弟西吉斯蒙多（Sigismondo），或称吉斯蒙多（Gismondo），跟随博纳罗托在佛罗伦萨的一家羊毛商店工作。焦万·西莫内和西吉斯蒙多经常因为对家庭不负责任而受到来自兄长的指责。

✠

即使最轻快的幻想
Non posso altra figura
(为托马索·德·卡瓦列里而作)

即使最轻快的幻想
也无法想出另一种形状的灵与肉
去匹敌你的美丽
在我曾经受伤，而如今被幻想庇护的心里
如果与你分离，我将坠入深渊

1　在通信中，米开朗琪罗一般用"洛多维科（Lodovico）"和"卢多维科（Ludovico）"称呼他的父亲。——译者注

爱已窃走我全部力量
我试图抚平伤痛
悲伤却有增无减，直至死亡降临

我的灵魂躲避你的美丽
而美丽却像一个劲敌
在敌强我弱的对抗中我全无优势

但爱将用它的手拭去我的泪水
向我许诺欢乐终将到来
我付出的代价，必会有所回报！

✠

写于罗马[1]
1496年7月2日

伟大的洛伦佐，我们已经在周六安全抵达，随后立即去拜见了圣乔治红衣主教，并向他递交了您为我写的介绍信。我感到他因为我的到来心情大好，他立刻让我看了一些雕像，这让我忙了一整天，所以没能给您寄信。周六那天，红衣主教去了他的新居所，并召见了我。我到达之后，他向我询问对于看到的那些雕像有什么看法。我告诉了他我的想法——当然，其中的一些作品非常美丽。然后，他问我有没有勇气自己去创作一座雕像。我回答说，我没法创作出能与我看到的那些雕像匹敌的作品，但我愿意向他展示我的能力。我们买了一块一人大小的石材，打算到了周一着手雕塑[2]的工作。

---

1 致佛罗伦萨的洛伦佐·德·皮耶尔·弗朗切斯科·美第奇（Lorenzo di Pier Francesco de'Medici）。
2 指《酒神巴库斯》（Bacchus）。

《酒神巴库斯》，1496—1497 年。大理石

上周一我向帕格罗·鲁切拉伊[1](Pagolo Rucellai) 递交了您为我写的介绍信，他给了我一笔钱，并向我介绍了卡瓦尔坎蒂 (Cavalcanti)。后来，我又向巴尔达萨雷[2](Baldassarre) 递交了介绍信，请他交还丘比特雕像，并且告诉他我愿意退回他的钱。[3]但是他草草地敷衍了我，还告诉我他宁愿把雕像摔个粉碎也不愿意还给我。他说，既然他已经买下了那个小宝贝儿，那就是他的了，他把雕像卖给了另外一个人，雕像的新主人还给他写了信，告诉他自己对雕像有多满意。他说自己并不会归还这个雕像。不仅如此，他还刻薄地抱怨您说他的坏话。

一些佛罗伦萨人气不过，想快点儿把这件事情解决了，但他们也无计可施。而我则希望能通过红衣主教的干涉解决此事，有人建议我去找巴尔达萨雷·巴尔杜齐 (Baldassare Balduci)。我会向您通报今后的进展。除此之外一切顺利。向您问好。上帝保佑您。

–米开朗琪罗，于罗马

✠

写于罗马

[致佛罗伦萨的多米诺·卢多维科·博纳罗蒂(Domino Ludovico Buonarroti)]

以上帝之名，1497 年 7 月 1 日

我最尊敬和亲爱的父亲，对于我长久没能回信这件事，您肯定感到很惊讶。虽然我费尽全力，但还是没能处理好和红衣主教有关的事务，而在我解决所有事

---

1 即保罗·迪·潘多尔福·鲁切拉伊（Paolo di Pandolfo Rucellai），一位银行家。
2 即巴尔达萨雷·迪·米拉内西（Baldassarre di Milanesi）。
3 这里谈论的事情是米开朗琪罗将《沉睡的丘比特》(已佚）埋进土里，将其做旧，当作古董，通过银行家巴尔达萨雷·迪·米拉内西，卖给了古董收藏家圣若望红衣主教拉法埃莱·里亚罗（Raffaele Riaro），后来事情败露。——译者注

情并拿到应得的报酬之前，是不会离开罗马的。对待这些尊贵的要人，可不能太着急，因为他们不吃那套。尽管如此，我相信下周末这一切都会得到解决。有件事不得不跟您说，弗拉·李奥纳多[1]（Fra Lionardo）已经回到罗马了，他告诉我他必须逃离维泰博（Viterbo），他的教职也保不住了。他希望能回到您身边，就向我要了1个金杜卡特[2]作为旅费。我想您现在应该已经知道这些了，因为现在他应该已经到您那儿了。

我能说的就是这些，因为我被太多不确定因素包围着，不知事情将如何发展，但是我希望能很快再次和您团聚。我一切顺利，希望您也一切都好。请代我向我的朋友们问好。

－米开朗琪罗，雕刻家，于罗马

✠

写于罗马
［致佛罗伦萨的多米诺·洛多维科·博纳罗蒂］
以上帝之名，1497年8月19日

我最亲爱的父亲，上周五博纳罗托来了，一听到这个消息，我立刻去他落脚的旅店见了他。他把种种传言都告诉了我，那个叫孔西利奥（Consiglio）的布料商人找了您不少麻烦，他不愿意做出任何妥协，还想找人逮捕您。我建议您努力和他协商，事先给他些钱，然后告诉我您和他谈得怎么样，接下来还需要支付多少钱。如果您现在手头拮据的话，我会寄一些给您，虽然我手头也不是特

1　米开朗琪罗的大哥。

2　杜卡特（ducat），一种货币单位。历史记载中的价值并不确定，16世纪30年代，1杜卡特约等于7里拉10索尔蒂到7里拉15索尔蒂。见Carlo M. Cipolla, *Money in Sixteenth—Century Florence*（Berkeley: University of California Press, 1989），64—65。——译者注

左图 | 仿马萨乔在佛罗伦萨卡尔米内圣母大殿所作的湿壁画（三个穿长袍面朝左方的男人）。1494—1496 年。棕色墨水

右上图 | 人像素描（赫尔克勒斯），c.1508 年。墨水

右下图 | 人像素描，1503—1504 年。黑色色粉，部分覆盖之前用尖笔创作的绘画痕迹

别宽裕。但是我已经说了，我会尽我所能凑齐钱款，这样您就不必通过蒙特[1]借钱了，博纳罗托说您打算以此筹款。如果有时我的信中充满愤怒的语句，请不要见怪。因为我不时堕入深切的悲苦，而这对一个离家的人来说更加难受。

皮耶罗·德·美第奇 (Piero de'Medici) 让我去创作一座雕像，为此我买了块大理石。但他没有兑现诺言，我也没能开始这项工作。结果现在我是在为自己工作，为了自娱自乐而雕像。我花了5个金杜卡特买了一块大理石，结果毫无用处，花出去的钱也算打水漂了。然后，我又花了5个杜卡特买了另一块大理石，现在我正在用这块石材自娱自乐。说这些话，是为了让您知道我也有自己的困扰和开销。不过，不论您需要多少钱，就算把自己卖作奴隶，我都会凑齐给您寄去。

博纳罗托已经安全抵达，并且在旅店找到了一间舒适的房间。他应该能无忧无虑地在这里待一阵子了。我不打算让他跟我住一块儿，毕竟我也是寄人篱下，不过，请您放心，他现在一切安好。我希望您也是如此。

–米开朗琪罗，于罗马

✠
写于罗马[2]
[致佛罗伦萨的洛多维科·迪·博纳罗塔·西莫尼]

我最敬爱的父亲，我最近从一个修女那里收到一封信，她说她是我的阿姨，现在非常贫困，急需用钱，让我给她一些帮助。我随信寄给您5个杜卡特，出于对上帝的爱，请您给她4个半杜卡特，剩下的半个杜卡特请转交给博纳罗托，

1　蒙特（Monte），佛罗伦萨公债，公民能够拥有股份并用它作为债务保证。
2　1499 年 8 月。

让他从弗朗切斯科·格拉纳奇（Francesco Granacci）或其他画家那里买一盎司深红色颜料，或是能买多少买多少。必须是佛罗伦萨最好的，如果买不到最好的，那就别买了。那个找到我的修女，或者说我的阿姨，应该来自圣朱利亚诺（San Giuliano）修道院。因为她是通过可疑的渠道联系上我的，我请求您去看看她是否真的如此窘迫，说不定她是被其他修女怂恿来找我要钱的。如果您发现其中有诈，请将钱留下。我会让博尼法齐奥·法奇（Bonifazio Fazi）将钱带给您。

目前就是这样，其他的事情尚无进展，我会在适当的时候给您写信。

– 您的米开朗琪罗，雕刻家，于罗马

✠

写于罗马，1506年1月31日

[致佛罗伦萨的洛多维科·迪·博纳罗塔·西莫尼]

请寄到佛罗伦萨的海关

最敬爱的父亲，我从您的信中得知那个斯佩达林格[1]还没有回到佛罗伦萨，因此您也没能如愿完成农场的生意。这也让我很生气，因为您大概已经付了钱。我怀疑这个斯佩达林格是故意离开的，这样他就能钱和农场兼得了。请告诉我此事的进展，因为如果事情真如我推测的那样，我会从他那里把我的钱要回来。

至于我这里，只要我的大理石[2]达到了，应该就没什么问题了。但是我最近似乎运气特别差，自从来到这里之后，就没连续两天过上过好日子。前阵子恰好有艘船来了，但是天气恶劣，它也只是侥幸躲过了事故，我刚把石材从船上放下

1　斯佩达林格（Spedalingo），新圣母医院的看守的职位。——译者注
2　用于尤利乌斯二世之墓。

《圣母与圣子》，又称《布鲁日的圣母》（Madonna of Bruges），1501—1504 年。大理石

来，河水突然泛滥淹没了它，所以到现在我还是没能开始工作，尽管我已经向教皇[1]许下过承诺，并且请他坚定信念，不要失去耐心。我一直在祈祷天公作美，让我能尽快开始工作。上帝保佑！

请把所有的画，就是我告诉您的那些我放在布袋子里的纸，整理成一摞，然后托人带给我。不过，一定要包裹好，不要被雨打湿，不要有一点儿损坏。您可以给送信人一些好处，让他悉心保管，因为这里有非常珍贵的画。请写下送信人的名字以及我应该支付的钱款。

至于米凯莱[2]（Michele），我给他写过信，让他找个安全的地方把箱子藏好，然后立刻来罗马，在这里他会衣食无忧。我不知道他是否照做了。我请求您去确认一下，此外，还有一件事情要麻烦您，所以需要确认的一共是两件事：首先，确认箱子已经藏在了安全的地方；然后，我希望您能将圣母的大理石雕像[3]带回家里藏起来，确保不会被人发现。我估计这两件事不会花多少钱，所以就不给您寄钱了。万一您需要钱，请先向别人借点儿，一旦我的大理石送来了，很快就会给您寄钱，作为这两件事情的费用以及您日常生活的开销。

我之前写信请您向博尼法齐奥[4]打听在卢卡（Lucca）的那个人的名字，他需要支付我给卡拉拉（Carrara）的马泰奥·迪·库切列罗[5]（Matteo di Cucherello）的50个杜卡特。我之前请您在我寄来的没封口的信里写上那个人的名字，然后把这封信交给那个卡拉拉的马泰奥，这样他就知道到了卢卡之后该去哪里拿钱了。我希望您已经办好了这件事情。请告诉我博尼法齐奥在卢卡把钱付给谁了，好让我写信给卡拉拉的马泰奥，告诉他去卢卡找谁拿钱。我要说的就是这

1　尤利乌斯二世。

2　即米凯莱·迪·皮耶罗·迪·皮普（Michele di Piero di Pippo），一名石匠。

3　可能是《布鲁日的圣母》。

4　即博尼法齐奥·法奇。

5　采石场老板。

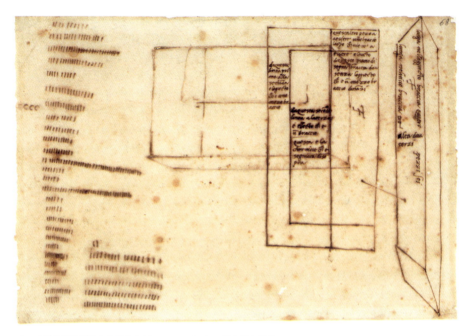

用于建造尤利乌斯教皇之墓的大理石，c. 1516 年。蘸水笔和墨水

些。请把我交给您和焦万·西莫内的那几件自己的衣服和衬衣寄给我，只寄这些就好。请向上帝祈祷我的事业兴旺，也请记得照我们之前说好的那样，拿大概 1 000 个杜卡特去投资土地。

1506年1月31日

–您的米开朗琪罗，于罗马

另，洛多维科：我请求您把附在里面的信交给皮耶罗·达吉恩托[1]（Piero d'Argiento），一定要确认交到他的手上。我觉得最好是通过耶稣会的那些人，因为他经常去拜访他们。麻烦您费心办好此事。

1　米开朗琪罗的助手。

✚
写于佛罗伦萨，1506年5月2日

[致罗马的佛罗伦萨人，朱利亚诺·达·圣·加洛（Guliano da San Gallo）师傅，教皇的建筑师]

朱利亚诺，你在一封信里提到教皇对我的离开感到恼火，不过他仍愿意提供资金供我支配，继续执行我们之前达成的协议，还说我可以不用担心受到惩罚，只管回来。

我之所以会离开，是因为在圣周六[1]我听说教皇对一位珠宝商和一位司仪说，他不会再在雕刻的事上花一个铜板，这让我无比惊讶。在我离开之前，我曾向他申请资金用以继续创作。教皇让我周一去找他，我周一去了，周二、周三、周四也去了。最后，周五早上，我被请出去了，或者直白点儿说，被撵出去了。那个撵我走的人告诉我他知道我是谁，但他是奉命行事。如此一来，我在圣周六听说的事情，再加上之后的切身体会，让我完全丧失了希望。不过这些还不是我离开的全部理由。还有一个原因，不过我不想谈得太多，我有足够的理由认为，如果我继续留在罗马，我的坟墓估计在教皇之墓之前就会建好了。这就是我突然离开的理由。

现在，你代表教皇给我写信，同样，你也会把我的回信读给教皇听。如果教皇殿下明白我想要尽快完成工作的心情，如果他想让这陵墓尽快完工的话，那他最好不要干涉我，这样我才能实现承诺，完成他的心愿，在五年内在他选定的地点，完成一个漂亮的作品。我相信这将会是举世无双的作品。

如果教皇殿下现在就希望加快工作进度，那就请他将之前提到的钱托付给一位

1　复活节前的周六。

中间人，将钱送到佛罗伦萨，随后我会告诉你中间人的名字。我在卡拉拉有数量可观的大理石，我会让人送来，我还会让人送来存放在罗马的大理石，尽管这不可避免地会造成一些损失，不过如果我能够在这里继续工作，我愿意不惜一切代价。我会时不时送来完成的作品，就像我仍在罗马工作一样，教皇应该会对此感到满意——甚至可能更加满意，因为他将直接看到完成品，无须感到焦虑。至于之前提到的钱和工作，我会严格按照教皇殿下的指令行事。如果他来到佛罗伦萨，我会向他提供必要的安全保障。不论出现什么情况，我都会确保他的安全，即使是在整个佛罗伦萨。另外，在罗马，根本没法儿用同样的钱完成这项工作，而在这里，一切都很便利，这些便利条件都是罗马不具备的。除此之外，因为没有其他需要担心的事，我会一心工作。我亲爱的朱利亚诺，我请求你尽快给我答复。我的信就到这里。1506年5月2日。

–你的米开朗琪罗，雕刻家，于佛罗伦萨

✠

写于博洛尼亚，1506年12月19日
[致佛罗伦萨的博纳罗托·迪·洛多维科·迪·博纳罗塔·西莫尼]

博纳罗托，今天，也就是12月19日，我收到了你的信，你向我介绍了彼得罗·奥兰迪尼[1](Pietro Orlandini)，要我完成他的请求。他写信叫我打制一把匕首的刀身，希望做工精美。不过，我不知该怎么又快又好地完成他的请求。首先，这不是我的专长，其次，我没有时间。虽然如此，我还是会竭尽全力，争取在一个月之内完成这件事。

我得知了你们的生活近况，尤其是焦万·西莫内的好消息。他能够进入你工作

1　即彼得罗·奥兰迪尼·阿尔多布兰迪尼（Pietro Orlandini Aldobrandini）。

裸体人像素描（大理石大卫和铜像大卫的手臂），1501—1503 年。棕色墨水，棕色水彩

的商店，也愿意努力工作，这让我很高兴，因为我关心着他和你们其他人的前途。如果上帝一如往常地垂爱我们，让我在四旬期[1]之前能够完成工作[2]，我会回到佛罗伦萨并且履行我的承诺。至于焦万·西莫内希望盘下一家店需要的钱，我觉得他应该再等四个月。我想你可能明白我的意思，所以就不多说了。告诉他要继续努力，如果像信里说的那样，他需要一笔钱，那么他可以从我在佛罗伦萨的账户里取钱，因为我这里没有什么钱可以寄给你们，我的工资很低，而

1　四旬期，整个节期从大斋首日开始至复活节前日止，一共四十天（不计六个主日），在这期间，天主教徒以斋戒、施舍、克己及刻苦等方式准备庆祝耶稣基督的复活。——译者注
2　尤利乌斯二世的铜像。

且非常不稳定，一旦发生点儿小事情我就麻烦了。因此，我劝你们耐心一点儿，在我回来之前不要轻举妄动。

至于焦万·西莫内来这里的打算，我不赞成，因为我现在住在一个条件很差的地方，只有一张床供四个人休息，所以我没法答应他的请求。不过，如果他依然希望过来，等我把手头的铜像做好了之后，我会派助手拉普[1](Lapo) 和洛多维科[2](Lodovico) 过去，再带上一匹马，让他不用像只身负重担的野兽一样来到这里。不多废话。请向上帝祈祷我的事业一切顺利。

– 米开朗琪罗，雕刻家，于博洛尼亚

✠

写于博洛尼亚，1507年1月22日
[致佛罗伦萨的博纳罗托·迪·洛多维科·迪·博纳罗塔·西莫尼]
请寄到洛伦佐·斯特罗齐 (Lorenzo Strozzi) 商店，药店对面，靠近波尔塔洛萨 (Porta Rossa)

博纳罗托，几天前我收到你的来信，得知洛多维科已经和弗朗切斯科[3]安排好了关于莫纳·萨诺比亚 (Mona Zanobia) 的农场的事情。你还告诉过我焦万·西莫内已经开始和你在同一家商店工作，他想来博洛尼亚。我之前一直没时间，所以到现在才得空回信。

关于刚才提到的农场，你说过洛多维科已经签署了合约，他会就这件事写信给

1　即拉普·安托尼奥·迪·拉普（Lapo d'Antonio di Lapo）。
2　洛多维科·迪·古列尔莫·洛蒂（Lodovico di Gulielmo Lotti）。
3　卢多维科的兄弟。

我。我没有收到他写给我的信，这一点请相信我。请把这件事情告诉他，这样他也不会因为没收到回信而惊讶。

我会把对焦万·西莫内的看法告诉你，好让你代我向他转达。在我完成手头的雕像之前，我不希望他来，我有充足的理由这么做，但请不要问我这个理由是什么。一旦我完成了工作，他就可以来了。那样一来也比较便利，因为到时我也不用承担现在这些支出了。

预计四旬期过半我的塑像就能拿去铸造了，我向上帝祈祷它能顺利完成。如果成功的话，我就能得到教皇的信任。如果四旬期过半的时候能如期完成，我就有希望回佛罗伦萨过复活节，只要你继续好好做事，我肯定会完成你的心愿。

告诉彼得罗·阿尔多布兰迪尼，我已经把匕首交给了我能找到的最好的工匠，他承诺会在下周给我。如果我对匕首觉得满意，收到之后就会寄过去；如果不满意，我会交给另一个工匠。如果事情进行得比他预计的要慢，让他不要大惊小怪，因为我空闲时间有限，别无他法。

1507年1月22日

–米开朗琪罗·迪·洛多维科·博纳罗蒂，雕刻家，于博洛尼亚

✠

写于博洛尼亚，1507年2月1日
[致佛罗伦萨的博纳罗托·迪·洛多维科·博纳罗蒂·西莫尼]

博纳罗托，我从你的信里得知了小农场一事的进展，如果这是板上钉钉的事情了的话，我就满意了。

《大卫》（*David*），1503 年。大理石

关于巴龙切洛[1]（Baronciello）的事情，从我得知的消息看来，这比您形容的要更为严肃。于我而言，尽管不太公平，我不会向他索要我的那一部分所得。我们都要履行自己对他的义务，必须在自己力所能及的情况下完成自己应做的事。

周五晚上九点的时候，尤利乌斯教皇在我工作时来到我工作的地方，他在那里逗留了大概半个小时。他祝福了我，然后离开了，显然他对我的工作非常满意。我们应该感谢上帝，请你这么做，并且为我祈祷。

还有一件事我必须跟您说，周五早上，我辞退了拉普和洛多维科。我把拉普撵

---

1 巴龙切利（Baroncelli）。

走了，因为他是个无赖，满心狐疑，还不听我使唤。洛多维科好一点儿，要不是拉普，为了不让自己落单而连累了他，我可能还会再让他留两个月。结果两个人都被撺走了。我告诉您这个，不是因为我为了这两个一文不名的家伙而困扰，而是因为万一他们跑去见洛多维科，他不至于太惊讶。告诉洛多维科千万不要听他们的话，如果你想多了解些情况，可以去问问政府的传令官阿尼奥罗（Agniolo）先生，因为我已经把全部情况都告诉了他，他也会对你据实相告。

您在信里谈到了焦万·西莫内。您说他进了师傅的商店，并且在努力学习，我很高兴。请鼓励他继续努力，因为如果你们都很努力地工作，我很有希望能给你们找到好职位。至于莫纳·萨诺比亚家旁边的那块地，如果洛多维科喜欢，让他去问问详情然后转告我。我相信，教皇会在狂欢节[1]前后离开。

1506年[2]2月1日

–米开朗琪罗·迪·洛多维科·博纳罗蒂·西莫尼，雕刻家，于博洛尼亚

✠

从你美丽的脸庞

Veggio nel tuo bel viso

（为托马索·德·卡瓦列里而作）

从你美丽的脸庞，主人
我明白了言语无法形容的真埋
被肉体禁锢的灵魂
因为你而升向天堂

1　狂欢节，四旬期前用于狂欢的节日。——译者注
2　或1507年。

若平庸、邪恶、愚痴之人
带给我们的只有他们的卑微
那我炙热的追求，爱与信仰
将带给我们纯洁的欢乐

我们在世间发现的一切可爱事物
都映照出能够发现可爱的灵魂
那是让万物生长的神圣源泉

除此之外，我们找不到其他
靠近天堂的途径
所以，忠诚地爱吧
你让我向上帝靠近，死亡也变得甜蜜

✠

来自博洛尼亚

[致洛多维科·博纳罗蒂·迪·博纳罗塔·西莫尼，佛罗伦萨]

1506年[1]2月8日

尊敬的父亲，我今天收到了您的信，得知拉普和洛多维科已经找您谈过了。您对我的批评，我没话可说，因为我和所有普通人一样，都是可怜的罪人。但是您必须明白，您指责我做的事情，我一件都没做过，对他们或对其他人都是如此，除非我有时做事可能失了分寸。所有和我打过交道的人都知道我为他们做过的事情，拉普和洛多维科的心里应该是最清楚的，一个半月内，除去开销，他们一个人拿到了27个杜卡特，另一个拿了18个杜卡特。不要被他们的花言巧语蒙骗了。当他们在抱怨我的时候，您应该先问一下他们跟了我多久，从我

1　或1507年。

身上拿了多少好处。然后，您应该问问他们为什么抱怨。他们愤怒的理由，尤其是那个卑鄙的拉普愤怒的理由，应该是这样的：他们告诉身边所有人，他们才是完成这些作品的人，或者说他们与我是合作的关系。直到我把他们赶走，他们才意识到谁是主人——尤其是那个拉普，到那一刻，他才明白他是效力于我的。他给我带来了太多麻烦，还让我在教皇那里失宠，而他还在惊讶我为什么对他避之不及。他身上还有我的7个杜卡特，不过当我回到佛罗伦萨的时候，他应该会马上还给我，而且，如果他还有良知的话，应该把其他欠我的钱也都还回来。我说得已经够多了。我已经把他们的劣迹都写在另一封信上，寄给了阿尼奥罗先生。

我请求您去找阿尼奥罗，如果可以的话，带上格拉纳奇，让格拉纳奇读读我写的那封信，这样他就能明白拉普和洛多维科的真面目。但是请您不要把我写的关于洛多维科的事情告诉别人，因为我还没解雇他，如果我没法找到其他人帮我铸模，我可能还得请他回来。拉普这个家伙，因为不愿意一个人承担恶名，就把洛多维科拉过来一块儿背锅。您将会从阿尼奥罗那里得知所有情况以及您接下来该做什么。请不要和拉普扯上任何关系，因为他实在是个恶棍，而我们与他们无话可说。

至于焦万·西莫内，我觉得他现在过来不是个明智的决定，因为教皇在狂欢节期间不在这里。他应该会顺路经过佛罗伦萨，却把没解决的一堆烂摊子留在这里。最近城里流传着一种谣言，您最好不要问，我也不应该在信里提及；但是，如果像我预想的那样，没有任何事发生，我也不希望承担照顾兄弟的负担。请不要为此感到惊讶，也不要跟其他人说，因为我需要助手，而一旦这事传开了，我就找不到人了。除此之外，我相信事情还是会好转的。我会很快回到佛罗伦萨，而且，如果这么做能取悦上帝的话，我会努力让焦万·西莫内和其他人感到高兴。明天我会给您写一封关于给佛罗伦萨寄钱的信，里面会告诉您拿这笔钱做什么。我理解皮耶罗，他会为我考虑，因为他一直都是个善解人意的小伙。

–您的米开朗琪罗，于博洛尼亚

另，拉普说的那些我的奇怪行径，我要澄清一下。我要买720磅的蜡，在买之前，我让拉普帮我打听哪里可以买到，并且去谈谈价钱，我告诉他我会给他钱。拉普回来之后告诉我最便宜的价格是100磅蜡9个杜卡特20个博洛尼亚币，相当于9个杜卡特40个索尔蒂[1]。他还说机不可失，要我尽快行动。我告诉他，除非他拿到100磅9个杜卡特的价格，否则我是不会买的。他说，博洛尼亚人不会在价钱上让步。这让我开始怀疑，于是我就先把这件事放下了。那天晚些时候，我把皮耶罗[2]叫来，让他悄悄去问问蜡的价钱。皮耶罗去了拉普去的地方，和同样的人讲价，并且把价格讲到了8个半杜卡特。我同意了。之后，我让皮耶罗去办这事，他也办成了。这就是我的奇怪行径之一——我能看穿他的小把戏。除去各类开销，一个月8个杜卡特的报酬没法儿满足他，所以他就开始骗我。因为我信任他，他可能已经瞒着我捞了很多好处。他是我见过的看上去最诚实的人，他忠厚的外表可能也欺骗了许多其他人。请不要信任他，并且最好不要见他。

✠

写于博洛尼亚，1507年2月13日
[致佛罗伦萨的博纳罗托·迪·洛多维科·博纳罗塔·西莫尼]

博纳罗托，这里有两封信，一封给彼得罗·阿尔多布兰迪尼，另一封给罗马的乔瓦尼·巴尔杜齐 (Giovanni Balducci)。我希望你能亲手把第二封信交给博尼法齐奥·法奇，他会转交给收信人。请把第一封信交给上面提到的彼得罗。

至于那两个无赖，我没时间把他们的恶行一一说清楚，我不希望你们任何人——

1　索尔蒂（soldi），货币单位，汇率随时间浮动。16世纪30年代，1个索尔蒂相当于0.05里拉。见 Carlo M. Cipolla, *Money in Sixteenth—Century Florence*, 29。博洛尼亚币（bolognini），货币单位，汇率不详，但根据上文，1个博洛尼亚币相当于2个索尔蒂。——译者注
2　即皮耶罗·达吉恩托。

包括洛多维科——提起他们，因为我们没必要和他们扯上关系。让这件事慢慢平息吧。

1507年2月13日

－米开朗琪罗，于博洛尼亚

✠
写于博洛尼亚，1507年2月24日
[致佛罗伦萨的博纳罗托·迪·洛多维科·迪·博纳罗塔·西莫尼]

博纳罗托，自我给洛多维科寄钱并拜托他做一些事情之后已经过去15天了，我还没听到他的回复。我非常惊讶。请让洛多维科告诉我他有没有收到信，是否照我说的做了。告诉他一定要这么做，因为我很生气，也为他试图欺骗我的行径感到惊讶。他可是那种让人可以一再托以重任的人！他应该写上一百封信，以确保起码有一封信能寄到我这里。一定要让他告诉我他都做了什么，让他确保能把信寄到我这里。

昨天我派人去看彼得罗的匕首做好了没有，得知还需要镀金。那个人已经让我等了一个月了，但是他也没有办法，因为宫廷迁址，他还得给其他朝臣提供武器。因此我只能等着。告诉彼得罗不要着急，再过几天他就能拿到他想要的东西了。教皇在周一下午四点去了其他地方，如果你希望了解他交给我的事情发展到了什么程度，请去传令官那儿询问。我没时间写下去了。

2月24日

－米开朗琪罗，于博洛尼亚

左图 |《多尼圆幅》中圣婴的腿部素描，c.1507—1508 年。墨水
右图 | 仰视头部素描（《多尼圆幅》中的圣母草图），1504—1507 年。红色色粉

✠

写于博洛尼亚，1507年3月6日
［致佛罗伦萨的博纳罗托·迪·洛多维科·博纳罗蒂］

博纳罗托，我没有给你和彼得罗·阿尔多布兰迪尼回信，因为我打算收到彼得罗的匕首之后再回信。两个月之前，我把这件事委托给了一个在同行中享有盛誉的金匠，尽管他让我等了这么久，我还是觉得他是最佳人选。彼得罗可能会觉得我对他不够尽心，但我已经尽我所能了。

现在我已经收到了匕首，就在今天早上，这可得之不易，因为我一个叫彼得罗的朋友为这件事已经去了很多次，他大概老早就想拿匕首往金匠脑袋上来一下子了。请注意，那个金匠，基亚罗·迪·巴尔托洛梅奥 (Chiaro di Bartolomeo) 会负责把匕首送过去。别忘了给基亚罗付运费，并将匕首交给彼得罗。如果彼得罗不喜欢，让他向我传话，我会另做一把。告诉他自从宫廷搬来这里之后，每个手艺人、每种手艺的地位都大大提高，因此他应该理解为什么我会这么迟才能把匕首寄回去，我自己也常为此事忧心。宫廷给这个手艺人带来的工作比过去整个博洛尼亚给他的工作都要多。我没有时间写下去了。我给洛多维科写了信，告诉他我已经收到了他的信，知道自己被骗了，他应该已经明白了。

1507年3月6日
–米开朗琪罗·迪·洛多维科·博纳罗蒂，于博洛尼亚

✠
写于博洛尼亚，1507年3月26日
[致佛罗伦萨的博纳罗托·迪·洛多维科·迪·博纳罗塔·西莫尼]

博纳罗托，几天前你给我写了一封信，告诉我彼得罗·阿尔多布兰迪尼和匕首的事。我必须告诉你，如果不是看在你的面子上，我早就不理他了。要知道我都是按照他的要求做的，他给我寄了一张草图，我就是照着草图来的。如果他要的是匕首，当初就不该寄给我长剑的尺寸。但是现在我想跟你说些之前不会说的话：你最好别再和这家伙打交道了。如果他为了匕首的事情来找你，千万别把匕首交给他，给个好脸色，告诉他我把匕首交给我的一个朋友了。我可以告诉你，我在这把匕首上花了19个卡里尼，其中包括13个夸特里尼的税。[1]

1　卡里尼（carlini）和夸特里尼（quattrini）皆为货币单位。汇率因材质和时间不同而浮动。——译者注

《多尼圆幅》，又名《圣家庭》（*The Holy Family*），1506—1508 年。蛋彩，画板

托老天爷的福，我这儿一切顺利，我希望能在一个月内完成作品[1]。不出意外的话，我很快就会回来探望你，完成我答应你们的事。请对焦万·西莫内友善一点儿，让他时不时也给我写封信，也请告诉洛多维科我很好，我会在完成作品之前跟他联系。代我向格拉纳奇问好。我没有什么事情可说了。最近这里有瘟疫，还是致命的那种，一家中只要有一人染上了，全家人都会遭殃。不过目前还没有太多染上瘟疫的人，我听说大概有四十家。

3月26日

–米开朗琪罗， 雕刻家，于博洛尼亚

另，如果你已经把匕首交给彼得罗了，那就什么也别说。但是，如果你还没有给他，那就请照我说的去做。

1　尤利乌斯二世的铜像。

✠

写于博洛尼亚，1507年4月20日
[致佛罗伦萨的博纳罗托·迪·洛多维科·迪·博纳罗塔·西莫尼]

博纳罗托，今天我收到了你4月17日寄来的信，从中得知我的信在到达佛罗伦萨之前要经历重重关卡。对此我没有别的方法，因为流程就是这样。我从你的信里了解到了很多情况，但是我没有给你回信，因为没有必要。你因为区区小事[1]对菲利波·斯特罗齐 (Filippo Strozzi) 非常不地道，这让我很失望，但是既然木已成舟，也就无法挽回了。

至于我自己的事情，我会给焦万·西莫内写信，让他告诉你怎么做。跟洛多维科也这么说。

我希望你去找传令官，告诉他我还没有收到关于贝纳蒂诺[2](Bernardino) 先生的任何消息。我估计这个贝纳蒂诺先生因为害怕瘟疫，不愿意来。因此，我找了一个法国人来代替他的位置。我没法儿再等了，只能这么做。请把这个消息传达到，也就是说，告诉阿尼奥罗先生[3]。代我向他问好，另外，请他向他的上级掌旗官[4](Gonfaloniere) 引荐我。当你见到乔瓦尼·达·里卡索利 (Giovanni da Ricasoli) 的时候，也请向他引荐我。

4月20日

–米开朗琪罗， 于博洛尼亚

1　指匕首的事情。
2　即安托尼奥·达尔·蓬特·迪·米拉诺（d'Antonio dal Ponte di Milano）。
3　传令官。
4　即皮耶罗·索代里尼（Piero Soderini）。

✠

写于博洛尼亚，1507年4月20日

[致佛罗伦萨的焦万·西莫内·迪·洛多维科·迪·博纳罗塔·西莫尼]

焦万·西莫内，几天前我收到了你寄来的信，但是我没有时间回复。现在我回信告诉你，到目前为止，我的工作[1]进行得很顺利，我希望结果能让人满意——上帝保佑！如果真的一切顺利，我会立刻回到你身边，并且兑现对你们每个人的诺言。也就是说，我会竭尽所能帮助你们——你和父亲会明白我的诚意。请保持乐观，认真在店里工作，抓住一切机会好好努力。我希望你很快能有自己的商店。生意头脑会大有用处。因此，请务必认真工作。

你在信里提到你的一个医生朋友，他告诉你瘟疫很危险，很可能会致命。我很高兴得知这个消息，因为瘟疫在博洛尼亚已经很流行了，但这里的人还不知道它是致命的。如果他能到这儿来，就能把自己的经验分享给这里的人，这对博洛尼亚将大有帮助。我没有别的事可说了。我很好，一切顺利，我希望能尽快回到佛罗伦萨。

4月20日
我把纸用完了
−**米开朗琪罗**，于博洛尼亚

1　尤利乌斯二世的铜像。

戴顶饰的头部，1503—1504 年。墨水

《卡辛那之战》构图草稿，1503—1504 年。黑色色粉，部分覆盖之前用尖笔创作的绘画痕迹

✠

写于博洛尼亚，1507年4月28日

[致佛罗伦萨的焦万·西莫内·迪·洛多维科·迪·博纳罗塔·西莫尼]
请寄到洛伦佐·斯特罗齐的商店，波尔塔洛萨

焦万·西莫内，我在几天前给你写了回信。你现在应该已经收到了。如果你还没收到，你将会从这封信里了解到我在上封信里写的内容。

我希望博纳罗托已经告诉了你我的想法，而你也已经准备好了。因为我打算一回佛罗伦萨，就立刻帮你做起来自己的生意，或是自己干，或是跟别人合伙，这取决于你自己的想法以及对我们而言哪种方式更有保障。无论如何，请鼓起勇气，相信我承诺的一切。我现在没有时间继续写下去了，晚些时候我会再写得详细一些。我刚把蜡像完成。下周我应该可以开始铸模了，20到25天之后，我应该可以完成铸模的工作。然后我会准备铸造铜像。如果一切顺利，我会很快回到佛罗伦萨。

4月28日

–米开朗琪罗，于博洛尼亚

✚

写于博洛尼亚，1507年5月2日
[致佛罗伦萨的焦万·西莫内·迪·洛多维科·迪·博纳罗塔·西莫尼]

焦万·西莫内，你前些天寄来的信让我感到莫大的欣慰。那之后，我已经给你写了两封信，我觉得这两封信的旅程大概和我自己的人生一样命运多舛，所以说，我想很可能你还没收到它们。

我可以告诉你，赞美上帝，不到两个月我就能回到佛罗伦萨，兑现我对你和博纳罗托许下的所有承诺。我没有详细告诉你我的计划，也没有告诉你我有多希望帮助你，因为我不希望别人知道我们的事情。请保持乐观，因为生意的事情会比你预期的更好。目前我不会再多说什么。你必须知道现在每个人都在为战争做准备，今天已经是进入警备状态的第四天，而教会受到的威胁最为严重，因为本蒂沃利奥[1]（Bentivoglio）曾试图带领大批人马进城。我相信，是教皇特使那过人的勇气与智慧以及他所采取的种种出色的防范措施拯救了教皇，因为

1　本蒂沃利奥家族，博洛尼亚的领主，1506 年被教皇的势力驱逐，1511 年恢复势力。——译者注

为《卡辛那之战》而作的人体素描，c. 1504—1505 年。黑色色粉，墨水

今晚十一点的时候，我听说本蒂沃利奥开始撤兵了。请为我向上帝祈祷。也请不要丧失希望，因为我马上就能回到佛罗伦萨了。

5月2日

– 米开朗琪罗，于博洛尼亚

✟

写于博洛尼亚，1507年7月6日

［致佛罗伦萨的博纳罗托·迪·洛多维科·迪·博纳罗塔·西莫尼］

博纳罗托，铜像[1]已经完成，但事情进行得不太顺利，因为马埃斯特罗·贝纳蒂诺 (Maestro Bernardino)，不知道是由于疏忽还是运气不好，没有把金属完全融化。整个过程说来话长：基本上，铜像只铸到了腰际，剩下的金属——也就是说，剩下的铜块——由于没有完全融化，在火炉里结成了硬块，要把它从火炉里拿出来，就必须把硬块敲碎。我已经把它拿出来了，这周我会重新开始浇铸。下周我会重新完成铜像的上半部分。我相信成果不会太差，虽然开头很糟糕，但是我们花了那么多力气、心血和投入。我原本相信贝纳蒂诺师傅即使不用火也能铸铜，我真是太信任他了：事实证明他是一个糟糕的手艺人，或者他并没有很认真地工作。他失败了。他的失败给他和我都造成了损失，他已经让自己蒙上耻辱，没办法再在博洛尼亚抬头了。

如果你碰到了巴乔·达诺罗 (Baccio d'Agnolo)，把这封信读给他听，拜托他将这封信的内容转告罗马的圣·加洛，同时向他引荐我。也请向乔瓦尼·达·里卡索利和格拉纳乔 (Granaccio) 引荐我。如果万事顺利，我希望能在15到20天

1　尤利乌斯二世的铜像。

之内完工，然后回来。如果我没有成功，我会告诉您，然后我可能得再试一次。

请告诉我焦万·西莫内的近况。

6月6日

另，我附上了一封给罗马的朱利亚诺·达·圣·加洛的信。请尽快将它寄出并确保安全送达。如果他在佛罗伦萨，请亲自交到他手上。

✠
写于博洛尼亚，1507年10月16日
［致佛罗伦萨的博纳罗托·迪·卢多维科·迪·博纳罗塔·西莫尼］

博纳罗托，我没有时间回复你的来信，不过你可能已经听说我快要完工了，而且可能会得到很好的评价，这些都归功于上帝的眷顾。我很快就会完成工作，回到佛罗伦萨，然后我会回去把你跟我说的事情都做完，确保你能够满意，洛多维科还有焦万·西莫内的事情也是一样。我希望你能去传令官和司令官托马索[1]那里，告诉他们我没时间写信，也没时间回复他们的信件（尽管我非常欢迎这些信件），但是下次投递邮件的时候，我肯定会给他们回复。请你找到圣·加洛，告诉他我很快就要完工了。看看他近况如何，告诉他下次投递邮件的时候我会写信告诉他我的工作进度。

10月

－米开朗琪罗，于博洛尼亚

1　托马索·巴尔杜奇（Tommaso Balducci）。

✠

那花环多么幸福
Quanto si gode,lieta

她金发上的花环
多么幸福
花儿摩肩接踵
望成为亲吻她眉黛的第一朵！

让酥胸时隐时现
她的衣裳多么幸运
一抹细密的金丝
快乐地环绕着她的面颊与纤纤玉颈

更幸运的是她的衣带
闪耀着金色的光彩
甜蜜地与酥胸相偎依

而那腰带缠在她的腰际，
似乎在说，我要永远待在这里。
那么，我的双臂又该放在哪里？

被布覆盖的人像, 1500—1510 年。黑色色粉, 墨水

✠

不，请告诉我，爱情
Dimmi di grazia,amor

不，请告诉我，爱情
我的双眼是看到了真实的美丽
还是脑中的幻想
让她貌美了千倍？

要知道，你和她一起
搅乱了我灵魂的宁静
尽管如此，我却不愿独善其身
亦不愿让爱情之火就此变冷

"你看到的美丽都是真实的
但它在蔓延生长
从易朽的双眼到不朽的心灵

在那里，这份美丽变得神圣纯洁
因为不朽之心让万物不朽
正是这样的美丽赢得了你的爱情"[1]

---

[1] 这首诗的前两段以诗人的口吻对爱情发出提问，后两段则做出回答。——译者注

✠

写于博洛尼亚，1507年11月10日
[致佛罗伦萨的博纳罗托·迪·洛多维科·迪·博纳罗塔·西莫尼]

博纳罗托，你给我写信太少了。我相信你比我有更多的时间写信，请务必让我时常了解你们的近况。

你在上一封信里隐约透露出，你们那里出了什么事，似乎希望我尽快回去，这困扰了我好几天。因此，在你写信的时候，请大胆地把事情说清楚，好让我了解情况。

我本人比你们更加希望早点儿回去，因为我在这里生活得很不舒服，承受着极大的焦虑，除了夜以继日地工作，我什么也不想。我曾经受过那样的痛苦，如今又遭受这等磨难，如果有人命我再做一尊雕塑，恐怕我耗尽生命也无力完成，因为这个过程实在太过煎熬。如果我把工作托付给其他人，又有可能出错。但是我相信某些人的调解对我和我的身体还是有些帮助的，因为所有的博洛尼亚人都觉得我没法完成这座铜像，不论是在铸造开始之前还是之后，都没有人相信这会成真。但是，现在我的作品很快就要完成了，虽然会比我预期的时间长一点儿，但是我肯定会在下个月内完成，然后我就能回到佛罗伦萨了。所以，请不要失去希望，因为我不论如何都会兑现我之前的承诺。请转告洛多维科和焦万·西莫内，并且让我知道焦万·西莫内的近况，你们要努力学习生意方面的知识，为将来你们自己的事业做好准备，而这将指日可待。

11月10日

–米开朗琪罗，于博洛尼亚

✠

写于博洛尼亚，1508年2月13日

[致佛罗伦萨的博纳罗托·迪·洛多维科·迪·博纳罗塔·西莫尼]

博纳罗托，如果我的铜像一完成就在指定的位置安放好，那么我应该两周前就到佛罗伦萨了。但是现在，那些人磨磨蹭蹭，而教皇则命令我在铜像放置好之前哪儿也不能去，所以我还要耽搁几天。我会等到这周末，看看他们能有什么进展，如果到了那时候我还是没有收到任何指示，我会丢下这个烂摊子直接回来。

我附上了一封给帕维亚红衣主教的信。在这封信里，我说清楚了事情的前因后果，这样他就没有什么理由抱怨了。请把这封信放进一个信封，寄给朱利亚诺·达·圣·加洛，请他务必把这封信亲手交给红衣主教。

我被巨大的焦虑包围着，

身心俱疲：

我没有朋友，

也不希望有朋友；

我甚至没有足够的时间坐下来好好吃饭。

我向上帝祈祷，

希望自己能在这里功成名就，

让教皇对我的工作满意，

如果他感到满意，

我们应该能得到很多回报。

上帝保佑教皇。

2

天顶与陵墓

为西斯廷礼拜堂天顶画中《大洪水》所作的面部素描，
1509—1510 年。红色色粉

最初，米开朗琪罗并不想接下西斯廷礼拜堂天顶画的工作。在信里，他向他的父亲抱怨绘画不是他的本职。但是教皇尤利乌斯二世给他下了命令，而教皇的命令是不容拒绝的。不过，米开朗琪罗确实拒绝了教皇最初较为简单的设想——十二使徒像。他和梵蒂冈的一个神学者合作的计划更为宏大庞杂，包含了《旧约》中的各类场景，像是创造亚当，逐出伊甸园，诺亚方舟；圣经中的先知与女预言家；耶稣先祖以及20个男性裸像，动态纷呈，情绪多样。

与广为流传的说法不同，米开朗琪罗并不是躺在脚手架上完成壁画的。相反，他在自己的十四行诗《我长出了瘤子》(l'ho già fatto un gozzo)中说道，自己仰头站着，几个小时保持这极不舒服的姿势。这也不是他一个人的作品，尽管他经常被助手激怒，或者对他们的工作不满意。或许他在把自己画成悲伤的先知耶利米的时候，表达出了自己的情绪。

米开朗琪罗画了大约一千幅草图，但只有70幅留存于世。它们展现了米开朗琪罗对人体结构的超凡理解。[1]其中的一些草图描绘了日常家庭场景，但大多数还是如瓦萨里形容的那样，"除了最完美的人体，这位艺术大师拒绝描绘任何事物"。

天顶画在1512年诸圣节[2]揭幕，其后，米开朗琪罗终于能够投身到尤利乌斯二世的陵墓工作中去了。他在1505年接到这份工作，但是直到1545年才最终完成。米开朗琪罗最初的计划是在圣彼得大教堂内建造一个独立式的陵墓，外加四十多个雕像。最初他雄心勃勃，购入了成吨的大理石，但其他工作，包括尤利乌斯教皇指派的西斯廷礼拜堂的工作，不断地打断这个计划。甚至是在自己的晚年，他还在信件里表达了自己无法完成这份工作的遗憾，想要说明这个悲

1　他曾经解剖过人体，这些尸体是他从佛罗伦萨的圣灵教堂 (Church of Santo Spirito) 的长老那里得到的，作为回礼，他为圣灵教堂雕刻了一个木十字架。

2　诸圣节，每年的11月1日，标志着复活节季度的结束。——译者注

剧背后的原因。他对教皇反复无常的指示的抗议，在十四行诗《主人啊！如果》
(Signor, se vero è)中可见一斑。

1513年尤利乌斯去世后，教皇的继承者们竭力要求缩小陵墓的规模，因此争议
不断。米开朗琪罗在尤利乌斯家族的要求以及继任教皇的命令之间左右为难，
被这项工作困扰了四十年。正如生活在同时期的传记作家阿斯卡尼奥·康迪威
(Ascanio Condivi) 形容的，这是一场"坟墓的悲剧"。到了最后，坟墓的设计
比最初简单了许多，而且有很多雕像是其他艺术家完成的，墓址也由最初的圣
彼得大教堂迁移到了圣伯多禄锁链堂 (尽管教皇的遗骨留在了圣彼得大教堂)。
陵墓里包含了宏伟壮观的摩西像，但是最初的设计中在今天更广为人知的组成
部分——《垂死的奴隶》和《反抗的奴隶》——却没有完成，这两尊雕像最终
被放置在了远离尤利乌斯栖息之地的卢浮宫。

为西斯廷礼拜堂天顶画而作的草图，
c.1508 年。棕色墨水，炭笔

✠

透过双眼
Passa per gli occhi

所有征服灵魂的可爱形态
透过双眼，直达内心
到达心灵的道路如此平坦
向成千上万的美敞开大门

这形态中有男女老少，
我充满悲伤，更多的是沮丧
我开始害怕：大千世界
我将无法征服其中任何一个

如果易朽的美丽是爱情的食粮
它的灵魂并非来自上天
因此，爱不会永恒地燃烧

但若爱来自更加高贵的源泉
你的爱就不会轻视我
也不会落入那肉欲的陷阱

✠

记事：1508年5月10日

我于1508年5月10日记下此事。我，米开朗琪罗，雕刻家，收到教皇尤利乌斯二世支付的500个杜卡特，这笔钱由他的侍从卡利诺(Carlino)先生以及卡洛·德利·阿尔比奇 (Carlo degli Albizzi) 先生交给我，用于支付教皇西克斯图斯礼拜堂天顶画的项目。我已签署由帕维亚殿下订立的契约，我将遵循其中的条款，于今日开始创作。

✠

写于罗马，1509年1月27日
[致佛罗伦萨的洛多维科·迪·博纳罗塔·西莫尼]

最亲爱的父亲，今天我收到了您的信，信中的内容让我很苦恼。我怀疑事情可能没有您想象的那样糟糕。请告诉我您觉得他下一步会怎么做，如果事情走向极端，最坏的情况会是什么。我没有别的可说的了。您会如此恐惧，我心里很不好受，我建议您好好准备如何应付他，多听别人的意见，然后就别多虑了。毕竟，即使他夺走您所有的财产，只要您还有我，就不必担心生计问题。请不要失去信心。我正处于极度的苦恼之中。一年以来，我没从教皇那里拿到过一分钱，我也没有向他要钱，因为我的工作[1]毫无进展，我自认为也无颜要求报酬。主要问题就在于这工作难度太大，又不是我的本行。所以现在只是在浪费时间。上帝保佑我！如果您需要钱的话，就去找斯佩达林格，从他那里最多可以拿到15个杜卡特，别忘了告诉我您取了多少。雅各布[2]（Iacopo），也就是我雇用的那位画师，今天离开了博洛尼亚，他在这里就对我抱怨连天，估计他在佛罗伦萨更会大讲我的坏话。请把他的话当作耳边风。他在我这儿工作时差错百出，我才应该抱怨呢。请千万不要听信他的话。告诉博纳罗托，我迟些时候会给他回信。

1月27日
–您的米开朗琪罗，于罗马

1　西斯廷礼拜堂。
2　雅各布·迪·桑德罗（Iacopo di Sandro）。

为西斯廷礼拜堂天顶画《创造亚当》所作的素描，c.1511年。红色色粉

✠

写于罗马，1509年6月

[致佛罗伦萨的洛多维科·迪·博纳罗塔·西莫尼]

最亲爱的父亲，您在上一封信中告诉我，在佛罗伦萨有谣言说我已经死了，这谣言无关紧要，因为我实际上还活着。请让他们随便说吧，但不要和任何人提到我的事情，因为他们心怀不轨。我在尽可能地加快工作进度。在过去的13个月里，我完全没有从教皇那里收到过钱，但是未来一个半月里，估计我会收到一些钱。因为我的工作取得了很大的进展。如果他没有付钱，我会借一些，好回到您的身边，因为我现在身无分文。当然这并非坏事，因为这样我就不会被抢劫了。愿上帝保佑！

您在信中告诉我莫纳·卡桑德拉（Mona Cassandra）的事情，我不知该说些什么。如果我有钱，我就能试试看能不能毫无损失（我指的是时间上的损失）地在我这里打官司，您可以寄给我一份授权书，再提供一些资金上的支持。告诉

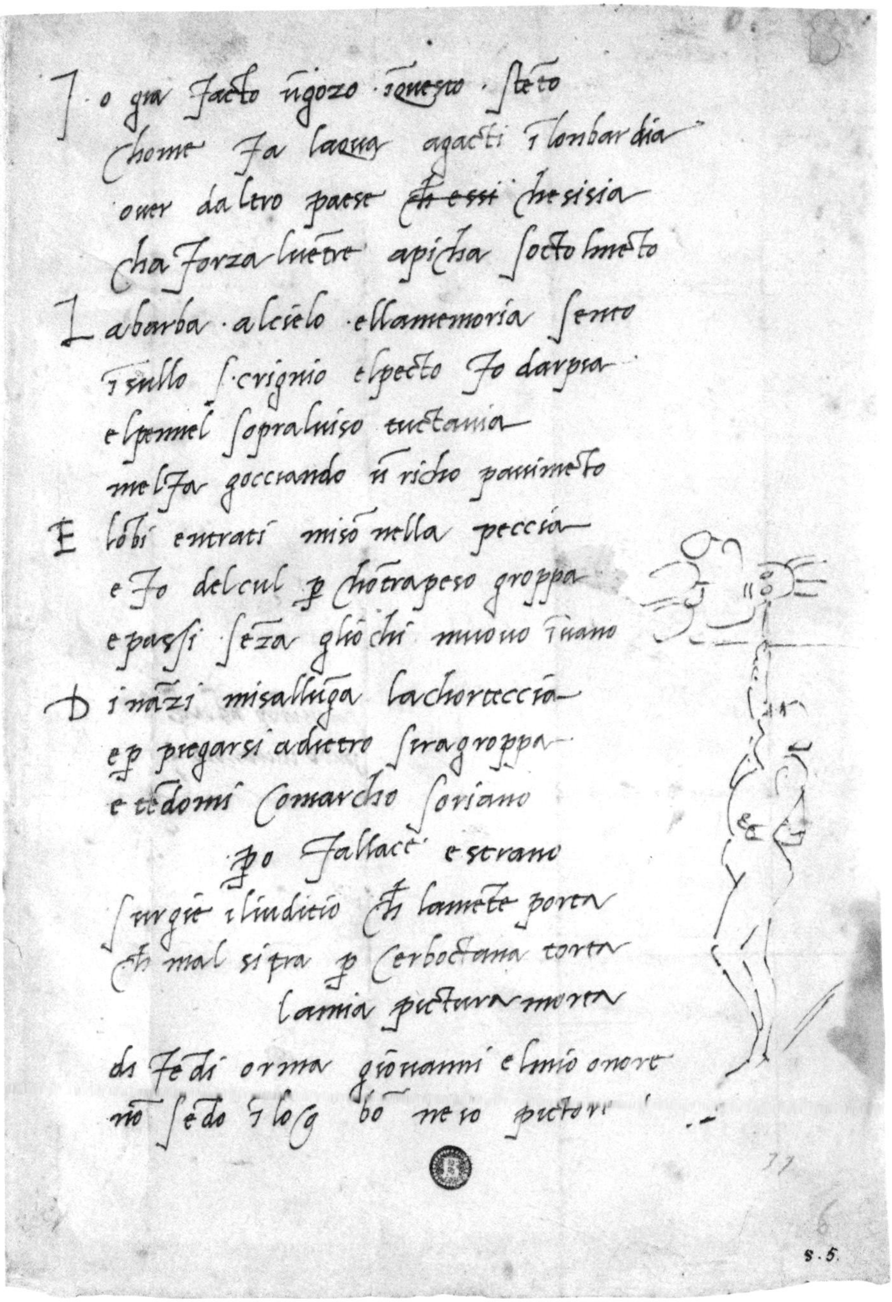

创作西斯廷礼拜堂天顶画时的自画像（附在画家的十四行诗手稿旁），c. 1508—1512 年。蘸水笔和棕色墨水

我事情进展得如何，如果您需要钱，就照我先前说的，去找新圣母医院的斯佩达林格。我就说这么多了。我在这里的生活不尽如人意，事事不顺，工作也很辛苦，没人照顾，手头缺钱。但是，我坚信上帝会帮助我。请代我向乔瓦尼·达·里卡索利和传令官阿尼奥罗先生问好。

–您的米开朗琪罗，于罗马

✠

我长出了瘤子

I'ho già fatto un gozzo

[关于西斯廷礼拜堂的天顶画，可能为乔瓦尼·迪·本尼迪托·迪·皮斯托亚 (Giovanni di Benedetto da Pistoia) 而作]

我长出了瘤子，在这逼仄的地方
就像伦巴地或其他地方的
酸臭的水沟里钻出来的猫
下巴和肚子紧贴在一起

我的胡子朝着天，头颅弯向了脊背
我的胸骨突起，像一把竖琴
画笔上滴下的油彩
让我的脸五彩斑斓

我的髋骨挤进了肚子
屁股就像兜带，支撑全身
双脚失去控制，踉踉跄跄

我前胸的皮肤又松又长

背部则因弯曲而紧缩

我伸展身体，就像拉开一张叙利亚大弓

我明白，是恶化的视力和衰退的大脑造成了这恶果

因为歪斜的枪无法击中猎物

来吧，乔瓦尼，来吧，

拯救我该死的画和名声

这地方太糟糕，绘画又不是我的本行

✠

写于罗马，1509年[1]

[致佛罗伦萨的洛多维科·迪·博纳罗塔·西莫尼]

最敬爱的父亲，您在信里告诉我您的事情和焦万·西莫内的种种表现。这是我这十年来听到过的最糟糕的消息。我本以为我已经帮他们准备得万无一失，他们肯定能在我的帮助下好好经营一家商店，现在抓住机会好好学习，等到时机成熟的时候就能独当一面。现在，我才发现他们不思进取，尤其是焦万·西莫内，因此，我对他们的帮助只是徒劳。如果我有时间，在看到这封信的当天就会跨上马背直奔佛罗伦萨，现在应该已经把事情处理好了。不过，因为我没法回去，我已经给他写了一封信，如果他从今往后没有悔改，哪怕是他从家里拿了一个铜板，或者做了其他让您不快的事情，请务必来信告诉我。我会向教皇请假，回到佛罗伦萨，好好教训他一下。请相信我，我所做的一切，不仅是为了自己，也是为了大家，我买的一切东西，也都是为了让您晚年衣食无忧，如果没有您，我是不会买房子的。如果您觉得高兴，可以把房子和农场租出去，就当它们是您自己的财产，用这笔钱再加上我以后会寄给您的钱，您可以过得很体面。要不是夏天快到了，我会请您放下手头的生意，来我这里小住一段。

---

1 6月。

但现在已经太迟了，因为我们这里的夏天对您的健康有害无益。我考虑过把投资商店的钱交给吉斯蒙多，让他和博纳罗托尽量好好利用。而您则可以把帕佐拉提卡（Pazzolatica）的房子和农场租出去，加上我寄来的钱，足够您在佛罗伦萨或其他地方选一个养老的住处，您可以过得很舒服。找个人来照顾您，让那个小无赖自生自灭去吧。请您把自己放在第一位考虑，因为我也是把您的事情放在第一位的。请慎重考虑。

至于卡桑德拉的事情，有人建议我去打官司。我听说在这里会花佛罗伦萨三倍的价钱。这千真万确，因为在佛罗伦萨花一个格罗索[1]能解决的事情，在这里要花两个卡里尼才行。我没有在法律方面可以信赖的朋友，又没法自己解决。我的意见是，如果想打官司，您还是得按照正常流程来，同时用一切方式保护好自己。至于打官司的费用，只要我手头有钱，就不会让您失望。请不要担心，跟生命的安危比起来这些都不是大事，我要说的就这么多。请告诉我您是怎么想的。

– 您的米开朗琪罗，于罗马

✠

写于罗马，1509年[2]
［致佛罗伦萨的焦万·西莫内·迪·洛多维科·博纳罗蒂］

焦万·西莫内，常言道，与善人行善会使其更善，与恶人行恶会使其更恶。[3]这么多年来，我言传身教，希望你能好好做人，和家人和睦相处，不料你越来越

1　格罗索（grosso），佛罗伦萨的货币单位。1481—1489 年铸造的格罗索价值 6 索尔蒂 8 德纳里，1503 年铸造的价值 7 索尔蒂。1531 年铸造的价值 7 索尔蒂 6 德纳里。见 Carlo M. Cipolla, *Money in Sixteenth—Century Florence*, 4。——译者注

2　6 月。

3　选用傅雷的翻译。见罗曼·罗兰作，傅雷译，《名人传》。——译者注

62

不像话。我不想说你是个无赖，但是你的所作所为让我和家里的所有人都非常不高兴。我能给你写下一长串忠告，但是这些又会像之前的话那样变成耳边风。所以我不再多费口舌，你只需要知道，你在这世上一无所有，因为你的一切都是花我的钱得来的。过去我全力支持你，相信你是我的兄弟，但现在我看清了，你不是我的兄弟，因为兄弟是不会伤害我们的父亲的。你只是个畜生，而我会像对待畜生一样对待你。要知道伤害父亲的人罪该万死，请记住这个道理。我再重复一次，你在这世上一无所有。如果我再听到你惹了什么祸，我会毫不犹豫地回到佛罗伦萨，让你好好反省自己的过错，不要再挥霍自己的钱财，也不能再动房子和农田的心思。一旦我回去了，我一定会让你痛哭流涕，认清自己的虚荣。

如果你愿意洗心革面，让我们的父亲不再蒙羞，我会再次像帮助其他兄弟一样帮助你，很快帮你盘下一家商店。如果你不守约定，没有好好工作，我会回去让你好好看清自己的处境，让你明白自己本来一无所有。我就说这么多，如果文字还不够清楚，我会用行动让你明白我的意思。

–米开朗琪罗， 于罗马

另，我必须加上几句。过去的十二年里，我在意大利颠沛流离，为了家人历经苦难和羞辱，疲劳损坏了我的身体，无数危险威胁着我的生命。现在情况终于有了好转，你却想在转瞬之间毁掉我这么多年辛苦经营的一切。这真是天理难容！我绝不会姑息这样的事情。用点脑子，不要再招惹一个已经发怒的人。

左图 | 为西斯廷礼拜堂所作的手臂素描，c.1509—1510 年。黑色色粉
右图 | 为西斯廷礼拜堂天顶画《创造亚当》中的上帝所作的素描，c.1508—1511 年。红色色粉，尖笔与银尖笔，棕色墨水

✠

写于罗马，1509 年 9 月 15 日

［致佛罗伦萨的洛多维科·迪·博纳罗塔·西莫内］

最亲爱的父亲，我已经把 350 个金杜卡特交给了乔瓦尼·巴尔杜齐，他会把钱带到佛罗伦萨。因此，收到这封信之后，去找博尼法齐奥·法奇，他会把钱给您。也就是说，他将给您 350 个金杜卡特。您拿到钱之后，把钱带到斯佩达林格那里，请他像之前那样安置这笔钱。除了这笔钱，还有一笔小钱，像我上一封信里写的那样，这是给您的。如果您还没把这笔钱拿走，请现在就拿走留着自己用。如果您需要更多钱，请尽管告诉我，因为不论您要多少，即使倾尽所有，我都会给您。如果您觉得我有必要给斯佩达林格写封信，请告诉我。

您在上一封信里告诉我事情的进展，我觉得很担忧。我没法给您提供任何帮助，但是请不要惊慌，不要苦闷。请记住，失去钱财不等于失去生命。我可以用自己的积蓄弥补您的损失，但是请小心，这个世界上有太多不确定因素。不论如何，请全力以赴，并且感谢上帝，因为苦难早晚会来，但它恰好在您能够应对的时候来了。请珍惜您的生命，与其生活在焦虑之中，不如放弃那些身外之物。因为我更希望您活着，虽然我日子清贫，也不希望您不在人世，只留我拥有全世界的财富。如果佛罗伦萨有人说您闲话，请不要理他们，他们不过是缺乏仁爱的无知之徒。

9月15日

–您的米开朗琪罗， 雕刻家，于罗马

另，您去斯佩达林格那里送钱时，让博纳罗托跟您一起去，小心安全，别向其他人走漏消息。也就是说，关于我给你们寄钱的事情，您和博纳罗托都别告诉任何人。

✠

写于罗马，1509年10月17日
[致佛罗伦萨的博纳罗托·迪·洛多维科·迪·博纳罗塔·西莫内]

博纳罗托，我已经收到了面包，味道不错，但是没有好到可以在上面投资的程度，因为赚不了什么钱。我给了送信人5个卡里尼，但是他差点儿就没把面包送过来。你在上一封信上说洛伦佐[1]会路过我这里，你希望我能招待他一下。显然你不明白我在这里的境况。但是我不会怪你。我会尽我所能的。听说古斯蒙多要来这里办自己的事。告诉他，别期望从我这里得到任何帮助，这不是因为我不像兄弟一样待他，而是因为我实在无能为力。我必须先照顾好自己，才能

1　即洛伦佐·斯特罗奇。

再照顾别人，而现在我自身难保。我被巨大的焦虑包围着，身心俱疲。我没有朋友，也不希望有朋友。我甚至没有足够的时间坐下来好好吃饭。别再跟我提麻烦的事情了，因为我已经忍耐到了极限。关于商店的事，我建议你要全力以赴。我很高兴焦万·西莫内开始悔改了。努力赚钱吧，或者至少不要败掉自己现在的家当，这样，你将来能做更大的事业。我希望等我回来的时候，你已经能独当一面了。告诉洛多维科，我还没时间给他写信，不要因为我没有回信而觉得惊讶。

–**米开朗琪罗**，雕刻家，于罗马

✠

写于罗马，1510年[1]
[致佛罗伦萨的博纳罗托·迪·洛多维科·西莫内]

博纳罗托，你在上封信里告诉我，你最近很好，洛多维科也找到了新的事做。这些让我很高兴，如果这份工作能让他在佛罗伦萨重新立足，我觉得他应该赶快接受这份工作。至于我，一切照旧，这周末我应该可以完成自己的画，也就是我已经开始的那部分。画作揭幕的时候应该就能收到钱了，然后我会再试试看能不能获准休假，到你那里住一个月。虽然还不确定，但是我对此非常期盼，因为我实在状态不佳。没有时间再写了。我会告诉你事情的进展。

–**米开朗琪罗**，雕刻家，于罗马

1　7月。

西斯廷礼拜堂天顶画中的先知耶利米（自画像）。湿壁画

✝

写于罗马，1510年9月5日
[致佛罗伦萨的洛多维科·迪·博纳罗塔·西莫内]

最亲爱的父亲，今早，也就是9月5日，我收到了您的来信，得知博纳罗托生病了，这让我大受打击。您收到我这封信后，请立刻清楚地告诉我他的病情。如果他病得很重，不论多么不方便，我下周都会赶回去。按照合同约定，教皇应该付给我500个杜卡特，此外，还应为另一项工作再支付我500个杜卡特。但他什么话也没留下，就离开了罗马，而我则手足无措地在这里空等。我或许应该离开，但是我不想让他生气，然后拒绝付钱。可留在罗马又让我太痛苦了。我给他写了一封信，还在等待回复。不论如何，万一博纳罗托的病情加剧，请告诉我，我会抛下一切跑回去。请照顾好他，保证他衣食无忧。到新圣母医院的斯佩达林格那里取一些钱，如果他不相信您，就把我的信给他看。您可以拿到50到100个杜卡特，无须顾虑。请不要觉得困扰，上帝创造我们的目的并不是遗弃我们。请快点回复我，让我清楚地知道我应不应该回来。

– 您的米开朗琪罗，于罗马

✝

写于罗马，9月7日[1]
[致佛罗伦萨的洛多维科·迪·博纳罗塔·西莫内]

亲爱的父亲，从您的上一封信中，我了解到博纳罗托的病情，这让我很不安。收到我这封信之后，如果您需要的话，请立刻去斯佩达林格那里取50个或100个杜卡特，要确保博纳罗托什么东西都不缺，不要因为缺钱而陷入窘境。我不

1　1510年。

得不告诉您，我还在等教皇支付我500个杜卡特，除此之外，他还应该付给我脚手架的费用和其他工作的报酬，也是500个杜卡特左右。但是他没有留下任何指示就离开了。我已经给他写了一封信，但是他毫无音信。收到您上一封来信的时候，我本该直接回佛罗伦萨，但是未经允许就私自离开可能会惹恼教皇，那我就拿不到钱了。不论如何，如果博纳罗托病危的话，立刻通知我，如果必要的话，我会在两天内赶回您的身边。生命比金钱更珍贵。请随时让我知道情况，因为我非常担心。

9月7日
–米开朗琪罗，雕刻家，于罗马

✠
主人啊！如果
Signor, se vero è
（疑为教皇尤利乌斯二世而作）

主人啊！如果古人说的都是真理
那就请听听这一句："不是不能，而是不为。"
主人啊！您只听信虚伪的话
奖赏那些痛恨真理的小人

我自幼便是您的奴仆
就像围绕着太阳的光线
但是我的时光徒然流逝
我越劳苦，就离您的怜悯越远

我曾希望得到您的支持
但是我们需要的，是正义的天平与利剑

而非虚假的附和

上天将真理播种在人间
而我们
却在枯萎的树上寻找果实

✠

写于罗马，1511年6月
[致佛罗伦萨的洛多维科·迪·博纳罗塔·西莫内]

最敬爱的父亲，几天前我给您寄了100个杜卡特，这是我用来支付日常生活和工作开支的钱，因为佛罗伦萨比我这里更加安全。您应该已经收到了。请您把钱送到斯佩达林格那里，让他把这笔钱放进我的账户里。我在罗马还有80个杜卡特，大概能支撑我四个月的生活，而在我从教皇那里收到钱之前，还要再工作六个月。所以我肯定是需要钱的，估计需要50个杜卡特。您之前承诺还我的100个杜卡特，请先给我留出50个杜卡特。如果我在四个月内需要这笔钱，希望您能准备好，我会把剩余的钱留给您。至于我寄到佛罗伦萨的100个杜卡特，我希望能存下来，日后付给锡耶纳主教的子嗣，不然的话，这笔钱就得从我新圣母医院的存款里出。我希望您买一座农场，因为我听说最近农场很便宜。等我完成画作之后，我会从教皇那里收到1 000个杜卡特，不出意外的话，我就能得到这笔报酬了。为了教皇和我们，请向上帝祈祷。

请尽快给我回信。

6月的今天

– 您的米开朗琪罗，雕刻家，于罗马

西斯廷礼拜堂天顶画中的人体与檐口的素描，1508—1509 年。黑色色粉，墨水

✠

创造万物的人
Colui che fece

（疑为托马索·德·卡瓦列里而作）

在世界初始之际，创造万物的人
在时间还未开始之时
由一生二[1]，让太阳统治白昼
令月亮掌管黑夜

在这一瞬间
产生了众人的机遇与命运
而对我而言，则开启了
从出生就笼罩着我的黑暗时代

现在，我恰如自己的作品
每当深夜降临，愈加阴暗
为自己的过错悔恨不已

与此同时，我的灵魂得到了甜蜜的抚慰
黑夜让阳光更加明亮
出生时就与光明相伴的你却无从感受

1　指的是将时间分成了白天和黑夜。参见 James M. Saslow, *The Poetry of Michelangelo: An Annotated Translation* (Fairleigh Dickinson University Press, 1998)。——译者注

为西斯廷礼拜堂天顶画《逐出天堂》中的亚当所作的素描，c.1509—1510 年。黑色色粉

✠

写于罗马，1511 年 10 月 4 日

[致佛罗伦萨的洛多维科·迪·李奥纳多·迪·博纳罗塔·西莫内]

最亲爱的父亲，这周二我去见了教皇。等我有时间的时候会向您解释原因。周三早上我又去了一次，他给了我 400 个杜卡特。我会把其中的 300 个杜卡特寄到佛罗伦萨，我将把这笔钱交给阿尔多维第（Altoviti），斯特罗齐会在佛罗伦萨把钱给您。请写一个正式的收据，然后把钱带给斯佩达林格，告诉他像之前那样处理这笔钱，让他别忘了农场的事情。如果他不愿意帮忙，就试试能不能从其他人那里买到农场。如果您能找到合适的投资机会，我可以给您 1 400 个杜卡特。让博纳罗托和您一起去，请斯佩达林格尽可能帮助我们。最好从他那里买农场，因为这是最安全的途径。

我之前给您写了信，别让任何人动我的画或者其他东西。但是我没有收到您的回复。我觉得您可能没有读我的信。我向上帝祈祷，希望自己能在这里功成名就，让教皇对我的工作满意，如果他感到满意，我们应该能得到很多回报。上帝保佑教皇。

–您的米开朗琪罗， 雕刻家，于罗马

✠

写于罗马，1512年1月10日
[致佛罗伦萨的博纳罗托·迪·洛多维科·西莫内]

博纳罗托，几天前我收到了你的信，信中详细解释了你的看法。要是一一回复的话会花很多时间，所以我就简短地跟你说一下。关于商店的事情，一旦回到佛罗伦萨，我一定会兑现承诺。虽然我在信里说现在是投资土地的时机，但我还是倾向于买一家商店，因为等我完成了这里的工作之后，我会拿到足够的钱，就能履行我对你的承诺了。至于你提到的那个愿意借你两三千杜卡特的人，他肯定比我更有钱。你可以接受他的提议，但是注意不要被骗了，因为没有人会无缘无故做好事。你说过那个人想把他的一个女儿嫁给你，我觉得他说的所有事到最后都不见得能成，除了他的女儿，到时候她会骑在你的脖子上，牢牢抓住你不放。另外，我不喜欢和道德败坏的人打交道。贪财是罪，肯定不会带来好结果。我的建议是，你应该跟他好好谈谈，但不要答应他，等我这边的工作完成之后再说。我大约再需要三个月就能完工。请见机行事。我在那之前没有办法回信给你。

1月10日

–米开朗琪罗， 雕刻家，于罗马

西斯廷礼拜堂，《创造太阳、月亮与行星》，c.1511 年。湿壁画

✠

写于罗马，1512年[1]

[致佛罗伦萨的洛多维科·迪·李奥纳多·迪·博纳罗塔·西莫内]

最亲爱的父亲，我在上封信里向您解释了，为什么说投资普拉托附近的农场有风险。后来我搜集到了更多的消息，如果我的判断没有错的话，您以后最好就别和那个农场有瓜葛了。您告诉我斯佩达林格让您去看一个距离佛罗伦萨两英里的农场，并告诉我那个农场价钱不菲，但是除此之外各方面都很合适。我

---

1 3月6日。

觉得即使从他手上买农场要多花50或100个杜卡特，也比从其他人那里买划算。但是我也不是完全相信他，说不定他也是个无赖。您说打算买下威尔达诺（Vildarno）的农场，我并不反对，因为这也是合理的买卖。但是，一定要买最合适、最让自己满意的，因为您满意我就满意。如果您觉得合适，就买下来。除此之外我没有什么可说的了。这个夏天，如果运气好的话，我很可能会来佛罗伦萨。如果到时候斯佩达林格没有好好做这件事的话，我们可以一起给他施加些压力。您不用跟我说关于弗朗切斯科·迪·孔西利奥（Francesco di Consiglio）的任何事情，因为他父亲没有善待您，我也没必要和他做朋友。他自己犯的错误需要自己承受。

– 您的米开朗琪罗，雕刻家，于罗马

另，请不要再通过阿尔多维第来给我寄信。请像之前那样寄到巴尔杜齐的银行。如果您寄给了其他银行，请在信封上写上"寄到巴乔·贝蒂尼的商店"，这样我才能收到。

✠

写于罗马，1512年[1]
[致佛罗伦萨的洛多维科·迪·李奥纳多·迪·博纳罗塔·西莫内]

最亲爱的父亲，我寄给您一些我搜集到的信息，并向您转述我听到的消息：这是一桩风险很大的买卖，我指的是普拉托的农场。但是，您是亲临现场的人，比我更了解情况。请按照您的意愿去做。至于您希望我给斯佩达林格寄去的授权书，请将我当作他，然后一字不差地把我要写的话写下来，包括姓名、地址

1　3月13日。

左图 | 为西斯廷礼拜堂天顶画所作的腿部素描，c.1508—1509 年。黑色色粉

右图 | 为西斯廷礼拜堂天顶画所作的腿部及人体素描，c.1508—1509 年。黑色色粉，棕色水彩

以及所有的信息。我会抄写一份寄给他，因为我既不知道他的名字，也不知道怎么写这份东西。请不要担心，因为如果您想买那块地，而斯佩达林格拒绝给您钱，我会亲自到佛罗伦萨让他就范。如果您决定要买，请不要买阿诺河或者其他危险河流附近的土地，尽可能考虑斯佩达林格推荐的地方，并且尽量讲个好价钱。即使价钱有点高，我还是会考虑把它买下来。我没有其他可说的了。您怀疑佛罗伦萨面临危险，我们这里还没有看到任何迹象[1]，上帝保佑不会有事发生。

– 您的米开朗琪罗， 雕刻家，于罗马

另，我会按照您指定的格式抄写好授权书，然后尽快寄给您。然后，如果您能把它带给斯佩达林格，我会非常感激，因为这样他就会明白我们要做买卖的意图。

---

1 这里可能指的是皇家军队进攻图斯卡尼。

✠

写于罗马，1512年[1]

[致佛罗伦萨的洛多维科·迪·李奥纳多·迪·博纳罗塔·西莫内]

最亲爱的父亲，给您寄信之后，我听说斯佩达林格可能嘲笑了我签署的那份授权书。因此，我又起草了一份委托书，您可以把这份文件给他看，这样您作为我的代理人，就能从他那里拿到足够的钱来买地产了。我相信他会接受这份文件，如果不成功的话，请再告诉我。

上面说的那份委托书是由一个名叫阿尔比左（Albizo）的公证人起草的。我委托您作为我的代理人办理此事，也就是说，您有权从斯佩达林格那里拿到钱，或者迫使他交出我拜托他保管的钱，用来支付土地的价款及应缴纳的税款。但是除了这件事之外，您没有任何理由未经我的同意就动用我的钱，也无法从斯佩达林格那里提取超过交易金额的钱。这份委托书的效力应该就是这样，起码那个公证人是这么告诉我的。

如果您决定了要买那块地，请务必确保投资的安全，随时告诉我最新进展，起码在买了之后告诉我一声。今年夏天我肯定能回到佛罗伦萨，没有任何事情能阻挡我。我最迟也会在九月底回来，但可能没办法陪您太久。

– 您的米开朗琪罗，雕刻家，于罗马

---

1 3月20日。

为西斯廷礼拜堂天顶画《哈曼的惩罚》所作的人像素描，c.1511—1512 年。红色色粉

✠

写于罗马[1]

[致佛罗伦萨的洛多维科·迪·博纳罗塔·西莫内]

最亲爱的父亲，您在上封信里说大家重新接受了你，这让我很高兴。我也知道了斯佩达林格那儿又有了转机，您觉得最好再等一下。我也是这么认为的，因为和其他任何人做买卖都不妥当，而且他已经向您做出了那么多承诺，我认为他肯定不会骗您。因此，您最好再等一等。乔瓦尼·达·里卡索利拜托我做一件我不愿意做的事情，但是今晚我没有时间给他回信了。因此，让博纳罗托帮我回绝他，告诉他不要指望我，他会明白的。我还有一件事要请您帮忙，佛罗

1　1512 年 3 月 27 日。

伦萨有个叫阿隆索（Alonzo）的西班牙人，是个画家，我听说他生病了。罗马这里有个他的朋友或者亲戚，也是个西班牙人，想知道阿隆索的状况如何，他拜托我给佛罗伦萨的朋友写一封信，问问阿隆索的病情。我请您或博纳罗托，到格拉纳乔（他们俩认识）那里问问他怎么样了，这样我就能给这个亲戚回信，同时让他知道我是愿意帮忙的。

– 您的米开朗琪罗，雕刻家，于罗马

✠

写于罗马，1512年[1]

[致佛罗伦萨的洛多维科·迪·博纳罗塔·西莫内]

最亲爱的父亲，您在上封信里告诉我您从新圣母医院那儿买下了农场，这是件好事。我特别高兴，虽然这花了不小的一笔钱，但我猜想您也觉得这是笔划算的买卖。即使比我们设想的多花了100个杜卡特，考虑到投资的安全性，这也不算贵。感谢上帝，我们终于完成了这笔交易。现在我只有一件事要做，那就是帮我的兄弟们开一家商店，这是我现在日思夜想的唯一一件事情。做完这件事之后，我应该就算尽到了所有义务，如果那之后我一息尚存，我希望余生能生活在宁静之中。

乔瓦尼·达·里卡索利给我写了封信，我没时间回复他。我请您代我去跟他道个歉。我会在下周六给他回信。

– 您的米开朗琪罗，雕刻家，于罗马

---

1 6月5日。

✠

写于罗马，1512年9月5日
[致佛罗伦萨的博纳罗托·迪·洛多维科·西莫内]

博纳罗托，我最近没给你写信，因为没有什么重要的事情可说。但是，现在佛罗伦萨的情况让我不得不说几句。在罗马，大家都在说佛罗伦萨已经陷入危急之中，我建议大家先到安全的地方避一下，不要管你们的财物，因为生命比什么都宝贵。如果你们需要路费，就到斯佩达林格那里取一些钱。如果我和你们在一起，我会从斯佩达林格那里把所有的钱都取出来，然后去锡耶那。我会在那里找一间房子，等到事情都结束后再回去。我相信我给洛多维科的委托书还没失效，你们可以凭着那份文件去取钱。如果有必要，就这么做。在这个危急关头，该花钱的时候就不要犹豫。剩下的钱你先替我保管。无论如何，不要和佛罗伦萨扯上关系，不论是行动还是言语。要像对待瘟疫一样，逃在最前面。尽快让我知道你们的近况，我现在很担心。

–米开朗琪罗，雕刻家，于罗马

✠

写于罗马，1512年9月18日
[致佛罗伦萨的博纳罗托·迪·洛多维科·西莫内]

博纳罗托，你在上封信里告诉我佛罗伦萨遭遇了严重的危机，这让我很紧张。现在有消息说美第奇家族已经回到了佛罗伦萨，事情也都平息了。所以我估计西班牙人的威胁已经得到了遏制，你们也没有必要出城了。安分地待在原地，和周围的人和平相处。不要讨论别人的闲事，不管说的是好话还是坏话，因为现在一切都还不明朗。做好自己的事情就好。

左上图│为西斯廷礼拜堂天顶画所作的两个人体素描，c.1509—1510 年。黑色色粉，黑色炭笔

左下图│为西斯廷礼拜堂天顶画所作的人体素描，1508—1509 年。黑色色粉

右图│为西斯廷礼拜堂天顶画《逐出天堂》中亚当所作的素描，c.1509—1510 年。黑色色粉

至于洛多维科从新圣母医院取出来的40个杜卡特，我前几天写了封信给他，告诉他如果事关性命，那他不应该只取出40个杜卡特，应该把我所有的钱都取出来。但是我没有给他为其他原因取钱的许可。我身上一个子儿都没有，穷得都快衣不蔽体了。而且我只有完成手头的工作，才能收到剩下的钱。在这段时间里，我只能克服种种困难。所以，如果你也同样遭遇了困难，不要不耐烦，如果你自己还有钱，就不要取我的钱，除非如我之前所说的，事态相当紧急。但是，如果你觉得有必要用钱，请务必要先给我写信。我很快就会回来。如果上帝保佑，我在诸圣节时就能回家。

9月18日

–米开朗琪罗，**雕刻家，于罗马**

✝

写于罗马，1512年[1]
[致佛罗伦萨的洛多维科·迪·博纳罗塔·西莫内]

最亲爱的父亲，您在上一封信中告诉了我佛罗伦萨发生的事情，这些我多少已经听说过了。我们必须耐心，把自己托付给主，忏悔我们的罪过。因为这些苦难并非无妄之灾，而是来自高傲自大和忘恩负义。佛罗伦萨人是我见过的最不知感恩、最不谦逊的人了。所以，如果有坏事发生，那必有原因。至于您告诉我您需要支付60个杜卡特的罚款，我觉得这很不合理，非常生气。但是，我们必须保持耐心，接受上帝给我们的惩罚。我会给朱利亚诺·德 美第奇（Giuliano de'Medici）写一封信，随信附上。您读过之后，如果觉得可以把这封信给他，就带过去，看看有没有帮助。如果这封信没用，就看看我们能变卖

1　10月。

些什么东西。如果您觉得您受到的处罚比其他人严厉，就尽量别交现金，让他们把您的东西都拿走算了，请告诉我后续进展。但是，如果您觉得其他人受到的也是差不多的处罚，那就保持耐心，相信上帝。您告诉我您已经有30个杜卡特了，从我的账户再取30个杜卡特，然后把剩下的钱寄给我。把这笔钱交给博尼法齐奥·法奇，他会让乔瓦尼·巴尔杜齐把钱给我。让博尼法齐奥给您写个收据，把收据随您下一封信一起寄过来。请保重身体，如果您无法像其他人那样享有自己的土地，那就感恩自己至少还有面包，像我一样，在耶稣基督的庇护下贫苦地生活。我现在生活潦倒，生活和名誉都已经无关紧要，我被太多困扰包围。我已经有15年没有好好休息了，而我做的所有事情都是为了您，但是您从来没有注意到这点，也没有相信过。希望上天能原谅我们！我过去是怎么做的，将来还会继续这样做。

– 您的米开朗琪罗，雕刻家，于罗马

✠

写于罗马，1512年[1]
[致佛罗伦萨的洛多维科·迪·博纳罗塔·西莫内]

最亲爱的父亲，您在上一封信里告诉我小心，不要把钱放在家里，也不要带在身上。您还告诉我，佛罗伦萨有人说我在说美第奇的坏话。

钱的事情，除了日常所用，我全都放在了巴尔杜齐的银行，家里或身边都没有多余的钱。至于美第奇，我没有说过他任何坏话，除了大家都在谈论的那些事情，比方说普拉托的事情[2]。如果石头能开口说话，估计也会讲这些事情吧。除

1　10月。

2　帝国军队在战争中造成的"普拉托之劫"，使得美第奇能够在佛罗伦萨重新得势。

西斯廷礼拜堂

人像素描（男性头部、头骨及其他），c.1525 年。黑色色粉

此之外还有很多谣言，我都是这么回应的："如果他们真做了这些事情，那就是他们的错。"我并不相信这些事情，我也希望这些都不是真的。一个月之前，有个人假装是我的朋友，批评了美第奇的行为。我谴责了他，告诉他这么说话是不对的，不要再在我面前提这件事情了。尽管如此，我还是想让博纳罗托悄悄打探一下是谁传出我说美第奇坏话的消息，好让我找到是谁在使坏，是不是假装成我朋友的人，这样我就能小心提防。就说这么多。现在我手头没有任何工作，因为教皇还没告诉我下一步要怎么做。

– 你的米开朗琪罗， 雕刻家，于罗马

✠

护甲与宝剑
Qua si fa elmi

在这里，圣杯被做成了护甲和宝剑
基督之血被出卖
他的十字架与荆棘冠被做成了剑与盾
他的耐心正在逝去

不要再让他来了
不要给那些亵渎神灵的人第二次机会
因为罗马依然会在法庭上出卖他
这里不会向美德敞开大门

是时候让我散财了
当我失去工作，没有收入
披着圣袍的人是我的美杜莎

虽然贫穷偶然会和欢乐做伴
但若是高贵的旗帜只会带来厄运
我们又能期待怎样的幸福？

✠

写于罗马，1512年11月5日
[致佛罗伦萨的洛多维科·迪·李奥纳多·迪·博纳罗塔·西莫内]

最尊敬的父亲，您在上一封信里告诉我您给了米凯莱的母亲和妻子六个斯塔亚的谷物，一个斯塔亚价值25索尔蒂，如果她们还需要别的东西，您也会给她们。请不要再给她们东西了。如果她们再找您要什么，在我联系您之前，请告诉她们您什么都没有。

您告诉我您很快会给我寄衣服，请尽快寄，然后在信里告诉我您花了多少钱，这样我可以把谷物的钱和衣服的钱一起寄给您。请您原原本本地把金额记好。一旦我收到了，我就会给您寄钱，然后就照着我们在信里讨论的这样办。

我想请您帮忙在佛罗伦萨找一个能吃苦、愿意来我这里帮忙的穷苦人家的老实小孩。我希望他能帮我处理所有的杂务，包括买东西和跑腿儿。在他空闲的时候，可以好好学习。如果您能找到这样一个小伙子，请告诉我，因为罗马这里到处都是流氓无赖，而我非常需要一个帮忙操持家务的人。感谢上帝，我一切顺利，也在努力工作。

11月5日
– 您的米开朗琪罗，雕刻家，于罗马

✠

写于罗马，1513年1月5日
[致佛罗伦萨的洛多维科·迪·博纳罗塔·西莫内]

亲爱的父亲，上封信里我告诉您我支持您买下农场。您现在告诉我，除了吉罗拉莫·奇尼 (Girolamo Cini) 的土地，您还在谈帕佐拉提卡那里的一座农场。如果合适的话，我会把两块地都买下来，但是请保持警惕，不要惹上官司。千万要小心，注意安全。大家对房子的事情都很乐观，但我并不是特别期待，因为我只是住在这里的这段时间不用交房租而已。从其他角度解读这个问题都没有意义。博纳罗托写信告诉了我他结婚的事情。让我来告诉您我的看法：

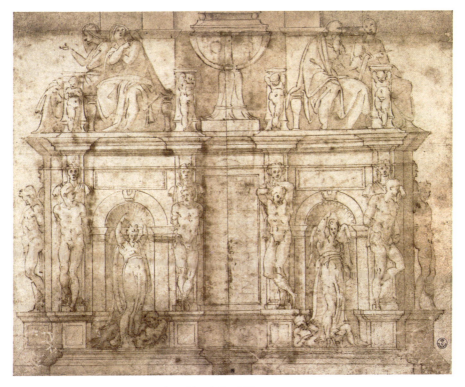

尤利乌斯二世之墓设计草图，c.1513 年。墨水，水彩，白铅

再过5到6个月，你们就都自由了，可以随意使用我给你们的钱。你们可以随心所欲，而且我还是会继续竭尽所能帮助你们。但是在夏天之前，请不要让博纳罗托结婚。如果我在您身边，我就会告诉您原因何在。既然他已经等到了现在，再等6个月也不算什么。博纳罗托还告诉我贝尔纳迪诺·迪·皮耶尔·巴索 (Bernadino di Pier Basso) 想过来帮我做事。如果他真的想来，就在我还没雇用其他人之前尽快过来，因为我最近准备开始做一些事情。至于他的工钱，就照之前说的那样，一个月3个杜卡特，外加他的日常开销。我的家务非常简单，我也不希望改变。代我转告他，让他快点儿动身。如果他在我这儿干了一周之后觉得不喜欢这份工作，他可以直接回佛罗伦萨，我会给他回去的路费。就是这样。

1月5日
–米开朗琪罗，雕刻家，于罗马

✠

写于罗马，1513年[1]
［致佛罗伦萨的洛多维科·迪·博纳罗塔·西莫内］

最尊敬的父亲，关于贝尔纳迪诺的事，我之前回复您说我想先把房子的事情解决了，现在我的回复还是这样。我之前想让他过来，是因为有人承诺我这件事[2]几天内就能完成，然后我就能开始工作了。后来我发现这比想象中更花时间，我必须找到另外的住处，好搬出现在住的地方。在合同中的条款定下来之前，我什么也做不了。请告诉他[3]现在的状况。至于已经来了的那个男孩，那个骡夫家的小无赖骗了我1个杜卡特，还说我之前承诺给他2个杜卡特。但是其他

1　2月。
2　修建尤利乌斯之墓的合同规定他能免费住在他的住所。
3　即贝尔纳迪诺。

《垂死的奴隶》（*Dying
Slave*），1513—1514 年。
大理石

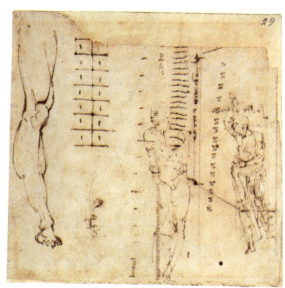

左图 | 人体素描（奴隶），1513—1516 年。墨水
右图 | 人像素描（为尤利乌斯二世之墓所作），1513—1515 年。墨水

骡夫家的孩子都只拿到了 10 个卡里尼。这比丢了 25 个杜卡特更让我生气，因为我觉得这是他父亲的责任，是他用骡子把这个小恶棍带来的。我的运气从来没这么差过！这还不止，父子俩都向我保证过，说这小子什么都能做，照看骡子，有必要的话还可以睡在地板上。但现在我却要反过来照顾他。就好像我回来之后的麻烦还不够多似的！这个小子从我回来后就开始生病。现在他倒是已经开始好转了，但是他曾一度在死神门前徘徊，连医生都觉得他活不过一个月了，那一个月里我一刻都没有休息，也没有一句抱怨。然后这小子又说他不想浪费时间，想学习。他在佛罗伦萨的时候，说自己每天用两到三个小时就足够了，现在整个白天还不够，还要整晚画画。是他的父亲怂恿他这么干的。如果我跟他抱怨了什么，他肯定会宣称说我不愿意让他学习。我希望有人能处理杂务，如果他不愿做的话，就不应该拿那份钱。但是他们只是骗子，一切只想为了自己。我请求您把他打发走，因为我已经被他烦到忍无可忍了。那个骡夫已经拿到了足够的钱，作为带他回去的费用绰绰有余。让那个父亲把他带走。我

不会再给他一个子儿，因为我没有钱。在他被带走之前，我会再忍他几天，但是如果他们什么也没做，我会亲自把他送走。尽管我在他来的第二天就想让他离开，但他从来没意识到这一点。

至于商店，周六我会给您寄100个杜卡特。如果您对他们的工作感到满意，就把这笔钱给他们，就像博纳罗托离开的时候做的那样。如果他们没有尽力，就把这笔钱存到新圣母医院我名下的账户里。现在还不是投资的时候。

－您的米开朗琪罗， 于罗马

✠

如同笔墨

Sì come nella penna

（为托马索·德·卡瓦列里而作）

如同笔墨被歌者所用
写出或高昂或低沉或中庸的曲调
如同石材可以雕出高贵或低俗的形态
应和大师心中的想象

所以，亲爱的朋友，在你内心的泉水里
骄傲与懦弱交织，还有美丽的幻想
但它无法为我悲伤的心灵带来慰藉
只能映照出我的面孔——那阴暗的影像

他将悲伤、泪水、叹息降落在大地
（从天堂降落的露水虽纯洁透明
却会变幻成各种形态）

收获悲伤，捕捉泪水

他凝视着美丽，带着喜悦的忧伤

只会找到偶然的希望和必然的悲凉

✝

写于罗马，1513年[1]

[致佛罗伦萨的洛多维科·迪·博纳罗塔·西莫内]

最亲爱的父亲，我寄给您100个金杜卡特，拜托您交给博纳罗托和其他人，为保险起见，我要做他们的商店的债权人。如果他们能够为成功而竭尽全力，我会不时帮他们一把。收到这封信之后，请到博尼法齐奥[2]或者洛伦佐·贝宁滕第 (Lorenzo Benintendi) 那里，带上博纳罗托，他们会付钱给您。他们会给您100个金杜卡特，我会在这里把同样的金额交给巴尔达萨雷·巴尔杜齐。您问到投资的事情，我觉得现在不是投资的好时机。关于我自己的事情，我会尽最大努力，上帝保佑我。至于那个男孩，我在上封信里说让他的父亲把他接走，我不会给他一点儿钱。我再澄清一下：他们已经拿到了路费。这个小子在佛罗伦萨挺好，他可以待在家里，好好学习，和父母共同生活，但是在这里他没有任何价值，还让我为他奔波操劳，同时其他伙计还不让我省心。我没有让他住在我家里，因为他老让我分神，我实在没法忍受，于是就打发他搬去和他的一个兄弟一起住了。我没有钱。为了给您寄现在的这些钱，我费尽心思，但是我不好意思再要更多钱，因为我没有助手，自己也做不了什么。等我解决了房子的事情之后，我希望能快点开始工作。

—米开朗琪罗，雕刻家，于罗马

1　2月。
2　即博尼法齐奥·法奇。

✠

写于罗马，1513年7月30日
[致佛罗伦萨的博纳罗托·迪·洛多维科·西莫内]

博纳罗托，石匠米凯莱到这里来和我一起工作了，他向我要钱，说是在佛罗伦萨的一个亲戚要用。我给你寄一些钱，你立刻去找博尼法齐奥，他会给你4个杜卡特，你把这些钱给一个叫作梅奥·迪·基门第 (Meo di Chimenti) 的石匠，他现在在给大教堂做工。把我附上的信给他。让他给你一份他亲手签字的收据，证明他从代表米凯莱的我这里收到了钱，然后把收据寄给我。

米凯莱说，你告诉他你需要在塞提涅亚诺 (Settignano) 为了什么事花60个杜卡特。我记得你在我这儿时也说过你要自己掏腰包花一笔钱。我假装没有明白你真正的意思，也没有表示惊讶，因为我对你太了解了。我猜你把这个记下来是因为希望将来能把这笔钱据为己有。我想问问你这个忘恩负义的家伙，你到底是从哪里拿到这笔钱的。我想知道你是不是忘记了你从新圣母医院那里取走的我的228个杜卡特，还有我为了你和这个家花的不计其数的钱。你是否还记得我为了你经历了多少困难。我想知道所有这些事你是不是都还记在心里。如果你是个聪明人，能把这些事想明白，你就不会说："我花的都是自己的钱。"如果你停下来好好想想我过去是怎么对待你的，你就不会拿你的事情来为难我。你应该说："米开朗琪罗记得他写过的所有事，如果他没有立马兑现承诺，那是因为他被我们所不了解的事情耽误了。"然后你会耐心等待，因为在一匹已经奋力飞驰的马身上加一记鞭子是徒劳无益的。但是你过去从来没有理解过我，现在也没有。愿上天宽恕你！是上天的恩典让我能够承受现在所承受的这一切，好让你从中受益。等到你失去我的时候，你就会真正体会到这一点了。

我告诉你，9月份我大概没法回来，因为我最近很忙，连吃饭的时间都没有。愿上帝帮助我渡过难关。如果可以的话，我想把之前提到的委任书寄给洛多维科。我从来没有忘记过这件事情，我想按照之前承诺的那样给你们1 000个杜卡特，好让你们能开始做自己的生意。我不图你们的收入，但是我希望你们能保证，十年后，如果那时我还活着，你们能还给我这1 000个杜卡特，可以是东西，也可以是现金。如果我遇到困难了，虽然不见得真会遇上这种情况，我希望能拿回这笔钱。这样可以约束你，避免你胡乱花钱。好好想想，到处问问，写信告诉我你打算怎么做。我希望你把我给你的400个杜卡特分成四份，每人拿一份，就当我给你们的礼物：100个给洛多维科，100个给你自己，100个给焦万·西莫内，还有100个给吉斯蒙多，但是不管出于什么原因都不能从商店里把这笔钱拿出来。就说这么多。让洛多维科也看看这封信。想好你将来准备做什么，向我承诺你会照我说的做。别忘了把我寄过去的钱给米凯莱。

–米开朗琪罗，雕刻家，于罗马

✠

罗马，1515年6月16日
[致佛罗伦萨的博纳罗托·迪·洛多维科·西莫内]

博纳罗托，我给菲利波·斯特罗齐写了一封信，你看看是否满意，然后把这封信给他。我明白，如果信写得不妥，他可能会拒绝我，毕竟写作不是我的特长。如果你的目的能够达到，那就好了。请你到新圣母医院的斯佩达林格那里，让他给我1 400个杜卡特，因为我这个夏天要加快进度[1]，好在那之后赶快开始给教皇[2]工作。为了这份工作，我已经买了两万磅的铜用来铸造人像。因此，我急需用钱。你一收到这封信，就立刻到斯佩达林格那里，让他支付我刚才提到的钱。你最好能去找一下皮耶尔·弗朗切斯科·博格里尼(Pier Francesco

---

1 尤利乌斯之墓。
2 利奥十世。

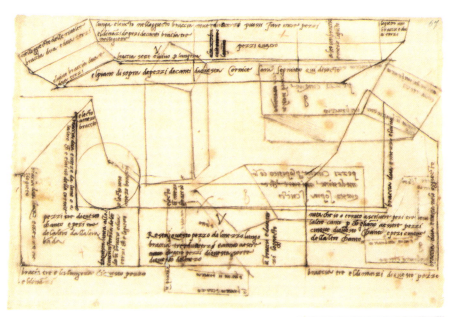

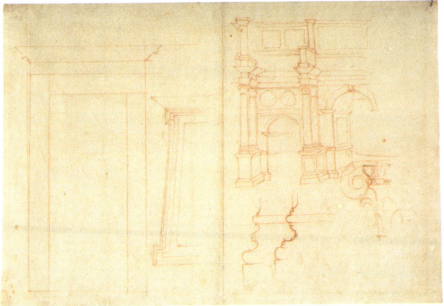

上图 | 用于尤利乌斯二世之墓的大理石块的速写,附尺寸标注,c.1516 年。墨水
下图 | 罗马建筑素描,c.1515 年。红色色粉

Borgerini），他现在人在佛罗伦萨，通过他的银行把钱给我。他是我的朋友，应该不会出差错。不要告诉别人，因为我想在取钱的时候尽量低调。至于新圣母医院里余下的钱，让斯佩达林格好好保管。等着你寄来的钱。就说这么多。

1515年6月16日

–米开朗琪罗，于罗马

✠

罗马，1515年7月28日
[致佛罗伦萨的博纳罗托·迪·洛多维科·西莫内]

博纳罗托，你在上一封信里跟我说了账户、账簿和文件的事，得知这些消息我很高兴，因为我打算马上把钱取出来，就像我告诉过你的一样，我会适时通知你。随信附上的是给米凯莱[1]的信。我给他写信，不是因为我知道他疯了，而是因为我需要一些大理石，却不知道该怎么买。我不想自己去卡拉拉，因为我没法去，我也没办法找到一个合适的人代替我去，因为我能找到的人要么是疯子，要么就是叛徒和无赖，比如说那个贝尔纳迪诺[2]，他走的时候，留给我的只是100个杜卡特的损失，更别提他还在罗马到处说我闲话。我回来之后才知道这个消息。他是个无恶不作的坏蛋，一定要躲他远远的，不论如何，千万别让他进我们家门。

有点跑题了。我要说的就是这些。请把信交给米凯莱。

–米开朗琪罗，于罗马

1　即米凯莱·达·塞提涅亚诺（Michele da Settignano）。
2　贝尔纳迪诺·迪·皮耶尔·巴索。

上图 | 尤利乌斯二世之墓侧
面，附注释，1516 年。蘸水
笔和墨水

下图 | 尤利乌斯二世之墓底
部，1518 年。棕色墨水

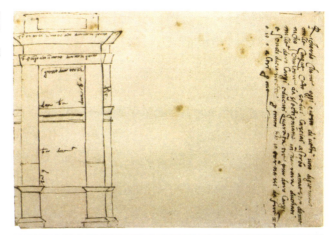

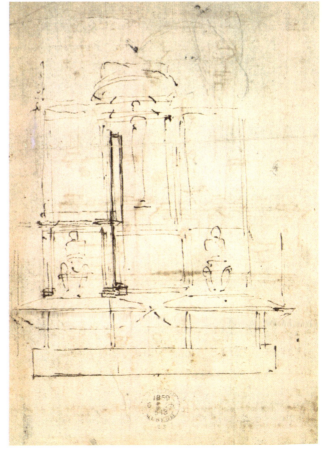

✠

写于罗马，1515年8月4日
[致佛罗伦萨的博纳罗托·迪·洛多维科·迪·李奥纳多·西莫尼]

博纳罗托，我在这里听到一些关于斯佩达林格的负面消息，你们在佛罗伦萨，离他更近，可以亲自调查一下这是不是真的。如果你觉得我的钱有危险，就把钱寄给我。去找皮耶尔·弗朗切斯科·博格里尼，他会把钱转到我在罗马的账户上。如果你觉得有必要的话，就立刻这么做，一读完这封信就去做，不要为任何原因拖延；但是如果你觉得没有必要，就写信给我，告诉我你的看法。最好能帮我查一下为了运输大理石修的路是米凯莱负责还是由其他人负责，我会感激不尽。请尽快回信，因为这让我深感担忧。告诉我洛多维科近况如何，我已经很久没收到他的信了。

8月4日

– 米开朗琪罗，于罗马

✠

写于罗马，1515年8月11日
[致佛罗伦萨的博纳罗托·迪·洛多维科·西莫尼]

博纳罗托，你在上封信里告诉我，斯佩达林格对你说他还没有准备好我的钱。这在我看来不是个好兆头，我不知道是不是该采取点儿行动了。自打我从佛罗伦萨回来，什么工作也没做，只是准备了一些模型[1]，做了些工作安排，以备将来快马加鞭，两三年内把工作完成。我已经做出了承诺，而这项工作需要的所

1　为了尤利乌斯之墓。

有费用都会从我在佛罗伦萨的钱里头出，只要合乎情理并且符合存款规定，我需要钱的时候应该可以随时支取。如果我拿不到这笔钱，那就麻烦了。你收到了这封信之后，立刻去找斯佩达林格，告诉他我必须要拿到这笔钱。告诉他如果我自己的账户取不出钱来，就借给我一些，毕竟我在他那里放了这么多钱，也从来没要过利息。如果他同意把钱给你，最好通过皮耶尔·弗朗切斯科·博格里尼把钱转过来；但是如果他要直接把钱给我，那就让他这么做。我唯一的要求就是要尽快拿到钱。告诉我他是怎么决定的，然后我会告诉你下一步怎么做。告诉斯佩达林格，四个月之内，我会把一笔6 000个杜卡特的钱交到他手里。要说的就是这些。至于你提到的大理石，那和你无关。不管结果如何，我都会自己去处理的。我听说佛罗伦萨毫无消息。请你安心等待，不是你的事情，就不要多管闲事。请尽快回信。

8月11日
—米开朗琪罗，于罗马

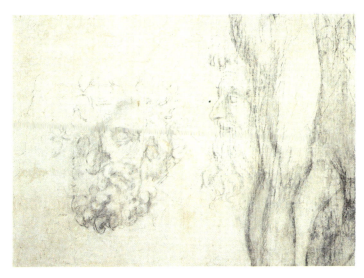

拉奥孔头部，1530年。
墙面炭笔

✠

写于罗马，1515年9月1日
［致佛罗伦萨的博纳罗托·迪·洛多维科·西莫尼］

博纳罗托，我把收到的信交给了博格里尼，把钱也存在了他那里。我会在今天或周一去取这笔钱。下一次，除非你找到把钱寄给我的方法，否则不要从新圣母医院取钱，而且一次只取你要寄的那一部分，不要多了。剩下的钱，如果你还没寄给我，就立刻交还给新圣母医院。一定要拿到银行账簿和文件，尽早把它们寄给我。不要把我的钱交给陌生人，因为我不认识任何人。你向我抱怨商店的前景，不要失去耐心，因为决定事态走向的大多是你没法预见的情况。我几年前就开始担心了，而且一直在警告你，现在不是做生意的好时机。尽管如此，你还是要尽你所能，减少损失，因为这样的状态可能比你想象的持续得还要久。告诉贝托·达·洛夫萨诺[1](Betto da Rovezzano) 的父亲，我没有大理石可用，要不然我会非常乐意接受他的提议。随信附上的一封信是给卡拉拉侯爵的内臣，安托尼奥先生的。务必把信交给他，信交到他手里之后告诉我。

－**米开朗琪罗**，于罗马

✠

写于罗马，1515年9月8日
［致佛罗伦萨的博纳罗托·迪·卢多维科·西莫尼］

博纳罗托，你在上封信里提到剩下的钱都在新圣母医院。我之前在信里让你把它还回去，因为我根据你的信推测，你已经把钱给了皮耶尔·弗朗切斯科[2]，

---

1 即贝托·贝内迪托·达·洛夫萨诺（Betto Benedetto da Rovezzano）。
2 皮耶尔·弗朗切斯科·博格里尼。

他会把钱给一个骡夫保管。因为我不同意这种做法，所以我才会在信里说让你把钱拿回来。现在你说没把钱拿走，那么就这样吧，关于这件事我没有什么可说的了。我需要钱的时候就会跟你说的。你在信里的语气好像说我把钱财看得比什么都重要，我确实把钱看得比什么都重要，但那是为了你，而不是为我自己，我一直都是这么做的。我不会轻信谣言，也不像你想的那样疯疯癫癫。有时候我相信你会对我这四年来给你写的信比此刻有更正面的看法，但是我可能在骗我自己。如果我真的在自己骗自己，那不是因为我有什么不好的企图，而是因为我明白管好自己和自己的财物是明智的。我记得大概18个月之前——可能更早，或者迟一点儿，我记不清了——你想做某一件事情。我写信说还没到时候，你应该再等一年。几天后，法国的皇帝[1]去世了，你就回信说，那个皇帝去世了，意大利安全了。你还说我听信那些无稽之谈，笑话了我一番。现在，你知道了，皇帝还没死[2]。如果当初照我说的去做，事情不会变成现在这样。但是，已经够了。你的信里还附上了卡拉拉的洛·萨拉[3]（Lo Zara）的信，他在信里说愿意为我工作。我没有给他回信，因为我给卡拉拉侯爵的内臣，安托尼奥·达·马萨（Antonio da Massa）先生写了一封信，附在我给你的上一封信里。我想你应该已经把那封信寄出去了，在我从他那里得到消息之前，我是不会采取任何行动的。就这样。

–米开朗琪罗，雕刻家，于罗马

1　路易十二。

2　"先帝已去，新帝万岁！"弗朗西斯一世在路易死后登基，意大利的境况没有任何好转。

3　即多梅尼科·弗朗切利（Domenico Francelli），雕刻家。

为尤利乌斯二世之墓而作的两个人像，c.1516 年。墨水

✠
写于罗马，1515年10月20日
[致佛罗伦萨的博纳罗托·迪·洛多维科·西莫尼]

博纳罗托，我已经写信告诉过你，在汇率对于帮忙寄钱的那个人比较有利的时候，把钱寄给我，我现在再重复一遍，因为我不想欠人情，或者越少越好。给我钱的那个人在第一笔交易里拿到了百分之二的好处，第二笔交易却损失了。我不想让他损失，但是我对交易的事情一窍不通。我以为每一笔交易都是一样的。至于现在的这笔钱，照你觉得最好的方式去做，在汇率合适的时候把钱汇过来。我想说，我不想给皮耶尔·弗朗切斯科·博格里尼造成压力，也不想欠他的人情，因为我接下了给他画一幅画的委托，这有可能会让他觉得我想提前拿到报酬。出于这个原因，我不想受他的恩惠，因为我喜欢他这个人，不期待任何回报。我希望能出于个人意愿为他做事，而不是为了得到报酬而工作。如果可能的话，我会为他工作，比为其他人工作都更加高兴，因为他确实是个很好的年轻人，我觉得，在佛罗伦萨没有比他更好的人了。我听说佛罗伦萨最近会有和平[1]庆祝活动，我很高兴，因为对你们有利的事情就是对我有利的事情。但是，不论如何，要记住做好自己的事，不要管闲事，不要笑话我之前在信里写的东西。就这些。

我附上了一封信，请确保它安全寄到卡拉拉。

–米开朗琪罗，于罗马

1　利奥十世和弗朗西斯一世。

✠

写于罗马，1515年11月3日
[致佛罗伦萨的博纳罗托·迪·洛多维科·西莫尼]

博纳罗托，我已经收到了领取剩余金额的凭据。我还没有去博格里尼的银行，但是我下周会去。我相信他们会像之前那样处理这次的事情。你说斯佩达林格抱怨我短期内取走了太多钱。我觉得他为这种事情抱怨真是愚蠢，因为他收了那么久的利息，而现在我只是让他交还我自己的钱而已——他还曾经提出要在我周转不济的时候自掏腰包借我500个杜卡特。但是我不惊讶，因为我明白他是什么样的人。你向我要钱，告诉我之前的问题已经解决了，你可以开始工作并且存钱了。对此我的回应只有嘲笑，除此之外，还对你信里写的一些事情感到些许惊讶。现在我能对你说的就是：钱的事我帮不了你，因为我的工作还有两年才能完成，却预支了一大笔工钱。所以耐心一点儿，好好生活，尽量多存钱，在冬天结束之前不要做任何交易，也不要借钱给任何人。我警告你这些，是因为我对这些事情抱有疑虑，不得不说出来，尽管我知道你会嘲笑我，对我置之不理。就说这么多。

–米开朗琪罗，雕刻家，于罗马

✠

当让我叹息的她

Quand'el ministro de'sospir

当让我叹息的她[1]离开这个世界
离开她自己，离开我疲倦的双眼
赐予我们这无上快乐的造物主
也陷入羞愧，而我们的眼中满含泪水

死亡用深夜将万日之日隐藏
但他不会得意地将这份荣耀独享
因为爱已经胜利，将光洒向
大地与天堂里的众圣

多么残酷而强大的厄运
对她美德的歌颂终将停息
而她的光芒将陷入幽暗

但诗人的篇章使她飞升
在死的坟墓中生命却更加鲜活
死亡赋予了她至高的权力

1　"她"指爱，后面的"无上快乐"也指爱。参见 James M. Saslow, *The Poetry of Michelangelo*。——译者注

我要把圣洛伦佐教堂的外墙，

建造成所有意大利建筑和雕塑取法的镜子……

没有人可以用手做一件事情，

　　然后用脑子做另外一件，

　　尤其是牵扯到大理石的时候。

3

米开朗琪罗与美第奇家族

圣母子像，c.1525 年。黑色色粉，红色色粉，白铅，墨水

米开朗琪罗与统治着佛罗伦萨的美第奇家族有着复杂的关系。他对"伟大的洛伦佐"十分仰慕与感激,在洛伦佐的宅邸中,他学习技艺,接触到了对他的创作产生深刻影响的哲学思想。两位与他共同成长的美第奇家族成员成了教皇(利奥十世和克雷芒七世),同时也是他的支持者和赞助人。但是,美第奇家族结束了佛罗伦萨共和国漫长的光辉历史,最终米开朗琪罗开始厌恶这个家族的统治(然而此时他依然在接受他们的委托进行创作),渴求回到共和国时期,尤其是在洛伦佐之子,被称为"不幸者皮耶罗"的那灾难一般的统治开始之后。

利奥十世继尤利乌斯二世担任教皇之后,首先表现出了自己对拉斐尔的偏爱,这反而让米开朗琪罗得到了安宁,能够全身心地投入到尤利乌斯之墓的工作中去。到了1516年,利奥十世请米开朗琪罗设计并建造位于佛罗伦萨的圣洛伦佐教堂(美第奇家族专用教区教堂)的外墙。这对米开朗琪罗来说是一项重要的工作,因为他需要同时承担建筑与雕塑的任务。米开朗琪罗用了几个月的时间监督开采大理石,最开始在卡拉拉,后来在皮耶特拉桑塔(Pietrasanta),同时他还要监督修建一条运输石料的道路。但是到了1520年,利奥失去了兴趣,取消了合同,这激怒了米开朗琪罗,他在一封写于3月20日的信中对一个姓名未知的收信人表达了自己的愤怒。取而代之,利奥希望在圣洛伦佐教堂建一座用于安葬家族成员的礼拜堂。

根据最初的设计,新圣器室(New Sacristy)里的美第奇礼拜堂(Medici Chapel)中要安放美第奇家族四位成员的陵墓,不过米开朗琪罗只完成了其中的两座。在他优雅的设计中,每一个细节都引导着我们的视线向上移动,这种内部设计与装饰陵墓的大理石雕像——包括广为人知的《夜》(Night)、《日》(Day)、《晨》(Dawn)、《暮》(Dusk)——彼此呼应。此后,利奥还请他设计建造了洛伦佐图书馆(the Laurentian),用于存放一批极为珍贵的藏书。但是到了新的美第奇教皇克雷芒七世掌权时,战争转移了教皇的注意力,财政支出方向也发生了改变，礼拜堂的工作停滞了，一直持续到16世纪中叶。1527年，查理五世的军队攻陷罗马，佛罗伦萨人趁着克雷芒避难之际再一次驱逐了美第奇家族，重新建立了共和国。显然，这绝非艺术家为这个家族创造艺术品的最佳时机。到了1529年，克雷芒卷土重来，并与查理五世结成同盟。佛罗伦萨出于对报复的恐惧，开始对即将到来的围攻做准备。米开朗琪罗被任命为佛罗伦萨防御工事主管，为此他设计了一些大胆的作品。

尽管这些防御工事相当有效，米开朗琪罗还是和佛罗伦萨政府发生了争执，逃离了这个城市。他被视作叛徒，但最终还是得到了不予追究的承诺，得以回去继续他的工作。同时，他周游各地，观察学习别人的防御措施。在费拉拉，他引起了一位公爵的注意，这位公爵委托他创作一幅关于丽达与天鹅的绘画，这幅绘画已经散佚，但是因为这个委托，他最美丽的草图之一得以幸存。就仿佛战争带来的骚乱还不够似的，佛罗伦萨还遭遇了瘟疫，这场瘟疫在1528年夺走了米开朗琪罗最喜爱的弟弟博纳罗托的生命。

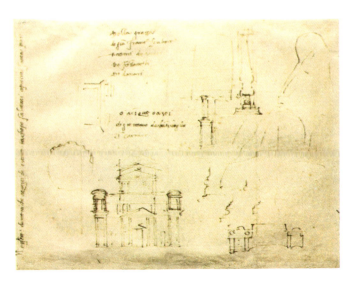

尤利乌斯二世之墓与圣洛伦佐教堂外墙的草图，1517年。墨水

1530年，共和国被推翻，美第奇家族重新开始统治佛罗伦萨。被视作叛徒的米开朗琪罗四处流亡，直到克雷芒宽恕了他，让他回去继续完成美第奇礼拜堂的工作。次年，亚历山德罗·德·美第奇 (Alessandro de'Medici) 被任命为佛罗伦萨公爵。米开朗琪罗非常讨厌这个放荡的暴君 (后来亚历山德罗被自己的侄子谋杀)，有段时间他甚至害怕亚历山德罗会设下圈套谋害他。他对亚历山德罗的憎恨以及对罗马不断增长的好感，让他在1534年永远地离开了佛罗伦萨，来到了罗马，留下一座壮观但是没有完工的礼拜堂。

后来，一位更加贤明的统治者，科西莫·德·美第奇 (Cosimo de'Medici)，成为公爵，不断地邀请米开朗琪罗回到佛罗伦萨。米开朗琪罗总是找借口拒绝：最初是他不能放下圣彼得大教堂的工作；后来是他太过年老没办法回去。他觉得自己是一个从佛罗伦萨出来的流亡者，就像另外一位来自佛罗伦萨的伟人——但丁。尽管他曾经让自己的侄子李奥纳多在佛罗伦萨找一个让他退休后栖居的房子，但是他再也没有回到他的故乡。他的遗骨最初被葬在了罗马，后来被藏在一卷干草中偷偷运回了佛罗伦萨，如今被安放在圣十字教堂 (Church of Santa Croce) 里。

✠
我双眼所见的并非尘世的美丽
Non vider gli occhi miei
(为托马索·德·卡瓦列里而作)

当我在你的眼中找到完美的平静
我双眼所见的并非尘世的美丽
我看到的，只有一片神圣的土地
我的灵魂感到了爱及天堂的回应

除了在天堂伴随上帝而生的爱
其余都是羁绊我们的短暂假象
我们超越这种种虚伪
直到获得那永生之爱

尘世之物无法满足永生之灵的渴望
我们也无法在时间里找到永恒
欣欣向荣之物终将枯萎

感官并非爱，而是杀死灵魂的诅咒
而我们的爱，我们在尘世的伙伴
将通过死亡，在天堂飞翔

✠

写于卡拉拉，1516年11月23日
[致佛罗伦萨的博纳罗托·迪·洛多维科·西莫尼]

博纳罗托，你在上封信里告诉我洛多维科一度病危，但是后来医生说如果不出现新的情况，他已经脱离危险了。既然如此，我就没有必要回佛罗伦萨了，因为现在回去对我来说非常困难。但是，如果他有任何危险，我希望在他还在世的时候见上一面，我会不惜一切代价，甚至愿意和他一起赴死。但是我相信他会康复的，正是因为这样我才没有回来。不论如何，如果他病情恶化——上帝保佑，不要让这成真——要确保办上体面的圣礼，问问他需要我们为他做些什么。至于物质上，要确保他什么都不缺，我一直兢兢业业地工作，就是为了保证他过得舒适，在他去世前尽可能地照看好他。如果需要的话，让你的妻子尽心尽力地去服侍他，她的还有你们所有人的开销，事后我都会补偿。即使他的要求会让我们倾家荡产，也不要有一丝犹豫。除此之外，我没有别的要说的了。请保持冷静，随时告诉我消息，因为我现在已经快被忧虑和恐惧压垮了。

我附上了一封信。把它给萨德勒·斯特凡诺（Sadler Stefano），让他寄给罗马的博格里尼。要保证信件安全寄到，因为里面有很重要的内容。

1516年11月23日

✠
写于佛罗伦萨，1517年3月20日
[致多梅尼科[1]]

多梅尼科先生，我来佛罗伦萨看了巴乔[2]制作的模型[3]，它和别人告诉我的一样——惨不忍睹。如果你觉得我们应该把它送到罗马，就告诉我。明天我会离开这里，回到卡拉拉，在这之前我安排了"胖子"[4](la Grassa)按照设计图做一个泥塑模型再寄给您。他告诉我说他肯定不会让人失望。我不知道结果如何，但是估计最后我还是要自己做一个。我为教皇和红衣主教[5]感到遗憾。但我无计可施。

我已经解除了之前在卡拉拉签的协议，我之前也提到过，我这么做的理由很充分。我已经用我之前提到的价钱，或者稍微低一点儿的价钱，向他们订购了100块大理石。我跟另外一家也签了协议，从他们那里订了另外100块大理石，一年内他们会用船把大理石运过来。

---

1 罗马的多梅尼科·博宁塞尼（Domenico Buoninsegni）。
2 即巴乔·达尼奥罗（Baccio d'Agnolo），建筑师及木刻师。
3 为圣洛伦佐教堂外墙所作。
4 指弗朗切斯科·迪·乔瓦尼（Francesco di Giovanni）。
5 朱利奥·德·美第奇主教（Gulio de' Medici），未来的教皇克雷芒七世。

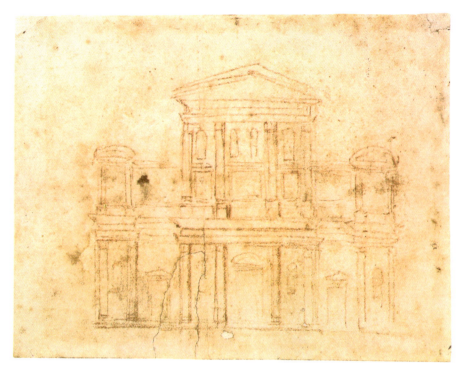

圣洛伦佐教堂外墙的草图，c.1517 年。红色色粉

✠

写于卡拉拉[1]
[致多梅尼科]

多梅尼科先生，自从给您写了上一封信之后，我还没有找到时间像我之前说的那样自己制作模型，原因很复杂，在此不赘言了。我简单地用黏土做了一个小模型，暂时能够应付，虽然很粗糙，但我还是打算把它寄给您，以免您觉得我在这里光说不做。

1　1517 年 5 月 2 日。

我要告诉您的事情有很多，因为事关重大，所以我请求您耐心读下去。我要把圣洛伦佐教堂的外墙，建造成所有意大利建筑和雕塑取法的镜子；但是教皇和主教必须要尽快告诉我，他们是否同意我这么做。如果他们希望我这么做，就必须要同意我的条件，他们可以把整个项目全部委任给我，让我掌管一切，也可以选择一个他们自己制订的而我一无所知的计划。你会理解我的理由的。

就像我之前说的，自从我写了上一封信之后，我已经下了很多大理石的订单，四处掏腰包，安排各处的人的工作。因为这项工作充满不确定因素，有时候我花了钱，却没能拿到合适的大理石，尤其是大型石料，这些石料的质量必须是一流的。我在一块已经开始开凿的石块边角上发现了残缺，这是难以预计的情况，而这导致我没法像预期的那样用它制作两根柱子，一半的钱打了水漂。结果，我花了这么多钱，只拿到了价值几百杜卡特的石料。因为我不知道怎么记账，所以最后我大概只能证明我送到佛罗伦萨的那些石块花了多少钱。但愿我能像皮耶尔·凡蒂尼[1]（Pier Fantini）师傅那样，但是我没有那么多灵丹妙药。除此之外，我已经老了，我觉得为教皇节约两三百杜卡特而浪费那么多时间并不划算，而且我还必须回罗马完成我的工作[2]，我不得不决定我接下来该做什么事情。

这就是我的决定。我知道我必须完成这项工作并讲好价格，所以我不应该为了400个杜卡特的损失而犹豫，尽管我已经一无所有。我应该叫上三四个我能找到的最能干的人，把大理石的工作交给他们，确定他们能找到和我手上的大理石——完美无缺，尽管数量很少——一样质量的石料。我要在卢卡那里拿到大理石和钱的保证。我应该派人把开采出来的大理石运到佛罗伦萨，在那里，我应该为了教皇[3]，也为了我自己，完成这份工作。如果教皇不批准上述条件，对我来说也无关紧要；因为即便我愿意，我也不能把送去罗马的大理石送到佛罗

---

1 一个免费给人看病，发放药膏和其他药物的医生。
2 指尤利乌斯之墓。
3 利奥十世。

伦萨。但是我必须赶紧回到罗马，继续完成我的工作，因为就像我之前说的，我必须奉命行事。

根据我的计划，外墙的花销——包括所有开销，如此一来就不需要教皇再提供其他东西了——估计起码要35 000个金杜卡特。有了这笔钱，我预计能在六年内完工，另外还有一个条件，即6个月之内我必须再拿到1 000个杜卡特用于大理石的采买。如果教皇不同意，那么只可能有以下两种结果：要么我自掏腰包，承担我之前说的损失；要么我会归还从教皇那里拿到的1 000个杜卡特，请他另外找人完成这个工作，因为我不惜任何代价都想离开这里，原因不胜枚举。

至于我提到的价钱，我会尽量为教皇和主教着想，如果工作开始之后我发现开销可以削减，我会非常乐意告诉他们，就像这笔钱是我自己出的一样。我甚至愿意承担一些个人的损失，来完成这项工作。

多梅尼科，请您明确告诉我教皇和主教的意愿，这对我来说将是无上的帮助。

✠
记事

次年[1]8月，利奥教皇召我到佛罗伦萨为目前的工作[2]制作木制模型。在那里，我生病了[3]，跟我在一起的彼得罗·乌尔巴诺（Pietro d'Urbano）也病了，我们都病得很重。康复之后，我完成了之前说的那个模型，把它送去了罗马。利奥教皇看到之后，写信让我亲自去趟罗马，我去了，我们对于工作计划达成了共识，

1　1517 年。
2　圣洛伦佐教堂的外墙。
3　米开朗琪罗的生活极端简朴，不注意个人卫生，这导致他经常患病，1517 年的这场病让他几乎丧命。——译者注

我接受了委托的价格，这个价格也写进了合同。利奥教皇希望我把所有工作（即尤利乌斯之墓）带到佛罗伦萨，在那里完成，如此一来我就能同时为他工作。他承诺会支付我的交通费用，还包括税和一切可能的损失，尽管这在合同上没有提到。

2月6日[1]，我回到，或者说是抵达了，佛罗伦萨。25日，我从雅各布·萨尔维亚蒂（Iacopo Salviati）那里收到了教皇付给我的800个杜卡特。然后我去了卡拉拉，因为那些卡拉拉人没有按照我们协商好的那样准备好大理石，后来我又去皮耶特拉桑塔采集石料，之前没有人在那里开采过大理石。此后，我忙于工作，在那里逗留至1518年3月20日。

✠
写于佛罗伦萨[2]

多梅尼科，我发现这里的大理石质量很不错，可以用于建造圣彼得大教堂，在靠近海岸的地方很容易就能开采到，这个地方叫作拉科尔瓦拉（La Corvara）。从拉科尔瓦拉到海岸，只有个别路段稍有崎岖，基本不需要在修路上投入成本。至于我需要的用于雕像的大理石，则需要拓宽从拉科尔瓦拉到塞拉维扎过去两英里的现有的道路，此外还要修建一条全新的道路，长约一英里或者稍短一点儿，也就是说，我们需要在山里开出一条路，才能装载大理石。因此，如果教皇不愿意为了运输大理石而做更多的投入——也就是说，如果他仅仅愿意整修稍有崎岖的那一段道路——我就没有钱来修建剩下的路段，也就没办法拿到完成工作所需的大理石。而且，如果他不愿意修路，我就不必按照之前向主教承

1　1518年。
2　1518年3月中旬。致罗马的多梅尼科·博宁塞尼。

诺的那样对圣彼得大教堂的大理石承担责任；但是如果教皇愿意帮忙修建整条道路，我就会兑现我的诺言。我已经在之前给您写的信里把所有事情都告诉您了。您是个聪明善良的人，我知道您会为我着想。所以我请求您和主教商量一下，尽快告诉我结果，我这边也好决定下一步的行动，如果无事可做，我有可能会回到罗马。我绝对不会去卡拉拉，因为我就算在那里花上二十年都没办法拿到足够的大理石。除此之外，我因为这件事树敌颇多[1]，如果我要回去，必须要戴上面具来掩饰身份。

我还要向您报告一件事，自从我把大理石的消息告诉了工头们[2]，他们就非常重视那些采石场。我认为他们肯定已经对价钱、城市税和相关许可进行了周密的计划，而那些公证人和代表，从上到下的每个人，肯定都已经在做着美梦，幻想着从那里拿到双倍收入。您要小心，尽您所能防止这笔生意落入他们的掌心，一旦到了那个时候，从这里拿大理石可就比从卡拉拉拿大理石还要难了。我请求您尽快告诉我您的意见。请代我向主教问好，我为他服务，因此我只会按照您的指示行动，因为您的指示代表他的意愿。

如果我的信里出现了一些错误，或者有时候词不达意，我请求您的原谅，因为我正在处理的事情过于复杂，无法安静思考。

– 您的米开朗琪罗，雕刻家，于罗马

1　新采石场的开发动摇了卡拉拉采石场的垄断地位。
2　负责建造圣母百花大教堂。

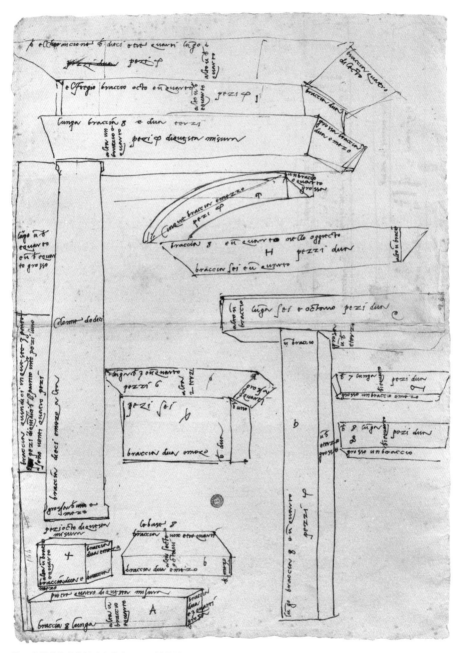

为圣洛伦佐教堂外墙准备的大理石石块的绘图，c.1516—1517 年。墨水

✠
这火焰如此美好
Sì amico al freddo sasso

这火焰如此美好
击打燧石后燃起的火苗
将石头环绕，飞扬的灰烬中出现了新的物质
可以联结万物

经过高温锤炼的它
不畏冰雪，不畏烈日，因耐久而价值增倍
正如净化后的灵魂从地狱归来
在天堂中找到她的归宿

来自我的灵魂
藏在我内心的火焰，驯服了我
燃烧耗尽，直到我抵达新生

如果我以烟尘之躯苟且至今
经受了火的历练，我将获取永生
如同真金而非铜铁，我的灵魂永不屈服

✠
写于皮耶特拉桑塔，1518年4月2日
[致佛罗伦萨的博纳罗托·迪·洛多维科·西莫尼]

博纳罗托，我希望你能告诉我雅各布·萨尔维亚蒂是否已经和羊毛工会代表达成了协议，按照他承诺的那样说服了他们。如果他还没去，就请求他为了我去这么做；如果他不愿意履行自己的承诺，就告诉我，我会离开这里，因为我接

受了一项异常艰巨的任务，在我看来完全不切实际。不论如何，如果他们还想和我讨价还价，我已经准备好继续奉陪，虽然这很令人烦恼，会浪费很多钱，而且结局扑朔迷离。

至于修路的事情，告诉雅各布我会完全按照殿下的愿望行事，完成他的指示，告诉他我永远不会有所欺瞒，因为在做这类事情时我谋求的不是一己私利，而是我的赞助人和我的祖国的利益。我请求教皇和主教让我全权负责修建这条道路，这也是为了保证在我的指挥下，这条路能通向最好的大理石源。不是每个人都知道最佳的地点。我想得到这项工作，不是为了从中牟利，我不会有这样的想法——实际上，雅各布，我宁愿殿下把工作交给多纳托·本蒂 (Donato Benti)，因为他在这种工作上很有能力，也非常值得信赖。同时我希望自己也能对修建工作有一定的控制权，因为我知道最好的大理石在什么地方，怎样才能最妥当地运输这些石料，我相信，这些都有助于节省开销。请把我说的这些转告雅各布，代我向殿下问好，请求他给他在匹萨的代理人写一封信，让他们帮我找到把大理石从卡拉拉运出来的船。我去了热亚那，从那里带了四艘船去码头运输大理石。但是那些卡拉拉人缠住了这些船的船主，一心为难我，结果我白忙了一场，只好今天去匹萨另外找船。就像我之前写过的那样，请代我问好[1]，并给我回信。

4月2日

－米开朗琪罗，于皮耶特拉桑塔

另，你可以像对待我一样对待我的助理彼得罗。如果他要钱，就给他，我之后会还你的。

---

1 向萨尔维亚蒂。

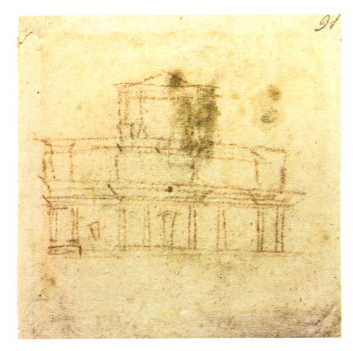

圣洛伦佐教堂外墙的草图，
c.1517 年。红色色粉

✠

写于皮耶特拉桑塔，1518年4月2日

[致佛罗伦萨的彼得罗·乌尔巴诺·达·皮斯托亚 (Pietro Urbano da Pistoia)]

彼得罗，你在上封信里告诉我你一切顺利，也在认真学习。听到这些我很高兴，你要勤奋学习，不要错过一切画画的机会，也不要错失磨炼技艺的良机。你要多少钱，只管让吉斯蒙多给你，记录好金额。我去热那亚找船了，好运走我在卡拉拉买的大理石。我把船带到了阿文查 (Avenza)，但是卡拉拉人贿赂了那些船主，我费了不少功夫，最后还是只能去匹萨找其他船。我今天会出发，安排好这些大理石的运输之后，我就会回来，大概需要15天。请继续努力。你现在不必过来。就说这些。

– 米开朗琪罗，于皮耶特拉桑塔

✠

写于匹萨，1518年4月7日
［致佛罗伦萨的博纳罗托·迪·洛多维科·西莫尼］

博纳罗托，就像我之前说的，运输大理石的事情让我焦头烂额。多亏了雅各布·萨尔维亚蒂帮忙，我终于在匹萨找到了一个船主，价钱很合理，人看上去也很值得信赖。弗朗切斯科·佩里 (Francesco Peri) 按照雅各布的吩咐，帮我安排好了一切，这你已经知道了。请你代我向殿下问好，向他表示感谢，因为他帮了我一个大忙，我会永远记在心里。我从他那里收到了一封信，但是我还没回复，因为我写不出合适的回信。但是15天后，我会回到你这里，到时候我打算当面做一个合适的回复，而不是靠我这点儿写作技巧。希望从现在开始，修路和其他事情都能顺利进行。就像我之前说的那样，把我的话转达给他，代我向他问好并且表示感谢。我现在准备去皮耶特拉桑塔。弗朗切斯科·佩里给了我100个杜卡特，我会把这笔钱交给皮耶特拉桑塔的维耶里·德·美第奇 (Vieri de' Medici)，用于支付修路的款项。

4月7日

－米开朗琪罗，于匹萨

✠

写于皮耶特拉桑塔，1518年4月18日
［致佛罗伦萨的博纳罗托·迪·卢多维科·西莫尼］

博纳罗托，你在上封信里说我的请求[1]还没被批准，这让我很苦恼。我现在要派一个伙计去佛罗伦萨，让他整个周四在那里守着，看看会有什么结果，他会

1　关于建造通往皮耶特拉桑塔的道路。

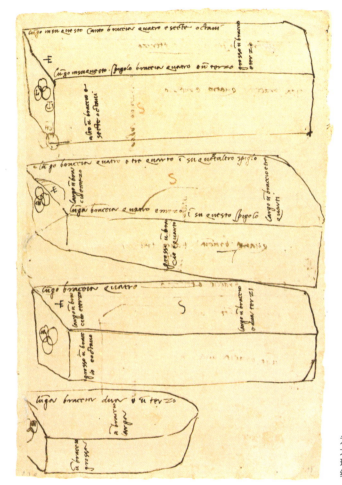

为圣洛伦佐教堂外墙准备的大理石的绘图，以及米开朗琪罗的备注，1517年。墨水，红色色粉

在周五早上回来，告诉我最终的决定。如果他们批准了我的请求，我会继续工作，但是如果周四他们没有做出任何决定，我不会将此归咎于雅各布·萨尔维亚蒂在这件事上不愿意帮我，而是会觉得他能力不足。我会立即起程去找美第奇主教和教皇，告诉他们我现在处在什么情况。我会放下这些事，回到卡拉拉，那里的人像期盼耶稣到来那样期盼我的回归。我从佛罗伦萨带来的石匠完全不了解采石场，也不了解大理石。他们已经花了我130个杜卡特，但是至今没有

找到一块理想的石料，却到处吹嘘自己找到了好东西。他们拿着我的钱，却企图在大教堂[1]和其他人那里找到工作。我不知道他们的后台是谁，但是我应该把这一情况报告给教皇。自从我来这里，已经花了300个杜卡特，但是我没有得到任何收获。想要战胜这些山峦，把采石的技巧传授给当地人，简直和让死人复活一样困难。如果羊毛工会除了大理石的开销之外，每个月再给我100个杜卡特的报酬，我还有可能完成这项工作，但是即使如此，我得到的利益也是微乎其微。不论如何，代我向雅各布·萨尔维亚蒂问好，写一封信告诉我情况，让我的伙计带回来，我好尽快做决定，因为这一连串的未知快要了我的老命。

— 米开朗琪罗，于皮耶特拉桑塔

另，我从匹萨找来的船还没有到。我大概是被骗了——就像我遇到的一切事情一样。哦，我诅咒自我离开卡拉拉之后的每一分一秒！这事快把我整垮了，但我很快会回到你身边。因为在这样的情况下继续工作，根本是一项罪过。代我向乔瓦尼·达·里卡索利问好。

✠

写于佛罗伦萨，1518年7月15日
［致罗马的朱利奥·德·美第奇红衣主教］
在1518年7月的第15天

我最尊敬的殿下，我希望今年内把一定数量的大理石运去佛罗伦萨，用于圣洛伦佐教堂的工程，却没能在圣洛伦佐或者其他地方找到处理这些大理石的场

---

1 圣母百花大教堂。

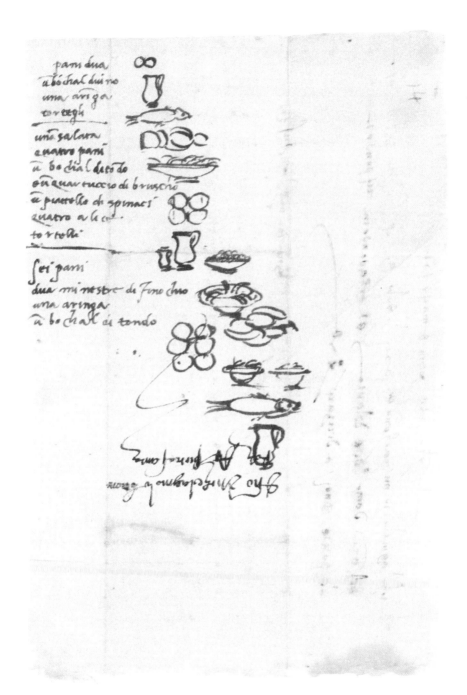

食物清单，1518 年。墨水

所，因此我只能从圣母百花大教堂教士会那里买下一块靠近圣卡特里娜 (Santa Caterina) 的土地，准备自己开一家作坊。这块土地花了我 300 个金杜卡特，这两个月来我一直在催促教士会把土地给我。他们让我多花了 60 个杜卡特，尽管他们也承认自己在这上面有错，却还是强词夺理，说不能无视教皇制定的章程。如果教皇的章程就是告诉人们如何巧取豪夺，我请求您，最尊敬的殿下，也赐予我这个章程，因为我比他们更需要这个宝贝。如果这纯属无稽之谈，我请求您为我说说话——告诉他们我买的土地无法满足我的要求。教士会的土地多得是，我请求您为我再争取一块土地，好弥补我之前多付的钱。如果还有差额，他们可以把剩下的钱留下。

工作进行得非常困难 [1] ……

✠

写于塞拉维扎，1518 年 8 月

[致佛罗伦萨的博纳罗托·迪·卢多维科·西莫尼]

博纳罗托，来的那些石匠中只有两个——梅奥 (Meo) 和谢孔 (Ciecone)——还没走，其他的都走了。他们来的时候，我给了他们 4 个杜卡特，还向他们承诺会有足够的生活费，好让他们专心为我做事。结果他们只是漫不经心地工作了几天，尤其是一个叫鲁贝基奥 (Rubechio) 的无赖，几乎毁掉了一根我雕刻的柱子。但是更让我生气的是，他们竟然在那里 [2] 到处说我和采石场的坏话，来为自己辩白。这样一来，今后如果我想再找工人的话就难了。他们已经欺骗了我，我希望他们至少应该闭上嘴。因此请你找到他们的头目，向他施加些压力，让

---

1 未完成。

2 佛罗伦萨。

他们别再散布谣言。你可以搬出雅各布·萨尔维亚蒂来威胁他们，或者采取其他能够奏效的方法，因为这些恶人正在严重地影响着我和我的工作。

　　–米开朗琪罗，于塞拉维扎

✠

写于塞拉维扎，1518年9月2日
[致佛罗伦萨的博纳罗托·迪·卢多维科·西莫尼]

博纳罗托，你在信里告诉我多纳托·卡波尼 (Donato Caponi) 给你找了一块很好的地产，教士会[1]也愿意出售剩余的土地。这两件事我没法回复你，因为我还没有得出结论。等我回到佛罗伦萨之后，我们再讨论。

至于那些一无是处的石匠，他们只是为了我给的区区小钱而工作，然后拿了钱就走。梅奥和谢孔确实愿意留下来老实工作，但是没有我他们什么也做不了，所以我把他们也打发走了。桑德罗[2](Sandro) 也走了，他带着一大一小两头骡子在这里待了几个月，每天只是钓鱼和调情。我给了他100个杜卡特，他留下了一些大理石，告诉我里面应该有能用的。那些石头连25个杜卡特都不值，整个交易就是个骗局。他对我态度很差，不知是有意还是无意的。我希望回到佛罗伦萨之后不会再有这样的事情了。就说这些。我会在这里再待一个月。

　　–米开朗琪罗，于塞拉维扎

1　指圣母百花大教堂教士会。
2　即桑德罗·迪·乔瓦尼·迪·贝尔蒂诺·弗朗切利（Sandro di Giovanni di Bertino Francelli）。

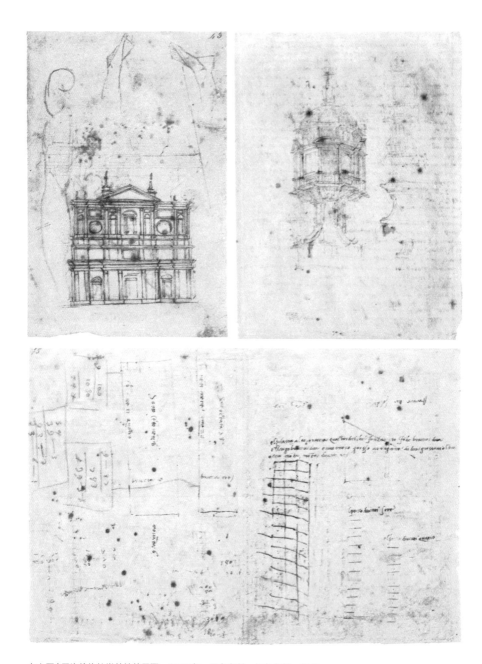

左上图 | 圣洛伦佐教堂外墙效果图，1517 年。黑色色粉，红色色粉，墨水
右上图 | 祭坛华盖与石棺的草图，c.1518 年。黑色色粉
下图 | 设计所用的数据计算与笔记，c.1516—1518 年。墨水，红色色粉

✠

地窖和土牢
Ogni van chiuso

(疑为托马索·德·卡瓦列里而作)

所有不为人所见的地窖和土牢
所有被屋顶和墙壁包围的洞穴
在正午抵御刺眼的光线
守护着漆黑的夜晚

火焰或光线便可击败她
夺走她的神圣
甚至更加卑微之物——
一只毛毛虫也能造成威胁

暴露在太阳之下的土地
无数幼芽在这里萌发又腐烂
农夫的犁在这里划出道道伤口

只有黑暗能够养育出人类的幼芽
因此黑夜比白昼更为神圣
毕竟，人是万物之首

✠

写于佛罗伦萨，1519年3月29日
[致佛罗伦萨的彼得罗·乌尔巴诺]

彼得罗，如果那些船夫带着多纳托的信来找你，你就把钱付给他们。他们每个
人都会带着一封我的亲笔信，务必照着信上写的数目给他们报酬。请保管好他

们从多纳托那儿带来的信。

你还要给马车夫酬劳。如果他们运来的是大块的石头，那么每1 000磅付给他们25索尔蒂；如果是小块的石头，那么每1 000磅就付20索尔蒂。把马车夫的名字和他们运来的石料量都记下来。

付给公证人90里拉的税，记得拿回收据。

把巴乔·迪·普乔内（Baccio di Puccione）要的钱给他，记好账。

买一些木棍，把花园里的藤蔓固定好。如果你能找到适合存放在那个房间里的泥土或其他干燥的物质，一定要留好。

买一条绳子，大概30布拉恰[1]那么长，注意有没有烂了的地方。付完钱要记在账上。

每天忏悔，好好学习，管理好家务。

和吉斯蒙多核对账本，把钱付给他，让他把账本给你。

今天，也就是3月29日，我留给你40个杜卡特。

---

1 布拉恰（braccia），长度单位，1布拉恰相当于1手臂长度。——译者注

✠
写于塞拉维扎，1519年4月20日
[致佛罗伦萨，雕刻家米开朗琪罗家中的彼得罗·乌尔巴诺]

彼得罗，事情进展得很不顺利。今天——也就是周六——早上，我小心翼翼地准备把一根柱子卸下来，也做好了万全的防护措施，但是等我把柱子降下50布拉恰的时候，吊着柱子的螺栓中的一个铁环松了，结果柱子掉进河里摔得粉碎。出问题的铁环是多纳托[1]委托他的朋友——铁匠拉泽罗（Lazzero）制造的。铁环看上去很坚固，似乎可以承受住四根柱子的重量，如果铁匠工作尽职的话，也本应如此。但是现在出问题了，他欺骗我们的事也败露了。这个铁环根本不结实，里面的金属含量用来造刀柄上的铁环都不够，它能支撑到今天，也算是奇迹。当时在场的人都险些遇难，上好的石块也因此浪费了。狂欢节的时候，我把这件事交给多纳托，让他去找铁匠，确定他们所用的金属质量如何，现在你看到他是怎么骗我的了吧。我们卸下柱子的时候，他做的所有滑车都是在铁环那里开裂，现在处在散架的边缘。这些铁环比圣母百花的工程用的铁环都要大一倍，如果用的是优质金属的话，应该能承受远不止于此的重量。但是他们用的材料太劣质，简直没有更差的了。这些都要归结到多纳托想给自己的朋友牟取私利，放手让他自己选材料，结果给我带来这样的损失。耐心是必要的。我应该会在复活节回来，如果上帝保佑，我到时应该可以开始工作。代我向弗朗切斯科·斯卡尔菲（Francesco Scarfi）问好。

4月20日

–米开朗琪罗，于塞拉维扎

1　即多纳托·本蒂。

✠

若通过双眼
Se nel volto per gli occhi

（为托马索·德·卡瓦列里而作）

若通过双眼能看见心灵
这双眼睛将是爱的最佳证明
我的主人[1]，愿你的同情
能够安抚我的心灵

与其说是命运，不如说偶然
你的灵魂看透我的内心
引燃崇拜的火焰，无须否认
这是谦卑之人独享的福分

在那些你属于我的日子里
让时间停住，让烈日的马车止步
让这一刻在天堂的时钟上静止！

这样我也许能够，在上天的恩宠下
在我渴求的胸怀中
永久地紧抱我心爱之主

1　米开朗琪罗多次在诗中以"我的主人"（signor mie caro）称呼托马索·德·卡瓦列里。——译者注

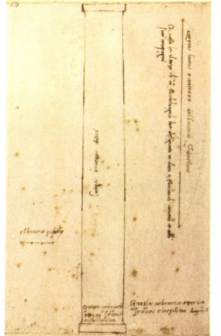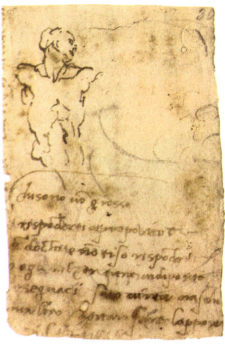

左图｜圣洛伦佐教堂外墙的柱子，c.1517 年。墨水
右图｜男性裸体的局部素描与笔记，c.1520 年。墨水

✠

3月[1]

我，米开朗琪罗，佛罗伦萨的雕刻家，于1516年在卡拉拉受到利奥教皇的委托，开采大理石，用于建造佛罗伦萨的圣洛伦佐教堂外墙，工程将按照我为他绘制的设计图进行……

---

1 1520 年。

一月份的某一天，或者更准确地说，那之后的第八天，我从利奥教皇那里收到了1 000个杜卡特，作为上述工作的酬劳，这笔钱由雅各布·萨尔维亚蒂负责发放，他委托一个名为文蒂沃利奥 (Ventivoglio) 的侍从在卡拉拉支付给我……

在那一段时间里，更确切地说是在1517年2月20日前后，我在佛罗伦萨收到了教皇给我的800个杜卡特，这笔钱是圣洛伦佐教堂所用大理石的费用，由雅各布·萨尔维亚蒂支付给我。因为我无法从卡拉拉拿到足够的石材，我开始在临近皮耶特拉桑塔的塞拉维扎开采石料，从没有人在那里开采过石料……

1519年3月26日，美第奇红衣主教代表利奥教皇支付给我500个杜卡特，作为上述工作的报酬，佛罗伦萨的加迪 (Gaddi of Florence) 把这笔钱交给了我……

现在，或许利奥教皇是为了加快推进圣洛伦佐教堂外墙的工程，所以给了我充分的自由，我对此没有异议。前面提到的我至今收到的所有钱都会作为我在皮耶特拉桑塔的工作和开采并粗加工大理石的报酬。他对我很满意，包括我为圣洛伦佐教堂收到的报酬和到1519年3月10日为止我俩之间的所有交易。基于上述原因，他给了我自由，与这项工程相关的所有费用都不需要由我承担。

我已经说明，迄今为止我通过种种途径共收到了2 300个杜卡特，花掉了1 800个杜卡特。其中，为了修建尤利乌斯教皇之墓，我把大理石通过阿诺河运了过来，花了250个杜卡特，这样就能在罗马同时为教皇尤利乌斯[1]工作。估计这项花销最后会超过500个杜卡特。寄给罗马的利奥教皇的外墙木制模型，我没有算在账上；三年来我在这项工作上投入的时间，我没有算在账上；把我找来做这项工作，接着又开除了我，而且至今我不知道原因为何，这种有失身份的行

1　此为笔误。

为，我没有算在账上；我也没有算上我留在罗马的房子、损毁的大理石、工厂以及各项已经完成的工作，加起来也要500个杜卡特。即使不算这些开销，我在这2 300个杜卡特中也只剩下了500个杜卡特。

现在我们已经达成协议。利奥教皇愿意接手已经开采出来的大理石，而我可以留下剩余的钱，同时不再承担与此事有关的所有职责。我需要草拟一份报告，交给教皇请他签字。

现在你明白事情是怎样的了。请你替我草拟这份报告，把我为圣洛伦佐教堂的工作而收到的钱交代清楚，这样就不会有人找我退钱了。另外还要写清楚，作为对我收到的钱的交换，教皇将接手之前提到的东西，包括采石场、大理石、工厂……[1]

✠

写于佛罗伦萨，1520年[2]

尊敬的殿下，因为拉法埃洛去世了，我请求您允许画家巴斯蒂亚诺·韦内齐亚诺[3]（Bastiano Veneziano）进入皇宫工作，我做出这一请求，并非作为一个朋友或仆人——因为我没有资格成为任何一个——而是作为一个又穷困又愚钝的无名之辈。尽管您可能觉得对我施恩只是徒劳，但我认为，即使是帮助傻瓜，也有可能感受到喜悦，就像吃腻了烤鸡的人偶尔吃到洋葱时的感觉一样。您每天都会赐给人们工作。我请求您赐予我一次机会。巴斯蒂亚诺能够胜任这份工作，即使我辜负了您，巴斯蒂亚诺也不会，因为我确定他会给您带来荣耀。

1　未完成且未签名。
2　5月或6月。致罗马的贝尔纳多·多维奇（Bernado Dovizi）红衣主教。
3　即塞巴斯蒂亚诺·德尔·皮翁博。

✠

从欢乐的泪水

Dal dolcie pianto

（疑为托马索·德·卡瓦列里而作）

从欢乐的泪水到悲伤的笑脸
从平静的永恒到空虚的瞬间
我堕落了！当我们失去真相
感官便征服了一切

不知是否我的心就是病因
病况越重，越感愉悦
或者是因为你的脸，你的眼睛
从天堂偷走了火种

你的美丽不属于尘世
它来自天堂，让大地万物变得神圣
因此我心满意足，尽管正被燃烧成灰

在你面前，除了日渐消瘦，我又能做什么？
如果是上帝掌管着我的命运
在我死后，又有谁能责怪你？

圣母百花大教堂圆顶及鼓座的设计，c.1516 年。红色色粉

上图 | 三个裸体，1531—1532 年。黑色色粉，墨水
下图 | 为耶稣变容而作的素描，疑为塞巴斯蒂亚诺·德尔·皮翁博而作，c.1516 年。墨水

✠
写于佛罗伦萨，1521年9月或10月
[致塞提涅亚诺的洛多维科]

最亲爱的父亲，几天前我回家时发现您不在家，这让我非常惊讶。现在又听说您在埋怨我，说是我把您赶出了家门，我更惊讶了，因为从我出生那天起直到现在，从来没有产生过任何对您不利的想法。我工作的动力全都是出于对您的爱。我从罗马回到佛罗伦萨之后，一直以您的利益为先，我已经把我所有的东西都给您了。几天前，您生病的时候，我向您保证只要我还活着，只要在我力所能及的范围里，我永远不会让您失望，现在，我还是这么想的。您竟然忘记了这一切，这让我吃惊。我们作为父子已经相处了30年，您很清楚，只要情况允许，我一直都是为您着想的。您怎么能说我把您赶出家门了呢？难道您不知道如此一来，我在别人眼里成了什么样的人？我的生活里问题不断，而我带着对您的爱坚持了下来。而现在您给我的回应竟然是这样。但是，就让这件事过去吧，我情愿承受您对我的指责，说我除了耻辱没有给您任何回报，我乞求您原谅我，就当是我真的做了对不起您的事情。原谅我吧，就像原谅一个生活放浪不羁、做尽了坏事的儿子。我请求您原谅我，情愿承认自己是个无赖，但是请不要让我担上把您赶出家门的罪名，因为这对我造成的后果超出您的想象。不论如何，我始终是您的儿子。

拉法埃洛·达·加利亚诺 (Rafaello da Gagliano) 会把这封信带给您。我请求您，基于对上帝的爱——而非对我的爱——回到佛罗伦萨，因为我必须离开这里了，但我还有很多重要的事情要跟您说，又不能去塞提涅亚诺。我听说了我的助手彼得罗[1]的一些事，让我很不高兴，这些事都是他亲口说的，我今早会打发他回皮斯托亚。他永远不会回到我身边了，因为我不希望我们的家庭因为他

1　皮斯托亚的彼得罗·乌尔班诺。

而被毁掉。你们早就发现他背着我做坏事，应该早点提醒我，好让这个无赖没法得逞。

我必须尽快离开这里，但是我在见到您，把您安顿好之前是不会走的。我请求您不计前嫌，早点回来。

– 您的米开朗琪罗， 于佛罗伦萨

✠
记事

1521年4月9日，多梅尼科·博宁塞尼代表美第奇红衣主教，付给我200个杜卡特，让我去卡拉拉主持开采用于建造陵墓的大理石，这个陵墓将会被安置在圣洛伦佐教堂的新圣器室中。我去了卡拉拉，在那里停留了大概20天。我通过泥塑模型和绘图确定了陵墓的详细计划，并且把大理石分成两份，分配给了不同的负责人……

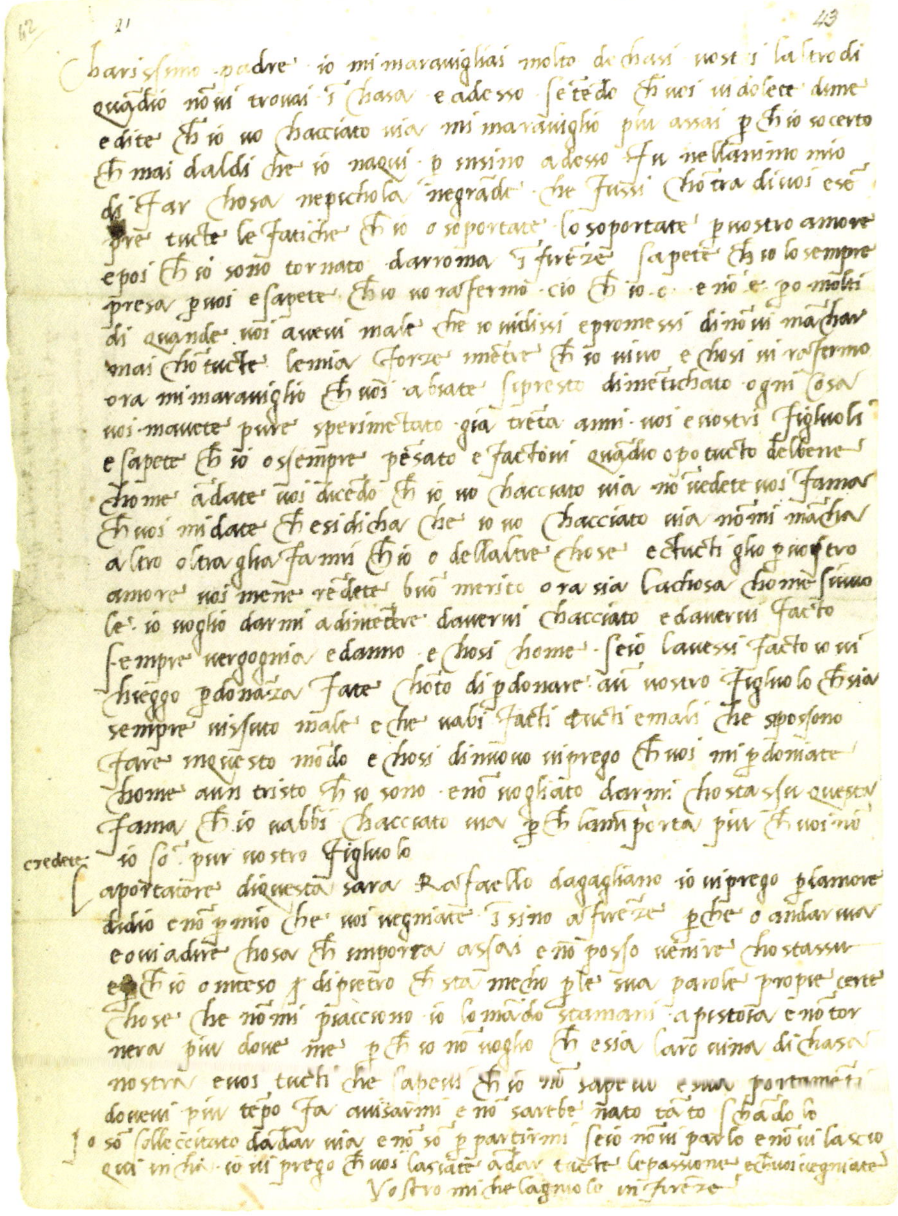
Charissimo padre · io mi maravigliai molto de chasi vostri l'altro di
quand'io non vi trovai in chasa · e adesso sentendo che voi vi dolete di me
e dite che io v'o chacciato via · mi maraviglio più assai · per che io so certo
che mai dal di che io naqui per insino adesso fu nell'animo mio
di far chosa nè picchola nè grande che fussi chontra di voi · e se
pre tucte le fatiche che io o soportate lo soportate per vostro amore
e poi che io sono tornato da Roma in Firenze sapete che io l'o sempre
presa per voi e sapete che io v'o rafermo · ciò che io · ò · è vostro · e pochi
dì quando voi avevi male che io vi dissi e promessi di non vi manchar
mai chon tucte le mia forze mentre che io vivo e chosì vi raffermo
ora mi maraviglio che voi abbiate si presto dimentichato ogni cosa
voi m'avete pure sperimentato già trenta anni · voi e vostri figluoli
e sapete che io o sempre pensato e facto quand'io o potuto del bene
chome adunque dicendo che io v'o chacciato via · non vedete voi fama
che voi mi date · che e' si dicha che io v'o chacciato via · non mi manchava
altro oltra gli affanni che io o delle altre chose · e tucti gli o per vostro
amore · voi me ne rendete buon merito · ora sia la chosa chome si vuo
le · io voglio darmi a intendere d'avervi chacciato e d'avervi facto
sempre vergognia e danno e chosì chome se io l'avessi facto vi
chieggo perdonanza · fate chonto di perdonare a un vostro figliuolo che sia
sempre vissuto male e che v'abbi facti tucti e mali che si possono
fare in questo mondo e chosì di nuovo vi prego che voi mi perdoniate
chome a un tristo che io sono · e non vogliate darmi chostassù questa
fama che io v'abbi chacciato via per che la m'importa più che voi non
credete · io so pur vostro figliuolo
El aportatore di questa sarà Rafaello da Gagliano · io vi prego per l'amore
di Dio e non per mio che voi vegniate insino a Firenze perchè o andar via
e o vi a dire chosa che importa assai e non posso venire chostassù
e perchè io o inteso per di Pietro che sta mecho per le sua parole proprie certe
chose che non mi piacciono io lo mando stamani a Pistoia e non tor
nerà più dove me perchè io non voglio che e' sia la ruina di chasa
nostra e voi tucti che sapevi che io non sapevo e sua portamenti
dovevi più tempo fa avisarmi e non sarebbe nato tanto schandolo
Io so sollecitato d'andar via e non so per partirmi se io non vi parlo e non vi lascio
qua in chasa · io vi prego che voi lasciate andare tucte le passioni e che voi vegniate
Vostro Michelagniolo in Firenze

致父亲洛多维科的信，1521 年 9 月或 10 月

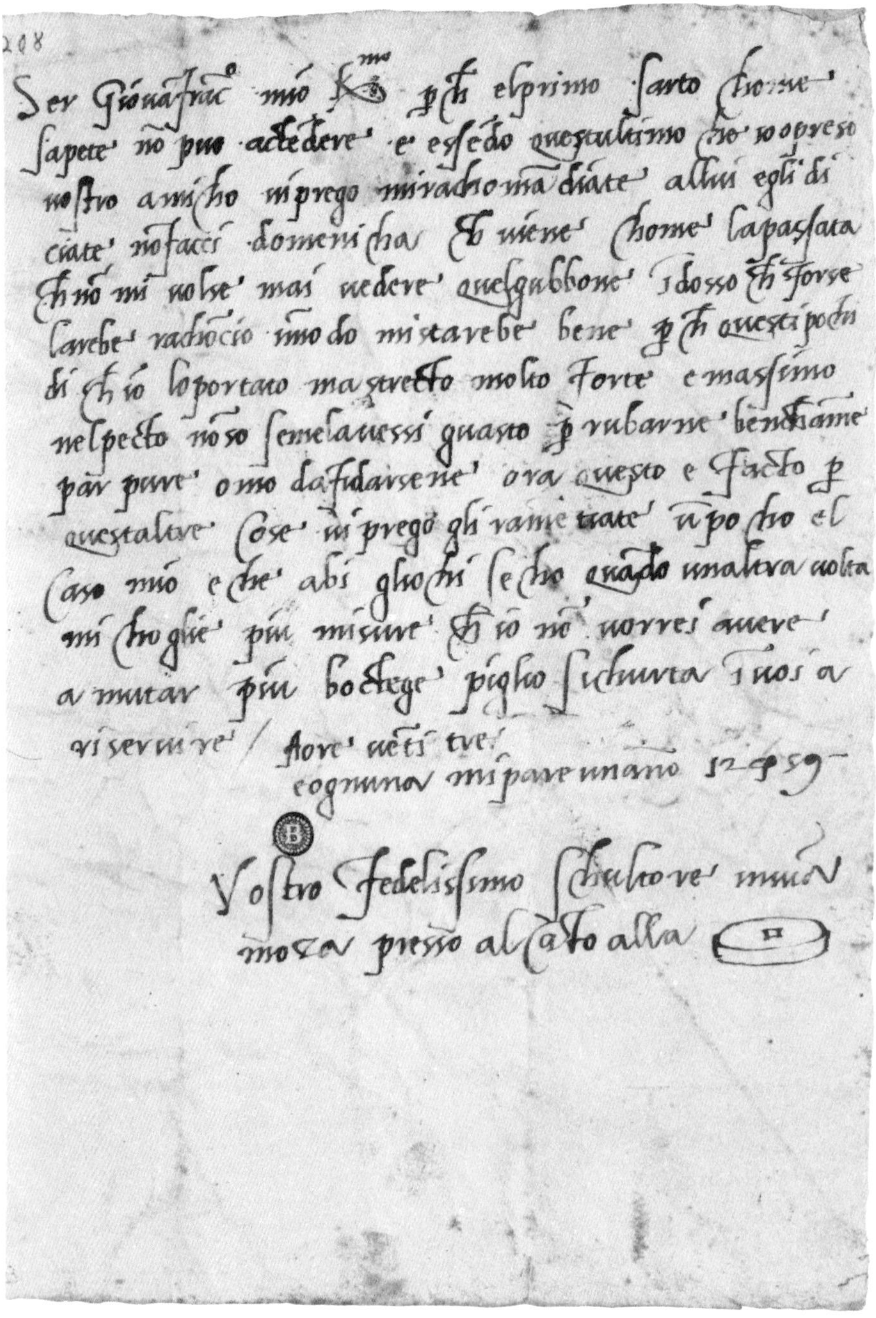

致焦万·弗朗切斯科·法图奇的信，1522 年

✠
高贵的灵魂
Spirto ben nato

高贵的灵魂，如在玻璃杯中清晰可见
映照出你纯洁精致的模样
上天与自然竟能创造出这等的美丽
这是他们作品中的典范！

爱心，同情，虔诚
在美妙的灵魂中找到归宿
从你的容貌中我看到了所有美德
世人众多，它们独宠你一人

爱俘虏了我，美丽缚住了我的灵魂
同情和美德以温柔之眼
在我心中唤起了不灭的希望

怎样的法则，怎样的命运
怎样的残忍，才会拒绝
让死亡也分享这样一份完美？

上图 | 三种喷泉的设计，1521 年。墨水

左下图 | 美第奇宫（Medici Palace）的"跪窗"设计草图，c.1517 年。墨水

右下图 | 男性裸体人像，c.1503 年。蘸水笔，两种棕色墨水，覆盖之前的铅尖笔绘画痕迹

✠
写于佛罗伦萨[1]

乔瓦尼·弗朗切斯科先生，我从卡拉拉回来已经两年了，我奉红衣主教[2]之命去那里主持开采建造陵墓所用的大理石。这之后，我去见了他，他命令我制订一个周全的计划，好让陵墓的建设不会有一天拖延。正如您所知——因为当时是您大声读给他听的——我给他写了一份报告，提出了不同的方案：要么我给他开一个总价，要么按天或按月来领工资，或者，只要殿下愿意，我什么都不要，因为我很想完成这项工作。他没有接受上面的任何一项提议。当时还有传言说我不愿为红衣主教工作。后来，当红衣主教再次考虑这个工程时，我提出要建一个实物大小的木制模型，所有细节都要和完工后的样子相同，包括所有泥制或石膏雕像，全部都是实物大小，完全按实际标准打造。我也表示这个模型只需要很小的空间，开销也不大。正是从那时候起，我们开始考虑从卡其尼(Caccini)那里买下那座花园。这事不了了之，正如你所知。然后，我一听说红衣主教要去伦巴地，就立刻去见了他，因为我希望能为他工作。他让我继续开采大理石，招募工人，并且加快进度，好让他快点儿看到成果，才不至于继续为这件事发愁。他还说如果有空的话，他会继续推进外墙的工程，告诉我他已经把要用的钱都放在了多梅尼科·博宁塞尼那里。红衣主教离开之后，我根据他说的那些话给多梅尼科·博宁塞尼写了封信，并且告诉他我愿意按照红衣主教的意愿行事。我当着见证人的面写的信，并留了一份副本，好让所有人知道，万一出了什么问题，错不在我。多梅尼科立刻来找我，告诉我他没有收到这封信上提到的任何指示，如果我要钱，他必须要向红衣主教写信要钱。终于，红衣主教回来了，费焦瓦尼(Figiovanni)告诉我主教要召见我。我立刻去了，满心以为他会和我讨论陵墓的事情。他却跟我说："我们希望这些陵墓里能有一

---

[1] 1523 年 4 月。致罗马的乔瓦尼·弗朗切斯科·法图奇先生。
[2] 美第奇，即未来的教皇克雷芒七世。

些非常精美的作品，也就是你亲自完成的作品。"他并没提到让我独自一人完成整个陵墓的工作的事情。之后我离开了，我说我会回来，会在大理石运到之后再来讨论这件事情。

现在，正如您所知，罗马的教皇[1]已经听说了尤利乌斯之墓的事情，眼下一份文件正在等待他签字，这份文件会对我不利，要求我归还已经收到的钱，包含利息和损失。您也知道，教皇说如果米开朗琪罗不想继续做陵墓的工作，他就会签署这份文件。现在我为了避免麻烦，不得不继续做这项工作了，因为命令就是这么下的。如果红衣主教仍然希望让我来主持建造圣洛伦佐的陵墓，正如您说的那样，那么您一定知道这是不可能的，除非我能从罗马的工作中抽身出来。如果他能帮我获得自由，我发誓我会分文不收，为他工作到我生命的最后一天。我并非因为不想完成尤利乌斯之墓而希望逃离这里——我很想完成这项工作——而是因为我希望能为他[2]效力。如果他不想帮我抽身，同时又想让我帮他建造陵墓，我会在为尤利乌斯之墓工作的同时，努力抽出时间为他做些什么，好让他满意。

✠
写于佛罗伦萨，1523 年 6 月
［致塞提涅亚诺的洛多维科·博纳罗蒂］

洛多维科，我只对您问的问题做出回答，至于其他的，我会一笑置之。您告诉我，您没法从蒙特中取出您的钱，因为我把钱都存在了我的名下。不是这样的，我会在这里把事情说清楚，好让您明白您是被您信任的人骗了，他可能已经取

1　阿德里安六世。
2　红衣主教。

上图 | 为美第奇之墓而作的人像素描，1530 年。墙面炭笔

下图 | 双人墓的草图，c.1520—1521 年。棕色墨水

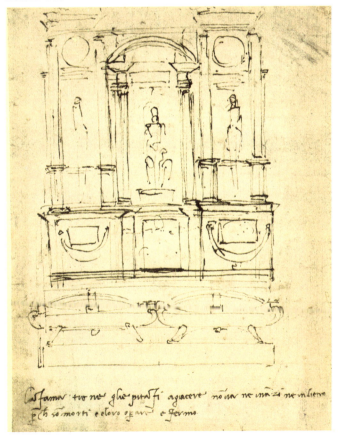

走了钱，然后用这个谎言来掩盖自己的恶行。

我没有把蒙特的钱存在自己名下，即使我想，也不能这么做。但是公证人确实对我说过，当时拉法埃洛·达·加利亚诺也在场，他是这么说的："我不建议你的兄弟和蒙特签约，因为你父亲去世之后，你将无法支配这笔钱。"他把我带到处理蒙特事务的地方去，我花了15个格罗索尼（grossoni），在合约里加了一项条款，即：只要您活着，就没有人能动这笔钱。如您所知，这份合同能让您受益一生。我已经向您解释了合同的内容，既然您不满意，那么您可以解除这个合同。我也向您说明了蒙特的状况，您可以自己去看看，是不是我说的那样。我从来都是按照您希望的那样行事，但是现在我不再确定您到底希望我怎么做。如果我活在世上这件事让您不快，那么您已经找到了摆脱我的好方法，也会得到您认为我拥有的财产的钥匙。您大可这么做，因为整个佛罗伦萨都知道您是个巨富，而我总是从您这里搜刮钱财，罪该万死。您会因为让我罪有应得而被大大称颂。说吧，告诉大家您打算对我怎么做，但是不要再写信了，因为您正在妨碍我的工作。您逼得我不得不向您索要过去25年来我给您的一切，我不愿这么做，但是我迫不得已。现在您要自己照顾自己了，不要让那些打坏主意的人得逞。人死不能复生，不可能再回到人世来弥补自己犯过的错误。而您大概是要等到死之前才肯忏悔了。上帝保佑您。

–米开朗琪罗

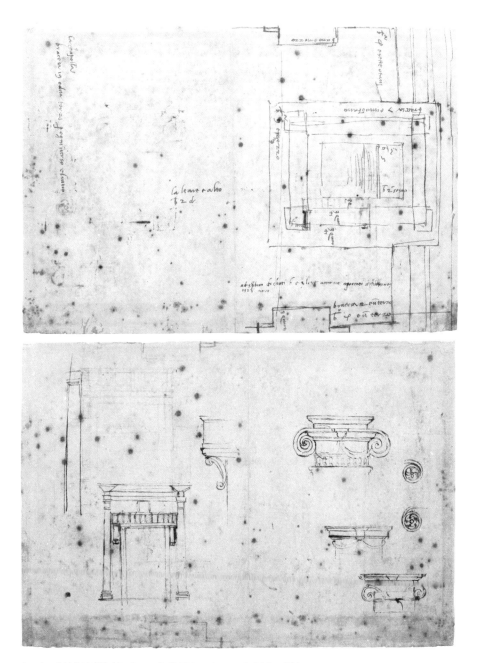

上图 | 圣洛伦佐教堂的高坛（choir）平面图，c.1525—1526 年。墨水

下图 | 圣骨坛以及柱头的设计，c.1525—1526 年。墨水

爱奥尼式柱头草图，1525—1526 年。黑色色粉

✠

写于佛罗伦萨，1523 年 12 月

[致罗马的焦万·弗朗切斯科·法图奇先生]

弗朗切斯科·法图奇先生，您在信中问我和尤利乌斯教皇的事情如何。如果我能够拿到对损失的赔偿和利息，那么根据我的判断，我不会欠钱，反而会有结余。当他派我去佛罗伦萨时——我敢肯定是他登基后的第二年——我已经开始佛罗伦萨的议会大厅 (Sala del Consiglio) 的装饰工作[1]，也就是说，开始画壁画了，工钱预计是 300 个杜卡特。佛罗伦萨人都知道，我已经画好草图，一半工钱应该是到手了。除此之外，我要为圣母百花大教堂雕刻的十二使徒，已经大体完成了一尊[2]，其他雕像的大理石也准备好了。当尤利乌斯教皇叫我走的时候，这两份工钱我都没收到。之后，我随同教皇来到罗马，他让我负责建造他的陵

1　即未完成的《卡辛那之战》。
2　见第五章中的插图《圣马修》。

墓，这需要 1 000 个杜卡特的大理石，他派人付了钱，打发我去卡拉拉取大理石。我在那里待了 8 个月，监督大理石的开采。我把大理石几乎全部都运到了圣彼得广场，剩下的一点儿留在里帕 (Ripa)。此后，我把所有的钱都花在了大理石的运输上，自己分文不剩，还自掏腰包给圣彼得广场的房子购置了床和其他家具，以便更好地完成陵墓的工作。我从佛罗伦萨找来了工人，这些人的工钱都是我自己出的。到了这个时候，尤利乌斯教皇却改变了主意，不想再继续这项工程了。还被蒙在鼓里的我跑去向他要钱，被赶了出来。我因为这种羞辱火冒三丈，立刻离开了罗马，家里的一切财物都留给了那些无赖，我带来的大理石也在利奥当上教皇之前一直留在圣彼得广场，出于各种原因被损坏了不少。其中包括两块大理石，每块有四个半布拉恰长，在里帕被阿戈斯蒂诺·吉吉 (Agostino Chigi) 偷走了。这两块大理石花了我起码 50 个金杜卡特，在场的人可以证明此事。回到大理石的话题，从我在卡拉拉开采石料，到我被赶出皇宫，已经过了一年多。我没有收到一分钱，反而赔了几十个杜卡特。

后来，当尤利乌斯教皇第一次去博洛尼亚的时候，我只能夹着尾巴去请求他的原谅。他让我给他铸一个铜像，是以他为原型的高约 7 布拉恰的坐像。当他问我大概需要多少钱时，我回答说需要 1 000 个杜卡特，但是我不适合这样的工作，我不希望束缚住自己。他的回答是："接下这份工作吧，有空就做一点儿，直到你完成为止，我们会给你足够的报酬。"后来的事情简而言之就是，我铸了两次像，当我花了两年时间终于完成的时候，只剩下四个半杜卡特了。在此期间，我没有收到其他任何钱，我所有的支出都是从那 1 000 个杜卡特的工钱里付的，那 1 000 个杜卡特是由博洛尼亚的安东尼奥·达·莱尼亚 (Antonio da Legnia) 分几次支付给我的。

把铜像在圣彼得罗尼奥大教堂 (San Petronio) 的正墙上安装好之后，我回到了罗马；但是尤利乌斯教皇并不想让我继续完成陵墓的工作，而是派我给西斯廷礼拜堂画拱顶画，工钱是 3 000 个杜卡特。在初稿设计中，弦月窗里要绘制使徒像，其他部分则是用惯用方式装饰。

这项工作刚一开始，我就意识到结果会很糟糕，我告诉教皇，依我看来，单是使徒的形象不足以达到最好的效果。他问原因，我回答：“因为他们太单薄了。”于是他给我下了新的指令，允许我按照自己的想法自由创作。拱顶部分的画快要完成的时候，教皇去了博洛尼亚，我去找了他两次，请他支付工钱，结果一直到他回到罗马，我都一无所获，白白浪费了光阴。我回到罗马之后，开始为西斯廷礼拜堂的端墙（end wall）和两侧墙壁设计草图，希望在完成所有工作之后可以收到报酬。结果，我什么都没有得到。一天我向贝尔纳多·达·比别纳（Bernardo da Bibbiena）和阿塔兰蒂[1]（Attalante）抱怨说，我无法再待在罗马了，必须要去其他地方，贝尔纳多殿下转过身，提醒阿塔兰蒂说，他恰好有钱要给我。然后他给了我 2 000 个杜卡特，加上我之前收到的 1 000 个杜卡特的大理石的费用，足够用于建造陵墓。我希望能为我花掉的时间和付出的心血收到更多报酬。我从收到的钱里拿出 100 个杜卡特给了贝尔纳多，50 个杜卡特给了阿塔兰蒂，因为他们在我最危急的时刻帮助了我。

后来，尤利乌斯教皇去世了。利奥教皇登基后不久，阿吉奈西斯[2]（Aginensis）提出要扩建陵墓——也就是说，比我最初的计划要更加壮观——我们签订了合同。当我提出除了最开始给我的 3 000 个杜卡特之外，我还需要更多的报酬时，他指责我是个骗子。

1　阿塔兰蒂·迪·马内托·米廖蒂（Attalante di Manetto Migliorott）。
2　即李奥纳多·格罗索·德拉·罗韦雷红衣主教（Cardinal Lionardo Grosso Della Rovere），尤利乌斯二世的侄子。

上图│裸体人像背部、使徒像以及其他人像素描，c.1504—1505年。黑色色粉，擦笔，墨水，尖笔

下图│美第奇礼拜堂内部的墓碑设计，c.1520 年。黑色色粉，墨水

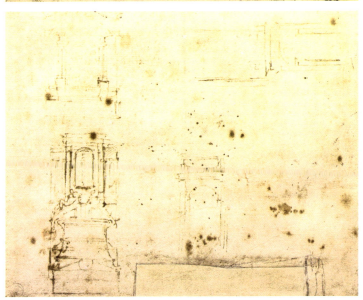

✠

当主人囚禁奴隶
Quand'il servo il signior

当主人用枷锁囚禁奴隶
让他在奴役中绝望
让他习惯枷锁
不再期盼自由

习惯能制伏毒蛇猛虎
让狮子附耳听命
年轻的艺术家，兢兢业业
只为驯服那巨大的力量

而火焰的力量却非如此：
虽然火焰吞噬所有树木的绿
却温暖了迟暮老人，让他重生

这青春强健的热
充满他的心脏，引它发亮
让他被爱的祝福包围
若老人以雀跃的心
奔跑，大笑，没人能够嘲笑他
因为对神圣之物的热爱并非可耻
目标明确的灵魂
若遵守原则与秩序
不会因为热爱上帝而犯罪

右腿弯曲的男性裸体人像的局部素描，
16 世纪 20 年代。墨水

✠

写于佛罗伦萨，1524 年 1 月

[致罗马的焦万·弗朗切斯科·法图奇殿下]

焦万·弗朗切斯科殿下，您在上封信里告诉我教皇大人要委托我设计图书馆[1]。我之前完全没听说这件事，也不知道他打算把图书馆建在什么地方，尽管斯特凡诺之前向我提起过，我当时完全没有在意。等他从卡拉拉回来时，我会向他询问这件事，并且尽我所能完成这项工作，尽管我并非心甘情愿。

至于您提到的养老金，我不知道自己一年后会如何，因此也不会做出可能让自己后悔的承诺。我已经就报酬的问题给您写过信了。

---

1 指洛伦佐图书馆。

✠

写于佛罗伦萨，1524年[1]
[致罗马的教皇克雷芒七世]

最神圣的主人，因为传话的人经常造成严重的误解，所以我决定绕过他们，就圣洛伦佐之墓的事情，斗胆直接给您写信。不得不说，我并不知道现在自己处于哪种情况，是不幸变成了优势，还是优势变成了不幸。虽然我愚钝无知，我却非常确定，如果允许我照先前那样工作，那么所有的大理石现在应该已经运到佛罗伦萨，并且按照要求放置妥当了，我们的花费也会节省很多。这件工作将如我之前的作品一样出色。

如今，这件事情被无限拖延，不知哪一天才能结束。因此，如果这件事情让您不悦，为了让您看到我并无责任，我冒昧地要求放弃这项工作，因为我在这件事上做不了主。如果我为您工作，我乞求在创作方面不受别人的指挥。我乞求能够得到完全的信赖，得以自由地工作。这样的话，我将依照承诺，将完美的作品呈现给您。

斯特凡诺[2]已经完成了圣洛伦佐礼拜堂的穹隆顶塔，大家看过之后都非常喜欢。我相信当您看到的时候，也会感到满意。他们现在正在制作放在上面的圆球，高约1布拉恰。为了让视觉效果更丰富，我建议将它做成多面体，他们照我的建议去做了。

您的奴仆

– 米开朗琪罗，雕刻家，于佛罗伦萨

---

1 1月。
2 指斯特凡诺·卢内蒂（Stefano Lunetti）。

上图 | 小教堂平面图与洛伦佐图
书馆壁龛，c.1525。墨水

下图 | 洛伦佐图书馆壁龛的墙面
示意图，c.1525 年。墨水

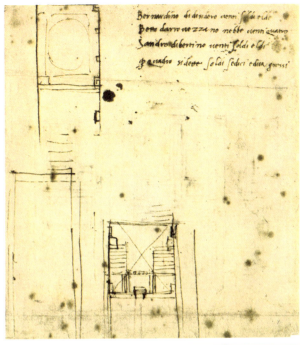

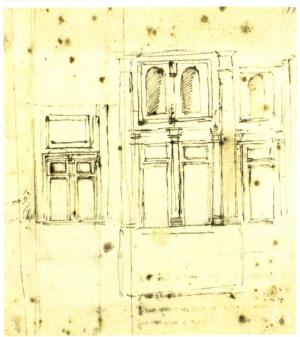

上图 | 新圣器室的墓碑草图，c.1520 年。黑色色粉

下图 | 新圣器室内部

洛伦佐图书馆门、窗、壁龛的草图，c.1524 年。红色色粉，墨水

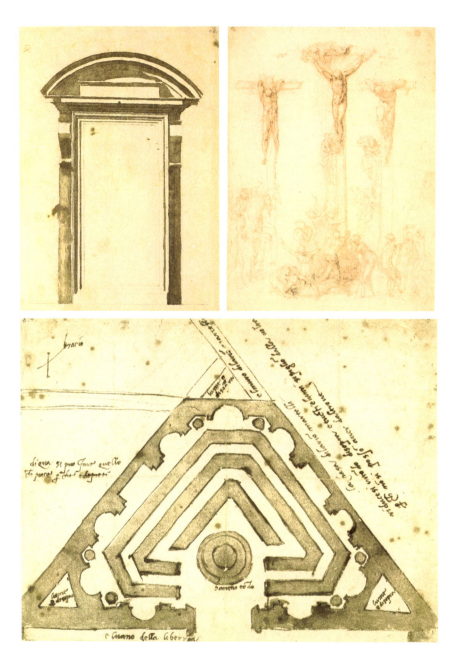

左上图 | 洛伦佐图书馆的门的草图，c.1524 年。黑色色粉，棕色水彩

右上图 | 三座十字架，c.1523 年。红色色粉

下图 | 洛伦佐图书馆中的小图书馆的平面图，1525 年。墨水，棕色水彩

✠
写于佛罗伦萨，1524年7月
[致罗马的焦万·弗朗切斯科·法图奇先生]

焦万·弗朗切斯科先生，我收到您的来信之后，就去找洛·斯皮纳 (Lo Spina)，看看他是否收到了指示，向我支付修建图书馆[1]和陵墓的报酬。得知他没有收到指示，我就按照您的建议，暂时搁置了这些工作，因为继续工作需要资金。等到事情解决了之后，我请求您在罗马做好安排，让洛·斯皮纳在这里支付报酬，因为除我之外，您不可能找到更合适、更热心、更认真的人了。

我必须等到大理石送到了才能展开我的工作；而我甚至不知道它是否真能送到，这一切是多么混乱！还有很多事会让您大吃一惊，简直不可思议。但我已经受够了——该收拾残局了。如果教皇能早些安排工作[2]，我应该已经从这些麻烦中解脱了，但是，毁坏一样东西比建造一样东西要复杂得多。昨天我碰到一个人，他告诉我必须要付钱，如果到月底我还没付钱的话就会受到惩罚。即使我是开丝绸铺或金铺的，或者是放高利贷的，除了地狱之火或几个杜卡特的罚款，我不相信自己还会受到其他什么处罚。我们已经在佛罗伦萨交了整整三百年的税了，而且我还曾经是执政官的朋友。但是，看来我是必须要交罚款了。我的一切财物都会被没收，因为我现在没有办法支付这笔钱。我会来罗马。如果事情按照之前约定的那样得到了解决，我会卖掉我的一部分房产，投资蒙特，好付清债务并且继续留在佛罗伦萨。

1　指洛伦佐图书馆。
2　指尤利乌斯之墓。

✠

当光辉的福玻斯[1]

Perchè Febo non torce

[疑为托马索·德·卡瓦列里或者费博·迪·波焦(Febo di Poggio) 而作]

当光辉的福玻斯不再伸展
他那闪耀的臂膀环绕这片土地
人们将其称作黑暗而沉闷的夜晚
出于一些他们无法理解的原因

夜是如此脆弱，如果我们举起
莹莹的火炬，她的黑影将消失殆尽
让她死去吧，就像最纤细的蛛丝
她那用火绒与钢铁做成的斗篷将被撕碎

不，夜晚并非他物
而是太阳与大地的女儿
因为后者托着她的阴影，前者创造了她

然而我们不应该赞美这悲伤的生命
她如此脆弱孤独
一只萤火虫就能让她心惊胆战

1　福玻斯（Phoebus），即太阳神阿波罗，因为费博（Febo）与福玻斯发音相似，米开朗琪罗可能在这里暗指费博。参见 James M. Saslow, *The Poetry of Michelangelo*。——译者注

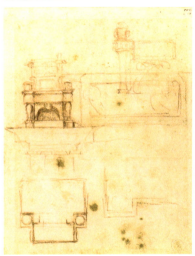

左图 | 壁龛，1524 年。红色色粉

右上图 | 新圣器室的穹隆顶塔平面图，1524 年。黑色色粉

右下图 | 新圣器室的"宝座"的平面图与正面图，c.1521 年。红色色粉

✠

写于佛罗伦萨，1524年8月29日
[致乔瓦尼·斯皮纳]

乔瓦尼，昨天从你那里离开之后，我又再三思考了自己的事情。既然教皇对圣洛伦佐的工程已经下定决心，并且非常急切地想要雇用我；既然他主动提供丰厚的月俸，好让我早日为他工作；再加上如果不接受这份工作，我可能会给自己带来损失，况且我也找不到拒绝教皇的理由：基于上述原因，我改变了心意，虽然之前我拒绝了这份工作，但是现在我愿意接受，再加上很多不必一一列明的理由，我认为这是最好的选择。当务之急是，我想要回到您在圣洛伦佐为我留的房子，在那里体面地定居下来，因为我尚未返回这件事已经招来了流言蜚语，让我名誉受损。我请求您将从教皇允诺我那天算起直到现在的月俸给我。如果您收到了有关月俸的指示，我请求您告诉安托尼奥·米尼，他就是送来这封信的人，也请告诉他您打算什么时候让我过来领取报酬。

写于1524年圣乔瓦尼·德科拉托之日的信件的副本

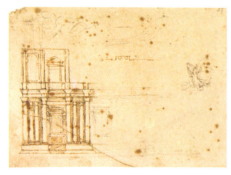

左图 | 洛伦佐图书馆的墙面设计与人像素描，c.1524 年。黑色色粉，墨水
右图 | 《夜》或《丽达》中的腿部素描，1524—1525 年。墨水

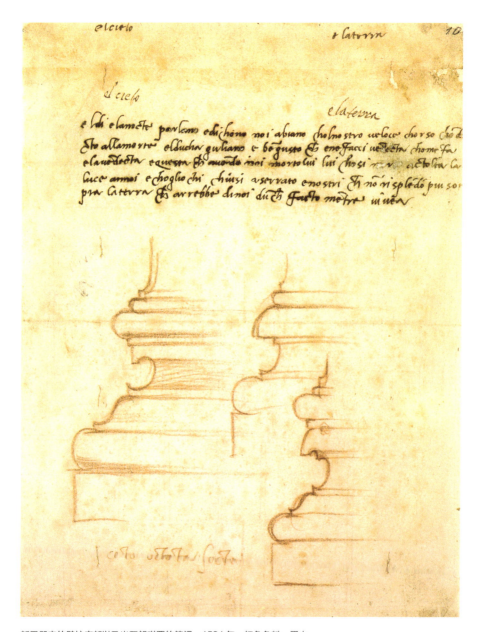

新圣器室的壁柱底部以及米开朗琪罗的笔记，1524 年。红色色粉，墨水

✠

我铭记那一天
I'mi credetti

（为托马索·德·卡瓦列里而作）

我铭记那一天，当我第一次目睹
万千美丽汇聚在一处
如同直视烈日的鹰
我的双眼被你的美丽灼伤

梦想已经破灭，希望已经飞散
因为没有翅膀却追随撒拉弗[1]的人
只是像对风言语般徒劳
用自己的愚钝衡量上帝

如果我的心无法忍受
那无法直视的美的灼烧
如果我也无法忍受与你的分离

我将何去何从？谁能指引我，庇护我
守护我如此迷茫与不幸的灵魂
你在时它燃烧，你离开时它死去

---

1 撒拉弗，即六翼天使。——译者注

内穆尔公爵（Duke of Nemours）
的朱利亚诺之墓，在美第奇礼拜堂内

✚

愿这双眼
Ben posson gli occhi

［为维多利亚·科隆纳（Vittoria Colonna）而作］

愿我这双若即若离的眼
抓住自你的美而射出的光线
但夫人，脚步不能到达视线所及的地方
正如我们能看见星星，却无法摘下它们

纯洁轻盈的灵魂超越肉体
逃离双眼，飞向光辉之处
而我们的身体被囚禁在凡间
被爱灼烧着

虽然我们易朽的身体没有翅膀
无法随天使一同飞行
单是以目光追随就让我们精疲力竭

但是，如果天堂如同凡间一样垂爱于你
就让我化作一只眼睛
这样就不会错过这一切！

为内穆尔公爵的朱利亚诺之墓而作的腿部素描，1530 年。墙面炭笔

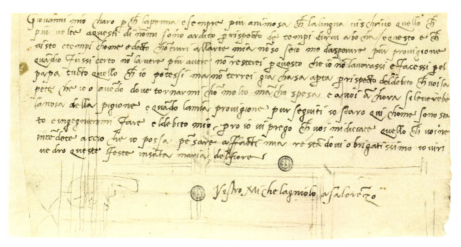

致乔瓦尼·斯皮纳的信，1524 年

✝

写于佛罗伦萨，1525 年 4 月 19 日[1]

乔瓦尼，关于尤利乌斯教皇之墓一事，我觉得没有必要去找律师，因为我不希望诉诸法律。如果我把过错都归结到自己身上，他们就没法起诉我了。我也已经做好了挨罚的准备，权当自己已经找了律师，输了官司，被法院要求进行赔偿。不过，如果教皇开恩，体谅我因为年老体衰无法完成教皇之墓，并愿意为我调解，也许他可以免除我的劳役，让我退还之前的工钱，已故的尤利乌斯教皇的家人也好用这笔钱来找其他人完成这项工作。如此一来，我主慈悲，我就得救了。不过，我又希望能在合理的范围内尽量少退回些钱。他们应该能多少体谅我的苦衷，我在博洛尼亚等地为了教皇所花的时间，都是没有回报的，焦万·弗朗切斯科[2]对此事前前后后都很熟悉，他能够为此做证。一旦确定了赔偿

1　致佛罗伦萨的乔瓦尼·斯皮纳。
2　即焦万·弗朗切斯科·法图奇。

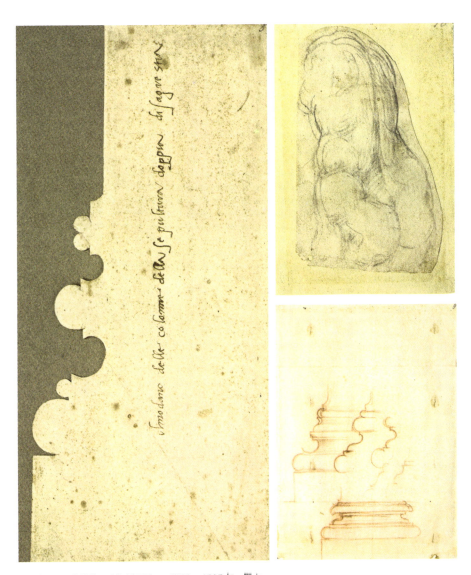

左图 | 新圣器室的柱子底部侧面图，c.1520—1525 年。墨水

右上图 | 维纳斯的素描，c.1501—1505 年。黑色炭笔

右下图 | 新圣器室的壁柱底部，c.1524 年。红色色粉

金额，我会倾尽所有，甚至不惜变卖家当来偿还。待事情平息下来之后，我会好好想想教皇的事，重新开始工作。这件事不解决，我生不如死，更别说工作了。对我来说，这是最稳妥的方法，也是最称心的方法，而且还能避免打官司，相对温和一些。我祈祷上帝能够让教皇好心帮个忙，毕竟这对于任何人都不是件省心事。因此，我请求你，给雅各布先生[1]写封信，让他觉得这是你为了把事情向前推进，深思熟虑之后做出的决定。

这是一份我寄给乔万尼·斯皮纳，让他给罗马写信的信件草稿。

1525年4月19日

–米开朗琪罗，雕塑家，于佛罗伦萨

✠

若爱是贞洁的
S'un casto amor

（为托马索·德·卡瓦列里而作）

若爱是贞洁的，若美德能战胜厄运
若爱人的命运绑在一起同舟共济
若彼此为对方的遗憾而扼腕叹息
若一种精神一种意志统治着两颗心

若一个灵魂能在两个身体中久驻
让这对爱人脱离尘世，进入乐土
若爱神射出一支金色的箭
就能穿过两个胸膛

---

1 即雅各布·萨尔维亚蒂。

女性的理想头部，c.1525—1528 年。黑色色粉

若只爱对方，忘却了自己
如此地欢乐，如此地甜蜜
以至到了最后都不愿分离

若千思万绪
无法在他们的爱上留下一点儿缝隙
那么，区区怒火又如何能解开这羁绊？

✠

写于佛罗伦萨，1525年[1]

最亲爱的塞巴斯蒂亚诺，昨晚我们的朋友库伊欧船长[2](Capitano Cuio)和另外一个先生好心邀请我共进晚餐。我非常高兴，因为这让我暂时忘记了忧郁，或者说是暂时忘记了自己的愚昧。我不仅饕餮了一番，还聊得很高兴。更让我高兴的是，库伊欧船长还提起了你，不仅如此，库伊欧船长还说你的艺术才华举世无双，在罗马人人都这么觉得。我真是感到了莫大的喜悦。你看我的判断从来没出过错，因此当我说你出类拔萃的时候，不要否认，要知道和我同感的人有很多，而且——上帝保佑——这里有一张你的画作，真是精美绝伦。

✠

写于佛罗伦萨，1525年[3]
［致罗马的焦万·弗朗切斯科·法图奇］

焦万·弗朗切斯科先生，我并不希望人们认为我为了合同里提到的2 000个杜卡特而去造一座全新的陵墓，因此我希望您能告诉尼科洛先生，那座陵墓已经建造了一半。而且，正如您在罗马的尤利乌斯的后裔给我的房子中所见，合同里要求的六座雕塑，我已经完成了四座。

1　5月，致罗马的塞巴斯蒂亚诺·皮翁博。
2　即库伊欧·迪尼船长（Capitano Cuio Dini）。
3　8月。

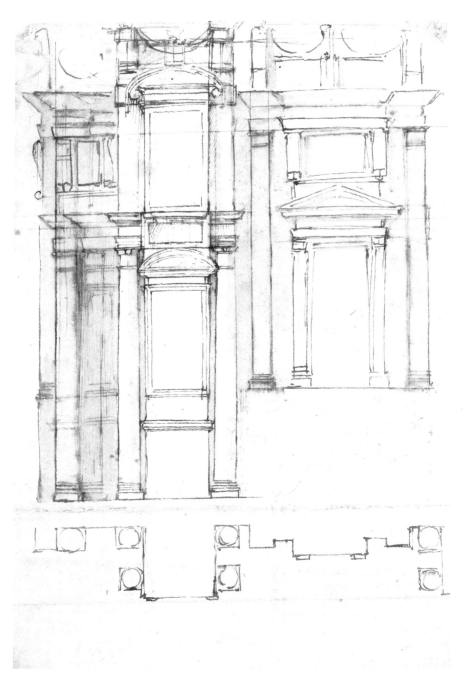

为美第奇礼拜堂高坛而作的墓墙的立视图与平面图，c.1524 年。黑色色粉，墨水，棕色水彩

✠

写于佛罗伦萨，1525年9月4日 [1]

焦万·弗朗切斯科先生，我之前给罗马写了信，说明了我为克雷芒教皇所做的工作 [2] 势必会耗时很久，而我也垂垂老矣，无法再做其他工作了。因为我无法完成尤利乌斯之墓，所以如果你们要求我对我之前收到的报酬给予补偿，我希望是以财物而非劳动的方式，因为我已经没有时间了。我不知道该说些别的什么，因为我没处理过这类事情，也不知道你们进行到什么阶段了。至于靠墙建设尤利乌斯之墓的建议，就像庇护教皇 [3] 的那样，我觉得很好，而且这也是最快的方法了。我唯一想说的就是，现在你们必须放下一切事情，回到这里来，因为我听说瘟疫闹得很凶。而比起解决问题，我更在意您的安危。请尽快回来。如果我在教皇之前死去，那么也就没有什么需要解决的事了；如果我还活着，我确定教皇迟早会帮我解决这个问题。请尽快回来。昨天我见到了您的母亲，当时在场的还有格拉纳乔和车工乔瓦尼，我劝她赶紧让您回来。

1525年9月4日

－您的米开朗琪罗，于佛罗伦萨

✠

写于佛罗伦萨，1525年10月24日 [4]

焦万·弗朗切斯科先生，您在来信里提到的问题，我将在此一一进行回复。四座雕像 [5] 还没有完成，还有很多道工序要做。另外四座还没动工，因为大理石虽

1　致罗马的焦万·弗朗切斯科·法图奇。
2　美第奇礼拜堂和洛伦佐图书馆。
3　庇护二世教皇之墓，当时设在圣彼得大教堂里。
4　致罗马的焦万·弗朗切斯科·法图奇。
5　为美第奇礼拜堂而作。

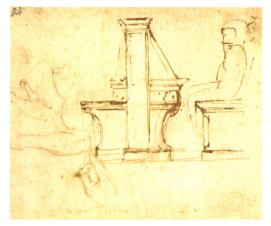

上图 | 为洛伦佐图书馆而作的长椅以及一个坐像的素描草图，c.1524—1525 年。墨水，红色色粉

左下图 | 为新圣器室圆顶的装饰而作的草图，c.1532 年。黑色色粉，墨水，棕色水彩

右下图 | 洛伦佐图书馆阅览室的天顶草图，1526 年。黑色色粉，红色色粉

然已经运到这里，却还没有送到我手上。详细情况我就不必细说了。至于尤利乌斯之墓的事情，我很乐意建成像您所说的圣彼得大教堂里的庇护之墓那样的陵墓，我会在这里一点一点、一件一件地完成。如果像您在信里说的那样，我可以保留之前收到的财物和房子——也就是说，我在罗马住的房子以及那里的大理石和其他东西——我愿意自己掏钱完成这项工作。还有，为了让我自己不至于被陵墓的工作所牵制，除了我会在合理的时间内完成和圣彼得教堂的庇护之墓类似的陵墓以及亲手创作雕像之外，我不希望自己有义务交给他们——也就是尤利乌斯教皇的后代——任何我之前收到的东西。如果允许我保留

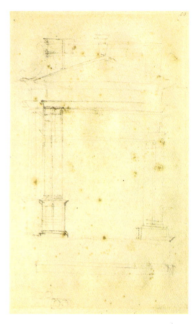

为祭坛或墓墙而作的草图，c.1518—1525年。黑色色粉

这些财物，我会继续全力为克雷芒教皇工作，尽管我的力量微不足道，因为我已经老了。还有，我不能再受到现在受到的怠慢了，为这我备受煎熬。没有人可以用手做一件事情，然后用脑子做另外一件，尤其是牵扯到大理石的时候。他们说这一切都是为了激励我，而我要说这完全适得其反。我已经有一年没有收到月俸了，饥寒交迫。我孤单而忧虑，这些苦恼纠缠着我，让我没时间思考自己的艺术，因为我没有钱来雇人照顾我。

这是雕刻家米开朗琪罗于1525年10月24日寄给克雷芒教皇的信，我，安托尼奥·迪·贝尔纳多·米尼，亲手抄写了这份副本。

✠

硫磺之心
Al cor di zolfo
(为托马索·德·卡瓦列里而作)

心是燃烧的硫磺，血肉是亚麻
骨头是枯木
灵魂不知该如何抑制灼热的情感
如何阻止自激情汹涌而出的欲望

盲目的头脑无法抵御
充斥世界的诱惑与陷阱
怪不得初次见到火焰时
人们就愿意因之燃烧殆尽

我们从天堂带来美
这美将战胜自然——如此神圣的力量
属于为了美不惜一切的人们

如果我为艺术而生，如果我从童年开始
就是那致命之美的猎物，
那我一切不幸的来源都是她——我注定一生要伺候的主人

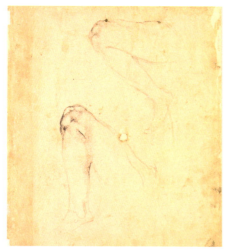

上图 | 男性腿部的素描，c.1524—1526 年。
铅尖笔

下图 | 两具男性躯干以及右腿的素描，
1524—1525 年。棕色墨水

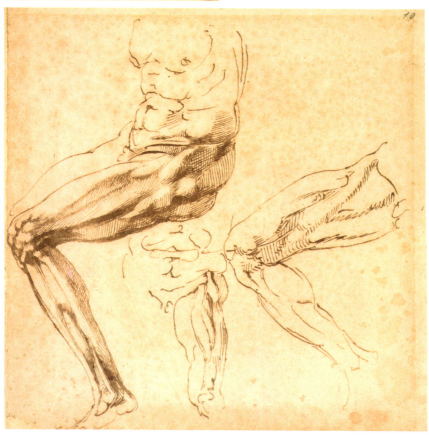

✙

写于罗马，1525 年[1]

[致罗马的我亲爱的朋友，佛罗伦萨圣母百花大教堂的牧师，焦万·弗朗切斯科先生[2]]

焦万·弗朗切斯科先生，您的上一封信带给我很多乐趣，如果我能得到与乐趣同样多的力量，那么这份力量足以支撑我完成您提到的那些工作。但是我没有那么大的力量，所以我只能尽我所能。

我已经认真考虑了您之前提过的事情——40 布拉恰高的塑像，将会竖立在或者更确切地说，建造于美第奇花园凉廊旁的一角，正对着路易吉·德拉·斯图法 (Luigi della Stufa) 先生的住所。我认为这个地点不太合适，因为它会占去太多通道的空间。按照我的想法，另外一边，也就是理发店的位置，会更合适，因为这样一来，它可以面对着一整片广场，也不会堵住通道。您可能觉得拆去理发店的想法不太现实，因为这样一来会损失一笔租金，但是我觉得如果把塑像做成坐像，放在一个特定高度的底座上，然后把下面挖空，照样可以在里面开理发店，租金也能照收。为了让理发店有排烟的烟囱，我考虑让人像举着丰裕之角[3]，在角上开个洞，烟可以从那里排出去。除此之外，人像的头部也可以和身体其他部分一样做成空心的，巧加利用。在广场上住着一个小贩，他是我很要好的朋友，他告诉我他可以把人像的头部做成一个鸽舍。其实我还有一个更好的主意，但是需要把这个人像做得更大，不过没关系，这是可行的，因为钟塔不过是用砖块搭建的。我的想法是把头部做成圣洛伦佐教堂的钟塔，这是有实际用途的。我们可以把钟放进去，当钟声从人像的口中传出来的时候，听上去就像是这个巨人的哀叹，尤其是在斋戒日的时候，那段时间我们会使用大钟，

1　12 月。
2　焦万·弗朗切斯科·法图奇。
3　丰裕之角（cornucopia），哺乳宙斯的羊角，通常装着花果，在绘画或雕刻中用于象征丰收。

钟声会更加频繁。

至于这个塑像所需的大理石的运输问题，为了给整个项目保密，我觉得最好把大理石装进包裹，趁深夜运到这里，好保证没人能看到。在通过城门的时候可能会有点困难，但是这是可以解决的。万一遇到最糟糕的情况，我们还可以从圣加洛大门运进来，因为那扇门整夜都是半开着的。

您最好把这项工作托付给愿意做这件事的人，因为我自己已经有太多工作缠身，没办法亲自去做。一件有价值的工作就能让我忙上好一阵子。

我没有在信里把每件事情都好好说清楚，因为洛·斯皮纳马上就会来罗马，他会亲口告诉您一切。[1]

–您的米开朗琪罗，雕刻家，于罗马

✠

写于佛罗伦萨，1526年6月17日
［致罗马的焦万·弗朗切斯科·法图奇先生］

焦万·弗朗切斯科先生，下周我会把新圣器室的雕像石块放置妥当，以便腾出空间来让大理石匠建造对面的陵墓。这些工作都不算太复杂。拱顶可以在这期间同时完成，如果人手允足，大概可以在两到三个月内完工，不过我对这件事并不特别确定。如果教皇大人希望工作尽快完成，下周末他大概会派乔瓦

---

1 这封信里，米开朗琪罗应该是以他独特的幽默感对弗朗切斯科提出的建造教皇克雷芒七世的巨大雕像的想法做出讽刺。——译者注

尼·达·乌迪内 (Giovanni da Udine) 师傅来。我会做好准备，迎接他的到来。

壁龛中的四个立柱这周已经装好，其他的柱子之前就放好了。神龛的进展不算太顺利，不过我估计四个月内应该能完工。天顶的工作本来可以立刻开始，但是用于建造天顶的木材还不够干燥。我们会竭尽全力让这些木材尽快干透。

我已经在快马加鞭地工作了，两周内我应该可以开始制作其他统帅的塑像[1]。在这之后，剩下唯一重要的工作就是四尊河神的塑像。石棺上的四尊人像，地上的四尊人像——也就是河神像——两尊统帅的塑像以及新圣器室尽头的陵墓上放置的圣母像，这些都会由我亲手雕刻。其中的六尊雕像已经动工，我有信心在要求的时限内完成，同时应该还可以完成一部分没有那么重要的塑像。我要说的就是这些，请代我向乔瓦尼·斯皮纳问好，请他给费焦瓦尼写封信，让他不要支走车夫，把他们派到佩夏(Pescia)去，因为我们的石材很快就要用完了。更重要的是，请他不要用这种方式和采石匠说话："那些人完全不体谅你们，让你们工作到天快黑了才放你们走。"这样只会让他们心生不满。

要监督一个人做好工作就已经够难了，即使如此，还是会有心软的人把事情搞砸了。唉！我会接受上帝的所有安排！

1　指公爵陵墓上方的坐像。

左上图 | 为雕像《夜》所作的腿部素描，1524—1526 年。疑为铅尖笔

右上图 | 壁柱素描，以及为美第奇礼拜堂的朱利亚诺雕像所作的手部素描，c.1525—1526 年，黑色色粉

下图 | 朱利亚诺之墓上的雕像《夜》，美第奇礼拜堂。大理石

✠

夜晚，多么甜蜜
O nott'o dolce tempo

(疑为托马索·德·卡瓦列里而作)

夜晚，尽管幽暗，却如此甜蜜
万物在旅途尽头沉沉睡去
只有懂得黑夜的人，才会赞美你
只有拥有智慧的人，才会敬仰你

你将所有思虑抚平
给他们夜露与黑暗的怀抱
在梦境中我随你来到天堂
抵达我希冀的地方

死亡的阴影
让灵魂得以摆脱伤痛
给悲伤的人们永远的解脱

你让患病的肉体恢复健康
你擦去泪水，终结苦难
你为善良的人们洗去悲伤

✛
写于佛罗伦萨，1526年11月1日
[致罗马的焦万·弗朗切斯科·法图奇先生]

焦万·弗朗切斯科先生，我知道洛·斯皮纳前几天就我在尤利乌斯陵墓的工作写了一封热情洋溢的信，如果他有哪里写得不对，应该怪我，因为当时我们在一起，是我主张让他写下去的。也许是焦虑让我有失分寸。几天前我听说了一些关于我在罗马的工作的传言，这让我深感不安，因为尤利乌斯的亲戚好像对我很不满。我的不安是有根据的，因为官司还在打，而他们狮子大张口，他们想要的赔款金额和利息就算是一百个我也难以偿还。这让我分外焦躁，万一教皇不为我撑腰，我的结局将不堪设想。我没办法再承受下去了。正是出于这个原因，我写下了这封信。但我只接受教皇本人也感到满意的方案，因为我明白他并不想让我名声扫地。我发现最近工作的进度变慢了，而且资金也被公开削减了，但是我在圣洛伦佐租了一间房子，而我的工资也理应继续支付。这些都不是小数目。不如连同这些开支也一起省下来，还我自由，让我能开始着手做尤利乌斯陵墓的工作，我将非常乐意，因为我迫不及待地想要完成这份工作。但是，我并不希望违背教皇的意愿，只要我能知道他的意愿为何。既然您已经知道了我的想法，我请求您告诉我教皇到底是怎么想的，我将完全顺从他的意愿。我请求您听他亲口对您说清楚，然后在他的授权下给我写一封信，这样我就能更加坚定地遵从他的指示，同时，我也可以用您的来信作为我行事的理由。

我的话就到这里。如果我词不达意，请您原谅，因为我的智慧已所剩无几。您了解了我的想法，请代我寻得指示并给我回复。写于1526年11月1日。

— 您的米开朗琪罗，雕刻家，于佛罗伦萨的圣洛伦佐

呼喊的男性头像，通常被称为《愤怒》或《不幸者》，c.1525年。黑色色粉

✠

记事

1528年6月30日，向药剂师彼得罗·帕格罗·迪·斯特芬诺·德尔·里乔 (Pietro Pagolo di Stefano del Riccio) 支付博纳罗托的医药费用，金额为13里拉1索尔蒂，如彼得罗·帕格罗开出的账单所示。

我在1528年7月6日支付了葬礼费用，共计50里拉。这笔钱由安托尼奥·米尼带给公证人安托尼奥先生，他们会把钱交给修道士和牧师，用以支付蜡烛以及挖掘坟墓的费用，这些费用详见安托尼奥先生的记录。

支付给医生的费用如下：给皮耶罗·罗萨蒂 (Piero Rosati) 医生2个杜卡特5个格罗索尼，给巴乔 (Baccio) 医生，也就是德利·阿尔伯里奇[1](degli Alberighi)的外科大夫，4个杜卡特，给马尔坎托尼奥·达·圣吉米尼亚诺 (Marcantonio da Sangimignano) 医生1个杜卡特，另外向殡仪馆支付9个格罗索尼。

给博纳罗托的妻子买袍子用去4个杜卡特，袍子是我从贝尔纳多·米尼(Bernado Mini) 的遗孀莫纳·莱桑德拉 (Mona Lessandra) 那里买下的，有了新袍子，就能把已经被瘟疫污染的旧衣服扔掉了。

在塞提涅亚诺前前后后花了7个杜卡特，用于支付博纳罗托妻儿的日常花销，还有仆人的费用。酒的费用没有包括在内，大概喝掉了4巴里里[2]。

购买鞋、工装，还有给小孩的头巾用去1个杜卡特。

1　住在这条大街上的。

2　巴里里 (barili)，体积单位，1巴里里相当于 0.46 升。见 Richard Stapleford, *Lorenzo de' Medici at Home: The Inventory of the Palazzo Medici in 1492* (University Park, Pennsylvania: Pennsylvania State University Press, 2013), 24。——译者注

左上图及右上图 | 为复活的耶稣而作的素描，1532—1533 年。黑色色粉

下图 | 为复活的耶稣而作的素描，c.1531—1532 年。红色色粉

✠

当我粗笨的铁锤
Se'l mie rozzo martello

当我粗笨的铁锤落在顽石上
变作这样或那样的人的形象
铁锤被挥舞铁锤的手操控
它的动作却受到另一种力的驱使

但是那在天堂的圣洁之锤
一举一动，只以自己的力量
正如铁锤只能由另一只铁锤打造
只有他的生命创造出所有其他的生命

铁锤举得越高
敲打越加有力
他创造了我，定能引向圆满的作品

因此，我将带着未尽之愿走向终结
如果上帝，那伟大的工匠
拒绝用无人匹敌的力量帮助我

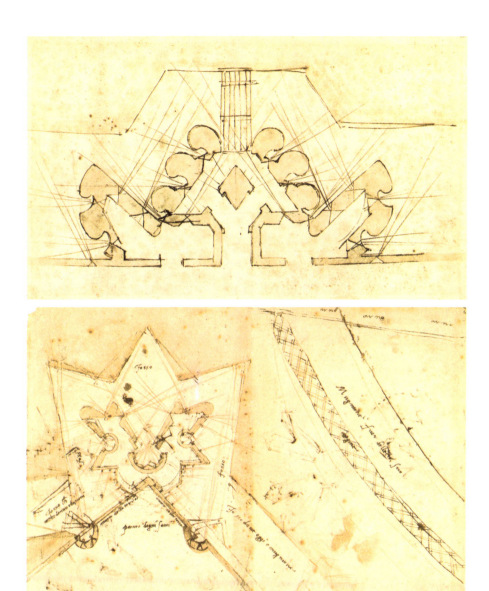

上图｜防御工事的草图，c.1528—1529 年。红色色粉，墨水，棕色水彩
下图｜普拉托区的防御工事草图，c.1529—1530 年。红色色粉，墨水，棕色水彩

✠

写于威尼斯，1529年9月

[致我亲爱的朋友巴蒂斯塔·德拉·帕拉(Battista della Palla)]

巴蒂斯塔，我亲爱的朋友，正如你所知，我已经离开佛罗伦萨[1]，往法国出发。但是当我到达威尼斯，向别人问路的时候，别人告诉我要去法国必须要先经过德国领土，路途坎坷艰险。因此，我觉得最好问问你的意见，你是否还有意去法国，当然我是希望你一起去的。我恳求你告诉我你的决定以及你希望我在哪里等你，然后我们可以一起上路。我没有跟任何朋友说一声就离开了，现在自己也是一头雾水。正如你所知，尽管我不论如何都要去法国，之前也一直在申请去法国的批复，虽然还没拿到，但我原本是打算不顾个人安危，等到战争结束之后再离开佛罗伦萨的。可是周二的早上，也就是9月21日那天，有一个人在我检查防御工事的时候来到圣尼科洛大门 (Porta a San Niccolo)，悄悄告诉我说，如果我想要活命，必须赶紧离开。他护送我回到家，和我一起用了餐，替我张罗马匹，直到送我出了佛罗伦萨才离开，他说一切都是为了我的安全着想。我真不知道他到底是上帝还是恶魔派来的。

我请求你回答我在信的开头问你的问题，越快越好，因为我已经无法在这里继续等下去了。如果你不打算去法国了，也一定要告诉我，我好准备自己上路。

–你的米开朗琪罗·博纳罗蒂

---

1 佛罗伦萨于 1529 年被围攻，米开朗琪罗背弃守城的责任，逃出佛罗伦萨。后来他感到可耻，重新回到被围攻的城里。——译者注

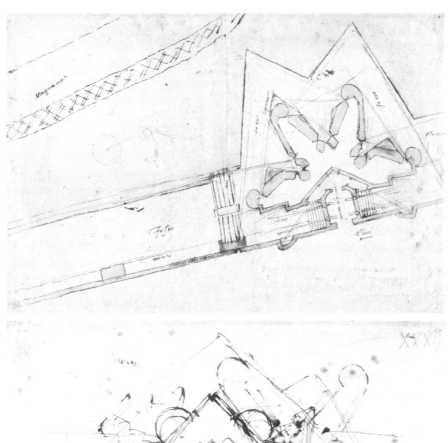

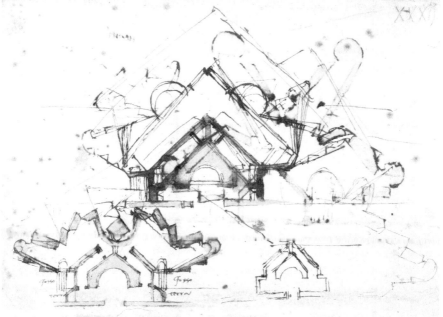

上图 | 普拉托区的防御工事草图，1529 年。红色色粉，墨水，棕色水彩

下图 | 防御工事的草图，c.1528—1529 年。墨水，棕色水彩

✠

理性女神与我悲鸣哀悼
La ragion meco si lamenta

理性女神与我悲鸣哀悼
我渴望她的祝福
她却用戒律与哲理
让我心中羞愧难当

"每次日出只是离死亡更进一步的宣告
你怎会如凤凰那样浴火重生呢？"
没有任何东西可以改变这真相
没有任何人能够解救自我的终结

我知道这不争的事实：我终将死亡
然而这懦弱的心
却因为死的真相而痛苦不堪
生前与生后的两场死亡[1]
都不会伤害到理智女神
无人理解
身体与灵魂必须在此分离

1　指出生之前与去世之后。参见 James M. Saslow, *The Poetry of Michelangelo*。——译者注

✚
记事

我逃往威尼斯时留下的财产。

写于1529年10月19日。

根据卡特里娜（Caterina）交给我的清单，以下物品属于米开朗琪罗，现交由卡特里娜保管，并于上述日期从米开朗琪罗家中运走。

据她所说，她于某处存放了三个莫吉亚（moggia）和二十个斯塔亚（staia）的玉米，即3莫吉亚,20斯塔亚。[1]

在同一处，存有六个斯塔亚的岩盐，即6斯塔亚。

在另外一处，她说存放了两个莫吉亚和十二个斯塔亚，即2莫吉亚,12斯塔亚。

在同一处，她存放了羊毛布料，包括衣物和其他制品。

在同一处，有七把叉子和两把勺子，均为银制。

她告诉我，在另一处，她存放了两个莫吉亚的粗谷物，即2莫吉亚。

她还告诉我，她在同一处存放了三个莫吉亚的大麦，即3莫吉亚。

---

1 原文中相关数量在一段中出现两次，分别以文字和阿拉伯数字表述，故译文中也用类似方式重申了数量。莫吉亚（moggia），体积单位，1莫吉亚相当于872.40升。斯塔亚（staia），体积单位，1斯塔亚相当于22.79升。见 Duccio Balestracci, *The Renaissance in the Fields: Family Memoirs of a Fifteenth—Century Tuscan Peasant* (University Park, Pa: Pennsylvania State University Press, 1999)，XXIII。——译者注

在同一处，还有一个莫吉亚的燕麦，即1莫吉亚。

在另外一处，她告诉我，她存放了锡器，包括11个粥碗、11个茶托、7个盘子以及亚麻制品，亚麻制品被装在一个口袋里。

在同一处，她存放了床顶华盖、羽毛铺盖以及靠枕。

另外，还有一个棉质床垫。

同时，她说她给了吉斯蒙多十四个斯塔亚的粗谷物，即14斯塔亚。

劳工告诉我，他还收到了五桶酒，即5桶。

她说她按每斯塔亚46索尔蒂的价格卖出了二十七个斯塔亚的谷物。

另外，她告诉我她卖了七桶油，其中六桶的价格是每桶9里拉4索尔蒂，一桶的价格是9里拉。

她说她在1529年10月25日按每斯塔亚43索尔蒂的价格卖出了十六个斯塔亚的谷物，即16斯塔亚，用于购买她寄往威尼斯的东西。

然后，她说，她给了巴莱纳（Balena）三个里拉作为搬运东西的酬劳，即3里拉。

1529年10月24日，他们从玛西亚（Macia）带来了三十八桶酒，安托尼奥·巴莱纳（Antonio Balena）带来了这些酒并支付了所有的运费。

为丽达而作的右手素描，c.1530 年。墨水

根据我的记录，1529年10月22日，付给石匠巴斯蒂亚诺·迪·弗朗切斯科 (Bastiano di Francesco) 三十三个里拉七个索尔蒂，作为他去威尼斯找米开朗琪罗的部分费用，即33里拉7索尔蒂.

贝尔纳迪诺·迪·皮耶尔·巴索借给他十个里拉，即10里拉。

我，弗朗切斯科·格拉纳乔，借给他九个里拉。[1]

我，米开朗琪罗·博纳罗蒂，从威尼斯回来之后，在家里找到了五垛稻草。后来我又买了三垛。有一个月我养了三匹马，目前只有一匹马了。写于1529年[2]1月6日。

---

1 以上由格拉纳乔记录，接下来是米开朗琪罗自己的笔迹。

2 或 1530 年。

✠

写于佛罗伦萨，1531年[1]
[致塞提涅亚诺的焦万·西莫内·博纳罗蒂]

焦万·西莫内，莫纳·玛格丽塔 (Mona Margerita) 没有把真实情况告诉你。有一天早上，焦万·弗朗切斯科[2]来找我，我和他谈到了你和吉斯蒙多，我说我总是把你们而不是把自己放在第一位考虑，我已经承受了很多压力。我还说你们在佛罗伦萨光顾着说我坏话了。这就是我说过的话，而我比你们更希望我说的这些都不是真的，因为你们忘恩负义的名声纯粹是自找的。我希望你们不要激动，只要我有能力，我是不会抛下你们的，因为驱动着我的是我自己的责任感，与你们说了什么无关。如果你们能来我这里同住，我会很高兴。莫纳·玛格丽塔也可以住在这里，父亲临死的时候，让我照顾她，因此我是不会抛下她的。

– 米开朗琪罗，于佛罗伦萨

✠

爱的生命
La vita del mie amor

爱的生命并非来自心脏
因为我并非用肉身去爱你
它并非栖息在凡间
在邪念或恶意存在的地方

---

1 夏天。
2 焦万·弗朗切斯科·法图奇。

为丽达而作的头部素描，1529—1530 年。红色色粉

当最初的爱从上帝之所而来
它给我明亮的双眼去看到你的存在
于是我在你美丽的脸上
看到上帝的影子，并隐隐刺痛

就像我们无法将热与火分离
我眼中的永恒之美
无法与美的源泉分开

因为你的双眼装下了整个天堂
为了回到爱的原地
我跑着，燃烧着，在你的眼里

✠

罗马，1531年11月[1]

亲爱的塞巴斯蒂亚诺，我给你带来了太多麻烦，但请不要生气，要知道与其费
力粉饰看似活着的塑像，我更希望让人死而复生。关于尤利乌斯之墓的事情，
我想了很久，有两个解决方案：一个是由我来完成它，另一个是把钱还给他们
让他们自己完成。我们最好询问一下教皇的意愿，看看他会接受哪一个方案。
我个人觉得教皇不会介意我放弃这个工作，因为我手上还有他交给我的其他工
作。因此，我认为他很有可能会说服他们——也就是那些负责尤利乌斯的事务
的人——让他们收了钱，继续完成这个工程。我会给他们设计图纸和模型以及
任何我能提供的帮助，再加上已经准备好的大理石。如果再添上2 000个杜卡
特，我相信他们一定能建造出一座非常华美的陵墓，有太多年轻人能比我更好

---

1 25日。致塞巴斯蒂亚诺·皮翁博。

上图 | 为丽达或《夜》而作的腿部素描，c.1524—1526 年。墨水

下图 | 为地狱边境的耶稣而作的素描（可能为现存普拉多美术馆的塞巴斯蒂阿诺·德尔·皮翁博的《耶稣降临地狱边境》而作），1530—1533 年。红色与棕色色粉

地完成这项工作。如果他们真的接受了第二个方案，收了钱自己完成这项工程，我可以立刻给他们1 000个金杜卡特，然后想办法筹集另外1 000个杜卡特，但在此之前，我们必须得到教皇的允许。如果他们对第二个方案感兴趣，我会再写一封信，列出筹集另外1 000个杜卡特的方法，好让他们满意。

我觉得没有必要告诉你关于我现在职位的任何细节。我只告诉你，我去威尼斯的时候一共带去了3 000个金杜卡特和银杜卡特，等我回到佛罗伦萨时只剩下了50个杜卡特，因为公社从我这里拿走了1 500个杜卡特。现在你知道了，我一贫如洗，但是我总能找出一个摆脱困境的方法。教皇对我的许诺让我仍有希望。塞巴斯蒂亚诺，我最亲爱的同伴，我坚持我的两个方案，我乞求你帮我将这件事情执行到底。

哀悼耶稣，圣彼得大教堂，c.1498—1499 年。大理石

我是个头脑简单、一文不名的人，

我倾尽一生之力以表达上帝赐予我的艺术灵感。

如果我年轻的时候选择去做火柴该有多好，

现在我就不会有那么多烦心事了！

4

爱与审判

安德烈亚·夸拉泰西，c.1528—1532 年。黑色色粉

如果说对美第奇统治的反感是让米开朗琪罗移居罗马的大棒，那么胡萝卜就是他在1532年遇到的托马索·德·卡瓦列里。比米开朗罗年轻三十多岁的卡瓦列里相貌英俊，文质彬彬，成为他一生的挚爱。很不幸，米开朗琪罗写给卡瓦列里的信只有两封保存了下来。所幸他们还交换了不少诗歌，米开朗琪罗最深情、最热烈的十四行诗以及他最精美的素描，其中有许多都是为卡瓦列里创作的。他们之间的友情深切而隽永。

现在来看，米开朗琪罗的同性恋倾向已确凿无疑。当然，他对女性毫无兴趣，他曾经声称，艺术就是他的妻子，已经给他带来了足够的磨难。然而，鉴于他的宗教信仰和哲学上的信念，我们不清楚他是否曾将自己的性倾向付诸行动，起码在早年的时候并没有这方面迹象。他的十四行诗——比如《从你美丽的脸庞》——常常会表达出他的观点，即卡瓦列里以及他爱慕的其他年轻男性所代表的人体之美是神圣之美的体现。还有一些诗歌——比如《爱并不总是严酷与致命的》(Non è sempre di colpa)——反映出男性之间的精神上的友谊比任何感官上的体验都要高尚美好。至于卡瓦列里，虽然他希望结婚生子，但是他对米开朗琪罗一直忠诚不渝，在米开朗琪罗临终前也守在他身边。

然而，关于米开朗琪罗的一切都不简单，他人生中的第二个挚爱是个女人——维多利亚·科隆纳(1492—1547，女诗人)，即佩斯卡拉的侯爵夫人。这位早早失去了丈夫的贵族夫人居住在罗马，是一位著名的诗人，同时也是宗教改革派的一员，这一教派认为单是通过信仰以及个人与耶稣的沟通就能实现救赎。他们的友谊建立在智慧、哲学见解与虔诚的信仰之上。他为卡瓦列里而作的素描多是以神话人物为主题，诸如法厄同(Phaethon)、提提俄斯(Tityus)以及现已遗失的伽倪墨得斯(Ganymede)的画像；而他为维多利亚所作的绘画都取材于耶稣的生平。此外，她也是爱情诗的缪斯，例如在《为了至少不会辜负》(Per esser manco almen)这首诗里，米开朗琪罗从一个谦卑的仰慕者的角度赞美了一位理想的女性。

米开朗琪罗为这两位灵魂伴侣写下了不少诗歌，其中不乏杰作。但从这一时期起，他的通信对象主要是其人生中的另外一位重要人物——他的侄子，博纳罗托之子李奥纳多。第一封给李奥纳多的信写于1540年7月，在这封信中，米开朗琪罗因为一件礼物的质量批评了他。从那以后，他给李奥纳多写了很多信件，有时会在信里称呼他为"我视如己出的李奥纳多"；有时会就财务和地产的事情给他指示；有时候会告诉他自己的身体状况（通常不太乐观）和生活状况（通常每况愈下）；有时候会指责他粗心大意，尤其会指出他书写中的错误；他还没完没了地就李奥纳多的婚姻问题给出自己的建议。

米开朗琪罗来到罗马的另外一个原因，是教皇克雷芒七世交给他的工作——在西斯廷礼拜堂的祭坛后墙上绘制《最后的审判》。米开朗琪罗并不想做这份工作。1534年，当克雷芒在米开朗琪罗到达后的第二天去世的时候，他觉得自己可以从这份工作中解脱出来了。然而，下一位教皇，保罗三世，已经仰慕米开朗琪罗多时，打算独占他的时间。因此，已经进入花甲之年的米开朗琪罗再一次爬上了脚手架。在他的这幅画中，巨大而强壮的躯体形成了股股激流，一些人被恶魔拖下地狱，另一些人则在乞求拯救。这幅画在1541年公布的时候受到了褒贬不一的评价，有些人认为这是一件杰作，而保守人士则认为在教皇的小教堂里不应该出现数量如此众多的裸体。特伦托会议（Council of Trent，1545—1563）做出了必须对裸体进行遮盖的决议，保守派获得了胜利。不过直到米开朗琪罗死后，他的朋友达尼埃莱·达·沃尔泰拉（Daniele da Volterra）才收到指令，给壁画中的人像画上了遮羞布。

《最后的审判》完成了，但保罗教皇还没有满足。1535年，他将米开朗琪罗任命为他的首席雕刻师、画师、建筑师，命令他在梵蒂冈新建的保禄小教堂（Pauline Chapel）的两面墙上画壁画。这两幅壁画，《圣保罗的皈依》（*The Conversion of St. Paul*）和《圣彼得的殉难》（*The Crucifixion of St. Peter*），是米开朗琪罗最后的作品，它们的主题——圣迹与受难——是他在走向生命终结时一直在思考的问题。

✠

爱并不总是严酷与致命的

Non è sempre di colpa

爱并不总是严酷与致命的
如果这爱是神圣的
它将让心脏柔软幼嫩
好让上帝的恩典贯穿而入

爱并没有阻止虚妄的激情
它激荡着我们，让灵魂长出翅膀
这是为了解除内心的饥渴
并接近上帝的第一步

我所说的爱注定飞升
而对女人的爱则与之不同
有智慧的男人不会为之而动

一种爱上升，另一种爱堕落
一种爱来自灵魂，另一种爱为感官所驱动
从卑微之处射出利箭

左图 | 多个解剖素描，c.1533—1534 年。黑色色粉

右图 | 男性人像素描，c.1531 年。红色色粉

✠

写于佛罗伦萨[1]

我亲爱的安德烈亚，大约在一个月前我给你写信说我已经找人检查了房子并且估了价，好确定合适的售价，现在我想说的是，我不认为你能找到买主。因为我要在罗马的这件麻烦事上花 2 000 个杜卡特，加上其他事情，一共要花上 3 000 个杜卡特，所以我愿意用 1 里拉换 10 索尔蒂，卖掉房子和所有资产，好让自己不至于落到一文不名。但是我没有找到任何人愿意出价，我认为比起草草贱卖，还是耐心等待更明智。

1　1532 年 5 月，致匹萨的安德烈亚·夸拉泰西（Andrea Quaratesi）。

✠

写于罗马，1533年1月1日
[致罗马的托马索·德·卡瓦列里先生]

我之前冒昧地写信给您，就仿佛是您先有所表示，而我只是做出回应。后来，当我读过并一再回味了您友善的回信之后，我更加意识到自己之前的冒失。您说您像个毛头小子，但我却觉得您已经在这个世上活过千万次。如果不是从您的信里得知您愿意收下我的一些作品，我大概会觉得天地无仁，枉来这世界走一趟了。

这件事让我备感惊讶，同时又百般喜悦。如果您在信中表达的对我的作品的感受是您的真实想法，如果其中某一件作品合您的心意，那一定是因为我的好运而非才能。我在此搁笔，以免让您生厌。千言万语止于笔端，但我们的朋友皮耶兰托尼奥[1]将会用言语代我表达未尽之言。

虽然此时我可以借用一个人献给另一个人的某种事物的名词，出于一些理由，我并没有这么做。[2]

1　皮耶兰托尼奥·切基尼（Pierantonio Cecchini）。
2　米开朗琪罗可能在这里暗指"爱情"。——译者注

✠

喜悦的灵魂
Felice spirto

(为托马索·德·卡瓦列里而作)

喜悦的灵魂，熊熊燃烧
让我垂死的心复生
更为高贵的人比比皆是
唯有我得到你的垂爱

你慰藉我的心灵
先是通过双眼，再是头脑
那与欲望一起折磨灵魂的悲痛
因而被希望取代

因此，收到你的信件
收到您在我悲伤时刻的念想
我写下诗行，表示感谢

如果我那糟糕的绘画
就足以报答你那生动的美丽
这将是多么不公平的交易

《法厄同的坠落》（为托马索·德·卡瓦列里而作），1533 年。
以黑色色粉覆盖尖笔的绘画痕迹

✠

你明白，亲爱的

Tu sa' ch'i'so, Signor mie

(为托马索·德·卡瓦列里而作)

你明白，亲爱的，我知道你明白
我为了靠近你来到这里
你也明白我知道你是了解我的
既然如此，为何我们要分开？

如果你的希望是真的
如果我的期盼是真的
那就击碎这分离我们的墙
因为被囚禁的痛苦是加倍的

如果我爱上你对自己的最爱之处
请不要发怒
因为这是一个灵魂对另一个灵魂的热爱！

凡人无法理解
我在你美丽的面庞上寻求的光彩
要懂得它，必须要先懂得死亡

✠

写于佛罗伦萨，1533年7月28日
［致罗马的托马索·德·卡瓦列里先生］

我亲爱的主人，您在信中写道因为我没有给您寄信而害怕自己被忘记了，如果我认为自己还没有向您表达清楚我对您无尽的爱，那么我也不会对此感到奇怪或是惊讶。但是这并不罕见，也不值得惊讶，因为太多事情最后往往都背离了初衷，我们的友谊也许同样会走向歧途。您对我说的话，我可以原封不动还给您。

也许您这么做，是为了试探我，或是为了在我心中燃起一团更猛烈的火焰，如果这火焰还能更猛烈的话。但是我很确定，除非我忘记自己赖以为生的食物，我才会忘记您的名字。不，我可以忘记食物，因为那只能滋养身体，而我无法忘记您的名字，因为它滋润了我的身体和灵魂，让我的身体和灵魂充满甜蜜，忘记了对死亡的恐惧。请想象一下，如果此刻我能看到这名字的主人，我将会多么快乐。

✠

我为何寻找
A che più debb'io

（为托马索·德·卡瓦列里而作）

带着泪水与悔恨的言语
我为何要寻找解脱
若天堂永不会解救
用烈火缠绕着爱的灵魂

《提堤俄斯的惩罚》（为托马索·德·卡瓦列里而作），1532年。黑色色粉

我疲倦的心灵又为何要憔悴
若万物难免一死？
落于双眼的死亡将会甜蜜而短暂
既然现在的痛苦远超过欢乐

因此，若无法逃避一劫
我宁愿去迎接
欢乐与悲苦，谁会占领我的心房？

如果只有锁链与束缚才能让我幸福
难怪我赤裸而孤独地
成了一名骑士[1]的俘虏

1　骑士暗指卡瓦列里，因为卡瓦列里（Cavalieri）在意大利文中是骑士的意思。参见 James M. Saslow, *The Poetry of Michelangelo*。——译者注

✠

若唯有火焰
se 'l foco alla bellezza

（为托马索·德·卡瓦列里而作）

若唯有来自你双眼的火焰
能匹敌它们的美丽[1]
所有冰雪都将被它融化
闪耀，如同热带天空下燃烧的火炬

但是天堂怜悯我们的不幸
将你那神赋之美的熊熊烈火
远远隔开，我们才能
继续过这严酷而平静的生活

我的火焰无法匹配你的美丽
因为我只能看见我所能看见的
燃烧我所能燃烧的

因此，我的主人，在风烛残年
若看到了你，我却没有燃烧而死
那是因为我没有见识到你的全部美丽

---

1 "它们"指"你的双眼"。——译者注

《醒来的奴隶》，
1520—1523年。
大理石

✠

若圣洁的欲望

Se l'immortal desio

（为托马索·德·卡瓦列里而作）

若那净化灵魂的圣洁的欲望
能够惠及我的思想
也许那掌管爱情的残酷的主人
也能变得更加仁慈

但既然天堂的法则
让灵魂不朽，让肉体腐烂
言语也无法形容
灵魂的价值

哀哉！我该如何表达
灼烧内心的欲望，
若肉体的感官只能感知肉体？

我的一切都将变为不幸
我的主人开始欺骗
因为不愿相信真理的人就是骗子

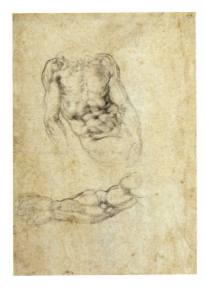

左图 | 坐像的上半身与右手臂的素描，1533—1534 年。黑色色粉

右图 | 圣母百花大教堂圆顶及鼓座的设计，以及致红衣主教多维奇·达·比别纳的信，1516—1520 年。
红色色粉，墨水

✠

写于佛罗伦萨，1533 年 8 月

[致罗马的塞巴斯蒂亚诺·皮翁博]

我亲爱的同行，我收到了两首牧歌，焦万·弗朗切斯科先生[1]已经让人试唱了几次，他说那乐曲非常美妙，用言语难以形容。这正如你所期待，也带给了我极大的喜悦，我请求你告诉我该如何回复作曲家，才不至于显得无知而傲慢。

至于我手头的工作[2]，我已经说得够多了，现在不打算再说什么。如果硬要说的话，我已经尽我所能在所有细节之处模仿费焦瓦尼的技术和风格，因为这才是我现在要做的。请不要让别人[3]看这封信。

1　即焦万·弗朗切斯科·法图奇。

2　指美第奇之墓。

3　指教皇。

你告诉我你将牧歌的抄本给了托马索先生，我非常感激。如果你见到了他，我请求你代我向他问好一千次。你下次给我写信的时候，请告诉我他的状况，好让他在我脑海中的形象一直鲜活，因为如果他从我的记忆中淡去，我必定会立刻死去。

✠

我不知
No so se s'è la desiata luce
（为托马索·德·卡瓦列里而作）

我不知，这是灵魂感受到的
来自造物主的光辉
还是我久远的记忆
揭示出了那些安抚心灵的美丽

传闻或是梦境把某人
带到我的眼前
留下我所不知的伤口隐隐刺痛
也许因此，我开始哭泣

我知道这就是我在寻找的，我没有向导
也不知何处才能寻得那燃烧的火
尽管似乎有迹象在引导着我

主人，自从见到你之后
一种苦涩的甜萦绕在我的脑海
我确定是你的双眼种下了这枚苦果

Nõso se s'è l'adesiata luce

delsuo primo Factor, che l'alma sente;

o se dalla memoria della gente

alcunaltra beltà nelcor traluce;

O se fama, o se sognio, alcun prodduce

a gliochi manifesto, alcor presente:

dise lasciando un nõso che cocente;

ch'è forse hor quel ch'a pianger micõduce.

Quel ch'i' sẽto, e ch'i' cerco: e chi miguidi

meco nõ nè, neso bẽ veder dove

trouar melpossa, e par c'altri melmostri.

Questo signior m'annien, po' ch'i' vinidi,

ch'un è dolce amaro, ũ sì, e no mi muoue:

certo saranno stati gliochi nostri.

salmõ
ũ de
ũ sa
C   ũ sa fa   ch'i   ch'è
ũv sasa   V a salm   che

诗歌《我不知》的手稿。棕色墨水

✠
写于佛罗伦萨[1]

焦万·西莫内，我为切卡[2]（Ceca）找了个对象，是萨凯蒂（Sachetti）家的，名叫贝内迪托（Benedetto）。他有个兄弟娶了美第奇家族的成员，有一个兄弟在匹萨的要塞里坐牢。他还有另外一个兄弟，叫阿尔比佐（Albizo），不过已经在罗马去世了。如果你认识他，在采取下一步行动之前，我希望能听听你对这门婚事的看法。你可以让莫纳·玛格丽塔帮你带话，但请不要跟其他任何人说起。

— 米开朗琪罗，于圣洛伦佐教堂

✠
写于佛罗伦萨，1534年9月
[致费博[3]]

费博，尽管你对我恨之入骨——我并不明白为什么，但我确信这是因为旁人的谣言，而不是因为我对你的爱，而凭借你对我的了解，你是不应该轻信别人的——我还是想写信给你，说上几句。明天我会离开这里，去佩夏拜访切西斯红衣主教和巴尔达萨雷[4]（Baldassarre）。我会跟着他们一起去匹萨，然后去罗马，从此不再回佛罗伦萨。但是我想要让你知道，只要我还活着，不论去哪里，我都随时愿意为你效劳，我比你在这世上拥有的任何朋友更加忠诚和真心。

我向上帝祈祷，希望下次还有类似情况发生的时候，你能擦亮自己的眼睛看清

1　1534年7月。
2　即弗朗切丝卡（Francesca），博纳罗托之女。
3　疑为费博·迪·波焦（Febo di Poggio）。
4　即图里尼·达·佩夏（Turini da Pescia）。

上图 | 为《最后的审判》
所作的素描。1533—
1534 年。黑色色粉

下图 |《最后的审判》，
西斯廷礼拜堂，1536—
1541 年。湿壁画

楚。这样你就能明白，如果一个人把你的事情看得比自己的健康还要重要，那么他必然是爱你的，而非你的仇敌。

✠

我本应该
Be' mi dove'

(为费博·迪·波焦而作)

我本应该抓住那些幸运的日子
当福波斯照亮我的道路
他的爱托起我疲惫的灵魂
从人间飞升到天堂

如今他已离开，如果他承诺的光明
永不消失，我将多么欣喜
错失良机的我只能坠入死亡
天堂的大门已经合上

爱曾借给我双翅，我也曾拾级而上
太阳是我脚边的灯笼
死亡引我去往平安快乐之所

而如今，垂死的我无法升入天堂
记忆也不能阻止内心的地望
当希望已经留在过去，我还剩下什么？

上图 |（从坟墓中出现的）男性裸体人像背部。为《最后的审判》所作的人像素描。1539—1541年。黑色色粉

左下图 | 为《最后的审判》所作的素描，1533—1534年。黑色色粉，后以墨水勾勒

右下图 | 腿部素描。黑色炭笔

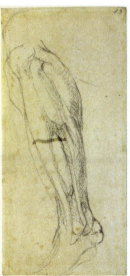

《最后的审判》中的巴巴尔托洛梅奥（他手中的人皮是米开朗琪罗的自画像）。
1536—1541 年。湿壁画

✠

写于罗马，1537年9月[1]

尊贵的彼得罗先生，尊敬的阁下，我的兄弟，您的来信带给我莫大的欢喜与悲伤：我欢喜，因为这封信来自才华超凡的您；我悲伤，因为我的湿壁画已完成了大半，要采取您的建议为时已晚。当然，您的才华是毋庸置疑的，若审判日真的来临，您目睹过审判日的情景后写下的描述之词应该也不会比现在的描述更贴切了。我希望，不，我请求您，能偶尔提笔写到我，因为即使是国王，也向来是将出现在您的笔下视为至高荣誉的。

如果我能够为您做点什么的话，我一定竭尽所能。无论如何，请不要因为我的画就打破您当初永不踏足罗马的决定，我实在愧对这份殊荣。随时愿意为您效劳。

–米开朗琪罗·博纳罗蒂

✠

我明白了
I' l'ho, vostra mercè
（疑为乔瓦尼·迪·本尼迪托·迪·皮斯托亚而作）

来函收悉，谢谢盛情
我反复阅读二十余遍
犀利的怒骂滋养着你
就像食物滋养着身体

---

1 致威尼斯的彼得罗·阿雷蒂诺（Pietro Aretino）先生。

自上次相遇，我更加明白
该隐是你的祖先，而且——
你没有让这血统蒙羞
兄弟的收获仍会让你愤恨不已

你善妒，傲慢，你是天国的仇敌
近邻的关爱也会让你鄙夷
毁灭是你唯一的亲信

若但丁的诅咒降临皮斯托亚
吸取教训！适可而止！但若你
奉承佛罗伦萨，这就是对我的曲意逢迎
她确实美若珍宝，这毋庸置疑
但这是你无法理解的
因为贫乏的头脑不能欣赏真正的美

✠

善意待人
D'altrui pietoso

(疑为托马索·德·卡瓦列里而作)

善意待人，苛刻待己
一个卑微的生命诞生了，带着悲痛
剥去皮毛做成他人的手套
他的生命由死亡开始

愿我的命运也是如此
用我死后的皮毛遮蔽主人的身体
就像蛇将皮褪下
通过死亡获得了新生

左图 | 跪下并举起双臂的男性裸体人像背部，1534—1536 年。黑色色粉
右图 | 耶稣受难（为维多利亚·科隆纳而作），c.1538—1541 年。黑色色粉

如果我留下的皮毛
变作了一件美丽的衣裳
环抱着她的身体，那将多么幸运！

我将终日守护着她！
当雨水打湿地面，我情愿
变作鞋履，亲吻她的脚底

✠

愿你宏大的美
Perchè tuo gran bellezze

愿你宏大的美留在世上
留在一个更善良、温顺的女人的体内
我祈祷，造化能收好
时光从你身上偷走的一切

愿你那被上帝精心雕琢的脸庞
重新闪烁光芒
愿始终被铭记的爱
重新雕塑出高贵而慈悲的心

我也祈祷，造化能收好我的叹息
以及我零落的眼泪
留给下一个爱她的人

也许那个即将降生的他
将会用我的悲伤感动她
曾经拒绝我的美，将不会拒绝他

✠

写于罗马，1538或1539年冬季
[致罗马的维多利亚·科隆纳，佩斯卡拉的侯爵夫人]

夫人，为了不让自己无功受禄，在收到您想给我的东西之前，我希望能有幸先给您寄去我亲手制作的东西。但后来我发现这是不被上帝允许的，因为让您等待是一项深重的罪过。我向您坦白我的罪过，并十分乐意接受您的馈赠。当我

飞行的天使与其他素描，c.1534—1536 年。黑色色粉

收到这些东西的时候，必然十分欢喜，这不是因为您的礼物在我的家里，而是因为我身处它们之中。因此我对您更是无上感激。

我的助手乌尔比诺将等待您的通知，当您方便的时候，您可以告诉他我何时可以到您府上，一睹您想要展示给我的胸像。向您问好。

－米开朗琪罗·博纳罗蒂

☩

写于罗马[1]

[致罗马的维多利亚·科隆纳]

侯爵夫人，既然我本人就在罗马，那么关于耶稣受难像的事情，您就不必委托托马索先生[2]代为处理了，您也不用找他传话，我作为您的仆人，比这世上的任何人都更希望能为您尽力。然而，我那让人筋疲力尽的工作[3]已经占据了我的所有精力，以后仍会妨碍我为您做事。我知道您是明白的，爱不会向任何困难屈服，身处爱中的人可以不眠不休，因此对我来说，就更不需要有人居中调解了。虽然表面看来我忘记了一切，实际上我在默默地做着一些会让您意想不到的事情。但是我的努力注定徒劳："如果信念仅存于心而未现于行，那就是罪过。"

您的仆人

－米开朗琪罗·博纳罗蒂， 于罗马

1　1539 年春季。
2　即托马索·德·卡瓦列里。
3　指《最后的审判》。

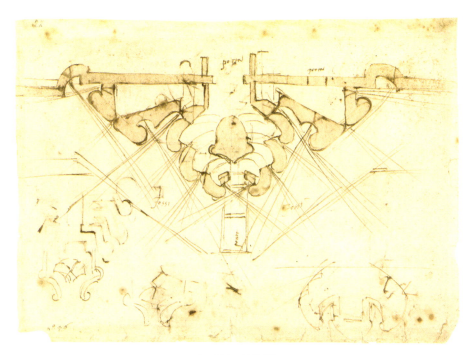

圣米尼亚托城门的防御工事，c.1527—1528 年。墨水，棕色水彩

✠

为了至少不会辜负

Per esser manco

（为维多利亚·科隆纳而作）

为了至少不会辜负
您至高无上的恩惠
我卑微的头脑会努力
寻找回报这份恩惠的方式

但现在我明白，单凭一己的智慧
不可能飞往高处
原谅我的过错，夫人
而记住这过错也能让我聪慧

我明白，若将我的平庸之作
与您那如同天降甘露般的馈赠相提并论
那是大错特错！

天才与技艺都无济于事
因为一个凡人无法仅靠自己的努力
回报一份神圣的礼物

✠

太多好运
Non men gran grasia,donna
(为维多利亚·科隆纳而作)

太多好运，就像太多厄运
可以杀死一个脆弱的凡人
当希望全无，万念俱灰之际
突然的宽恕要让他重获自由

在悲伤蔓延的漆黑中
您意外的善意不期而至
太多撕裂黑暗的光线
比起痛苦更加致命

喜讯与靈耗是刀锋的两面
而死亡可能躲在它们身后
紧缩或膨胀的心，都有可能破碎

请用你的美丽保护我的生命
让我承受这至上的喜悦
以免它杀死我脆弱的灵魂

✠
写于罗马，1540 年 7 月[1]
［致佛罗伦萨的李奥纳多·博纳罗蒂］

李奥纳多，我收到了你的信和三件衬衣。我很惊讶，你竟然会寄给我这样的东西，这些衣服劣质到就算是农场里的劳工都会嫌弃。即使是细致一点儿的衬衣，我也不希望你寄给我，如果我需要衬衣，我会先寄给你买衬衣的钱。至于帕佐拉提卡的农场，我会在 15 到 20 天之内把 700 个杜卡特交给博尼法齐奥·法奇。但是一定要先看看米凯莱[2]那边安排得怎么样了，好让你姐姐把自己投资在农场上的嫁妆钱拿回来。你最好和吉斯蒙多商量一下，然后给我回信，我只有在确认自己的 700 个杜卡特会用在对的地方之后，才会把这笔钱寄出去。就说这么多。劝莫纳·玛格丽塔开心一点儿，在言行上都要顺着她。行事要正直，否则你不会从我这里拿到一分钱。

– 米开朗琪罗，于罗马

1　10 日或 17 日。

2　即米凯莱·圭恰迪尼（Michele Guicciardini）。

左图 | 老妇侧面像，c.1525 年。黑色色粉
右图 | 裸体坐像，为《最后的审判》而作，c.1532—1533 年。红色色粉

✠

写于罗马，1540 年 8 月 7 日

焦万·西莫内，今天早上，也就是 1540 年 8 月 7 日，我把 650 个金库朗[1]付给了巴尔托洛梅奥·安杰利尼 (Bartolomeo Angelini)，这笔钱会由博尼法齐奥·法奇在佛罗伦萨交给你，用于购买帕佐拉提卡的农场。你把这件事向米凯莱[2]解释清楚了，博尼法齐奥也告诉你他得到授权给你 700 个杜卡特（按照 7 里拉换 1 杜卡特的汇率）并向你索取了收据之后，你马上就能够把农场买下来了。你或者牧师[3]最好找博尼法齐奥商量一下，他会把详情告诉你们。

我还要告诉你，加上上述这笔钱，我来到罗马之后已经给佛罗伦萨寄了 2 000

---

1 库朗（crown），货币单位。1 里拉相当于三分之一个库朗。——译者注
2 即米凯莱·圭恰迪尼。
3 指法图奇。

个杜卡特，每一笔钱都是我以现金的形式交给巴尔托洛梅奥·安杰利尼的。我没有保留所有与金钱往来有关的信件，而且我们早晚会离开人世，注定要把钱交给下一代，我希望可以为家产的继承人保留一份记录，将来好清楚地知道我留下了多少钱。所以，如果可能的话，我希望和博尼法齐奥商量一下，他一直都在处理这些金钱往来，我希望他记好账，能清楚地显示出我是付钱的那一方。关于这件事我就说到这里。照顾好莫纳·玛格丽塔，告诉她，就像我之前承诺的那样，如果我们买下了这两座农场，就会找个人给她帮忙。

– 米开朗琪罗，于罗马

✠

写于罗马，1540年9月25日
[致佛罗伦萨的李奥纳多·迪·博纳蒂·西莫尼]

李奥纳多，吉斯蒙多给我写了一封信，让我请佛罗伦萨的代理人给他9个蒲式耳[1]的谷物。我不知道那个所谓我在佛罗伦萨的代理人是谁，但是我对你们从来没有厚此薄彼。因此，让莫纳·玛格丽塔尽量多给他一些东西，并且告诉他他这么做是自取其辱。你还要告诉莫纳·玛格丽塔，除了家里的亲戚，不要给其他任何人东西，因为我不希望随便哪个人都跑来找她，代替我的位子，对她指手画脚，就像上次多纳特·德尔·塞拉 (Donate del Sera) 那样。他没有得到我的任何指示，我也不欠他一分钱。把我的话转告她，并让她振作一点儿。你自己也要好好做一个有用的人。

– 米开朗琪罗，于罗马

1　蒲式耳，衡量谷物的单位，等于 36.368 735 升。——译者注

尤利乌斯二世之墓的摩西，圣彼得镣铐教堂，罗马，c.1515 年。大理石

✠
写于罗马，1540年11月13日
[致李奥纳多·迪·博纳罗蒂]

李奥纳多，米凯莱[1]给我来信，建议我授权一个在佛罗伦萨的代理人，以便进行帕佐拉提卡农场的交接。我已经请焦万·西莫内和吉斯蒙多作为我的代表，他可以把农场交给他们。我随信附上了我的委托书。把这个交给他们，让他们凭这个从米凯莱那里拿到农场，要保管好他收下钱款的凭据。

我听说了莫纳·玛格丽塔去世的消息，这比听到我的亲姐妹去世还要伤心，因为她是个正直善良的人，一生为我们家服务。父亲临终前把她托付给我，上天做证，我非常希望为她做些什么，但是大概上天是觉得让她等太久了。我们要顺从天意。至于家务，你们现在要自己打理了，指望我是没用的，因为我已经老了，自顾不暇。你们要和和气气地一起生活，再请一个能干的用人，体面地过日子。如果你们能照此行事，只要我还活着，就会帮助你们；如果你们没有这么做，我就不再管你们了。

我希望你们去找米凯莱，打听一下他为帕佐拉提卡农场的牲口和房子花了多少钱。他在信里提到他已经自己掏钱付了税金，请你们把这笔钱交给他。

– 米开朗琪罗，于罗马

1　即米凯莱·圭怡迪尼。

✠

写于罗马，1542年1月19日
[致佛罗伦萨的李奥纳多·迪·博纳罗蒂·西莫尼]

虽然我已经给牧师[1]写了信，但是我还是打算就同一件事情给你写一封信。不过我时间有限，而且写信也很麻烦，所以我就把给牧师的信附在了这封信里面，我没有封上，好让你也了解一下其中的内容。大意是说，我打算给你50个金库朗，还有如果你打算来罗马，你应该怎么做，怎么用这笔钱。我还在信里说了，如果你不打算来，我会再给你寄50个金库朗。已经寄出去的50个金库朗在今天早上，也就是1月19号，已经由我的助手乌尔比诺交给了巴尔托洛梅奥·贝蒂尼 (Bartolomeo Bettini) ——也就是说，交给了卡瓦尔坎蒂和吉拉尔迪 (Cavalcanti and Giraldi)。我把取钱的指令也附在了这封信里，把它交给萨尔威亚蒂银行，他们会给你钱。委婉地告诉他们，以后不会再用他们了，你可以说我从罗马寄来的钱已经够多的了。

读完我写给牧师的信后，把信给他，或者最好是先把信给他，让他把我对于你来与不来的相关建议读给你听。如果你打算来，要事先告诉我，我好安排一个可靠的骡夫陪同你一起。还有，你会来的事不要让米凯莱[2]知道，因为我没办法招待他，你来了看到我的处境就知道了。

米凯莱写信给我，让我寄给他九又三分之二个杜卡特，说这是农场交接时产生的费用。他之前就写信说过，但是牧师和他核对了一遍账目，告诉我说我没有欠他钱。因此，我想让牧师告诉你，或者直接写信告诉我，我到底要不要再付一笔钱。

– 米开朗琪罗，于罗马

---

1 指法图奇。
2 即米凯莱·圭恰迪尼。

✠
写于罗马，1542年1月20日
[致佛罗伦萨的尼科洛·马尔泰利 (Niccolò Martelli)]

尼科洛先生，我从温琴佐·佩里尼 (Vincenzo Perini) 先生那里收到了您的信以及随信附上的两首十四行诗和一首牧歌。信与诗歌都美妙无比，毫无瑕疵。说实话，您对我赞誉有加，即使我得到了上天的所有恩赐，也不及您对我的赞美。您大概是想象出了一个完美的我。实际上我是个头脑简单、一文不名的人，我倾尽一生之力以表达上帝赐予我的艺术灵感，只为尽我所能将生命延续下去。这就是我，我是您和所有马尔泰利家族成员的奴仆。感谢您的来信与十四行诗，我能力不足，受之有愧。我将随时听从您的吩咐。

写于罗马，1542年1月20日

－米开朗琪罗·博纳罗蒂

为耶稣复活而作的素描，c.1534 年。
黑色炭笔，黑色色粉

✠

若爱用温和的火焰
Se da' prim' anni

若爱用温和的火焰
就能灼烧一颗年轻的心
那么衰老的胸腔
要如何承受更猛烈的爱火？

若年华飞逝
生命、力量与活力也已消退
当永不疲惫的爱情到来
他将如何继续？

和我一样，他将被带走
就像被残忍的风卷走的灰尘
不给蛆虫留一点儿腐肉

当我年少青葱，小小的火焰就曾吞食我
而当木柴已经干枯
面对更加猛烈的火焰，我又有何希望？

✠

写于罗马，1542年2月4日
[致李奥纳多·迪·博纳罗托]

李奥纳多，你在信里说你不打算来了，在我寄出另外50个库朗之前，你先收好
这50个库朗，到时候一起投资商店。我会立刻把钱寄给你，但是在此之前我想
先听一下焦万·西莫内和吉斯蒙多的意见，因为我希望他们一起投资，毕竟他

248

们是我的兄弟，我希望和他们一起商量，确保不出差错。我会写信给他们，让他们把意见告诉我，我也不会违背之前对你许下的承诺。

我给你写信说，圭恰迪尼向我索要九又三分之二个库朗或者杜卡特，他说在帕佐拉提卡农场的交接上，我们还欠他这些钱，我让你去查一下我是不是要付这笔钱，你还没有回复我。去找焦万·弗朗切斯科[1]帮忙，让他帮忙看看我要不要付，然后写信告诉我。就写到这里。

1542年2月4日
– 米开朗琪罗，^{于罗马}

✠
写于罗马，1542年7月20日
［致教皇保罗三世的请愿书］

米开朗琪罗·博纳罗蒂先生，依据由巴尔托洛梅奥·卡佩罗（Bartolomeo Cappelo）先生起草的，签订于1532年4月18日的合同中的相关条款，在圣皮耶罗的尤利乌斯教皇之墓工作了一段时间。随后，他在教皇保罗三世殿下的指示下，在保罗教皇自己的小教堂中绘画，因此无法继续完成陵墓与小教堂的绘画。在教皇殿下的协调下，他与陵墓的新负责人——乌尔比诺公爵订立了一份新的契约，这在写于1542年3月6日的一封信件中有所记载。这封信里提到，关于将会放在陵墓中的六座塑像，这位米开朗琪罗先生有权任命一位技术高超的大师来负责其中的三座，完成塑像并放在合适的位置；包括摩西像在内的另外三座塑像，他同意亲自完成。同时，工程的整体框架维持不变，也就是

---

1 即焦万·弗朗切斯科·法图奇。

说，剩下的陵墓装饰，将按照最初的设计进行。为了执行这份合同，这位米开朗琪罗将三座塑像的制作，包括一座圣母子立像以及男女先知坐像各一座，委托给了佛罗伦萨人拉法埃洛·达·蒙特卢波 (Raffaello da Montelupo)，他是当今最负盛名的大师之一。根据他们之间立下的契约，拉法埃洛将获得400个库朗的酬劳。与之类似，剩下的框架工程与细节装饰，除去顶部的山形墙，将交给石匠兼雕刻师乔瓦尼·德·马尔凯西 (Giovanni de Marchesi) 和弗朗切斯科·达·乌尔比诺[1](Francesco da Urbino)，根据与他们立下的契约，他们将获得700库朗的酬劳。米开朗琪罗亲自负责剩下的三座人像，即摩西以及两个俘虏的雕像，这三座塑像将于近期完成。根据最初的设计，这两个俘虏塑像要跟其他许多塑像一起，抬起这座宏伟的坟墓，但是，根据前面提到的合同，现在的设计方案大幅简化，坟墓规模缩小了很多，因此制作好的俘虏像已经不适合现在的设计方案，再怎么改良也无济于事。为了不负使命，米开朗琪罗先生已经开始重新制作另外两座全新的雕像，放在摩西像两边，分别象征一静一动的生命，这两尊雕像已大体完工，可以另找师傅做最后的加工。由于这位米开朗琪罗先生被教皇保罗三世委任了小教堂的工作，这份工作需要他一心一意，投入所有精力，再加上他已年过花甲，希望能竭尽全力服务教皇 (但是如果他同时负责尤利乌斯之墓的工作，他将日日身心俱疲，无法完成这份工作)，因此，米开朗琪罗恳求教皇殿下，既然他已下定决心为教皇服务，就让他与乌尔比诺公爵大人进行商讨，把他从上面提到的陵墓工作中解脱出来，基于以下这些合理条件，废除他们之间签订的合同。首先，米开朗琪罗先生希望能得到许可，以合理的价格，也就是大约200个库朗，将这另外两座尚待收尾的人像委托给之前提到的拉法埃洛·达·蒙特卢波，或者是教皇大人希望聘用的其他艺术家。他将自己完成摩西像。另外，他愿意支付完成工作所需的全部开销，尽管这对他来说是件很困难的事情，而且他也已经花掉了不少。具体来说，他会向拉法埃洛·达·蒙特卢波支付三座人像剩余的酬劳——大约300个库朗，支付框架

1　即弗朗切斯科·达·乌尔比诺·德利·阿马多里 (Francesco da Urbino degli Amadori)。

工作与装饰的费用——大约500个库朗，支付剩下两座塑像的200个库朗，以及山形墙所需的100个杜卡特。总共的花费是1 100—1 200个库朗，他愿意将这些钱放在罗马一家值得信赖的银行里，存进之前提到的公爵大人的名下，并说明这笔钱仅用于制作陵墓，不能因为任何其他理由而被动用。除上述条件之外，他愿意尽自己所能，监督上述雕像以及其他工作的完成进度，并保证工作质量。这样公爵大人就能够放心，知道这项工程将会顺利完成，资金也能得到保证。此外，他会派人时常督促工程的进度，确保工作的完成。由于米开朗琪罗先生已经年老体衰，要完成自己承诺的工作上已经相当困难，上述就是他能够做的全部。米开朗琪罗先生希望能够得到完全的自由，以完成教皇大人的心愿，因此他写信给殿下，乞求他能够给予指示，并且指派一位有足够权威的人来帮助他摆脱困扰着他的那些合同与义务。

✠

写于罗马，1542年10月或11月

[致路易吉·德尔·里乔(Luigi Del Riccio) 先生]

路易吉先生，我亲爱的朋友。皮耶尔·乔瓦尼[1](Pier Giovanni) 先生一直在催促我开始壁画的工作[2]。然而，在接下来的四到六天之内，这是不可能的事情，因为石膏还没充分干燥。但是还有一件比石膏更让人焦虑的事情，让我坐立难安，更别说画画了——废除合同[3]的事情被推迟了。我觉得自己被欺骗了，万念俱灰。为了这件事情我已经倾家荡产，我拿出了1 400个库朗——这笔钱可以支持我工作7年，完成两座陵墓的工作，但我拿出了这么多钱，只为了能够获得安宁，全心全意为教皇服务。现在我发现自己白白花了那么多钱，反而遇到

1　皮耶尔·乔瓦尼·阿利奥蒂（Pier Giovanni Aliotti）。
2　指保禄小教堂。
3　关于尤利乌斯二世之墓。

了更多麻烦。因为公爵¹同意了，我为了废除合同才拿出这笔钱来，现在我已经付了钱，却无法废除合同，即使我不明说，你也应该知道这是什么意思。我受够了，三十年来我一直天真地信赖别人，白白为他们服务，这就是我应得的。绘画、雕塑、繁重的工作以及对他人的轻信毁了我，让我的生活雪上加霜。如果我年轻的时候选择去做火柴该有多好，现在我就不会有那么多烦心事了！因此我写信给你，你总是为我着想，又对整件事比较了解，你能够告诉教皇发生了什么，这样他才能知道我现在根本不可能正常生活，更别说画画了。我答应开始工作，是因为我得到了废除合同的承诺，而这应该在一个月前就生效了。我无法再承受这一切了，那些剥夺了我的生活和荣誉的家伙每天欺负我，叫我骗子，我再也无法忍受他们了。只有死亡或者教皇能够把我从这片泥潭里拯救出来。

－ 你的米开朗琪罗·博纳罗蒂

✠

1542年10月或11月
[致一位红衣主教]

殿下，您写信给我，让我开始画画²，不要担心其他事情。对此，我要告诉您的是，绘画需要的不是双手，而是大脑，如果没有一个清净的大脑，我将无法创作。因此。在得到公正的裁决之前，我无法做任何事情。只要这份在克雷芒教皇在位的时候签下的合同³不取消，我就会像将耶稣送上十字架的人那样遭受大家的责难。我再一次声明，我并不知道读给克雷芒教皇的合同就是我之后收到的那份副本，因为克雷芒教皇当天就把我派去了佛罗伦萨，而詹马里亚·达·莫

---

1 指乌尔比诺公爵。
2 指保禄小教堂的工作。
3 关于尤利乌斯二世之墓。

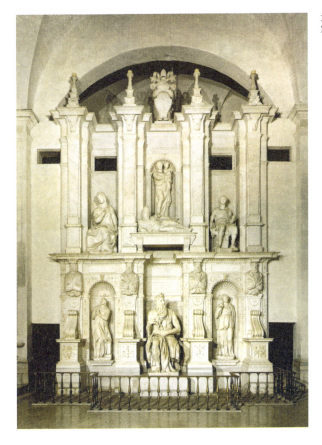

尤利乌斯二世之墓，圣彼得镣铐教堂，罗马。大理石

代纳 (Gianmaria da Modena) 大使为了一己之私，跑去公证处把合同条款改了。我回来之后，看到合同上写着我要比之前多付 1 000 个杜卡特，这会让我失去现在的住处，让我一无所有。克雷芒绝对不会允许这类事情发生……

我在老公爵的使者克雷芒·詹马里亚 (Clement Gianmaria) 面前签订了上述合同，我从佛罗伦萨一回来，他就告诉我，如果我想让公爵高兴，就应该离开，因为他对陵墓之类的事情根本没兴趣，尽管他也不想让我为保罗教皇服务。我觉得这就是把我的房子写进合同的原因。如果他们甩掉了我，那么根据这份合同，他们就可以把房子据为己有……

回到画画这件事上。我不会忤逆保罗教皇之意，但是如果我心怀不满地进行创作，我的作品也会反映出不满的情绪。因此，我写信给您，希望您在恰当的时候将事情的原委告诉教皇。我非常希望教皇知道事情的真相，如此我才能知道现在为难我的那帮人到底是谁。我相信他会理解我的苦衷。

您的奴仆
－米开朗琪罗

另，我还有一件事情想要告知你，那位使者宣称我拿教皇的钱做起了高利贷买卖，并且因此暴富，就好像我真的从教皇那里收到了8 000个杜卡特一样。那笔他说被我拿走的钱，指的是到那时为止花在陵墓上的钱，和克雷芒教皇在位的时候签订的合同上提到的数目是一样的。尤利乌斯教皇在位的第一年，我们签署了建造陵墓的合同之后，我先是在卡拉拉花了八个月采石，然后把这些石头全部运到圣彼得广场，放在我在圣卡特里娜教堂后面的作坊里。后来尤利乌斯教皇不愿意在他去世前继续建造这座陵墓，派我去画画，后来又派我去博洛尼亚待了两年，制作教皇铜像，这座雕像后来被毁了。那之后，我跑去罗马，在他去世之前一直为他服务，没有朋友，没有固定收入，只能依靠着陵墓工程的钱整日埋头工作。后来，利奥教皇登基了，他不希望我继续建造陵墓，就骗我说他打算建造圣洛伦佐教堂的外墙。他派阿基南西斯红衣主教去请求我，说他非常希望让我重获自由，但还是明确规定我在佛罗伦萨的时候要继续完成尤利乌斯之墓的工程。当我在佛罗伦萨忙于建造圣洛伦佐教堂外墙的时候，发现用于建造尤利乌斯之墓的大理石不够了，于是我回到卡拉拉，在那里待了13个月，带了足够的石材回到佛罗伦萨，设立了一个作坊，又投入了工作。那时候，阿基南西斯红衣主教让弗朗切斯科·帕拉维西尼（Francesco Palavicini）先生——也就是现在的阿莱利亚主教——催我加快进度。他视察了我的作坊，看到了所有的石材以及正在为陵墓雕刻的石像，现在在我的作坊里仍能看到这些。当得知我正在为陵墓而工作这件事情之后，当时正在佛罗伦萨的美第奇——他后来成了克雷芒教皇——阻止我继续下去，直到他成为教皇之前这件事都没有进展。倒数第二份合同是在他的面前签订的，这份合同中写道我拿到了用来放高利贷的 8 000 个杜卡特。我必须要承认我犯下的一个错误：我在卡拉拉待了 13 个月，手头快没钱了，于是挪用了利奥教皇为了圣洛伦佐的工程（或者只是为了让我忙得无法建造陵墓的那项工程）而付给我的 1 000 个杜卡特。后来，我写信给他，告诉他我的工作进行得很艰难。我这么做，是因为我对手头的工作非常投入，但最后却落得被别人叫作窃贼和高利贷主的下场……

再说回陵墓的话题，我再一次说明，尤利乌斯教皇在世的时候三番两次地改变主意。当我把大理石从克拉拉运到里帕的时候，没法从教皇那里拿到一分钱，因为他决定终止这项工程。我必须自己去找巴尔达萨雷·巴尔杜齐——也就是雅各布·加洛（Iacopo Gallo）的银行——借钱，好支付这笔费用，大概是 100 到 200 个杜卡特。后来，又有一批和我一起在佛罗伦萨工作的石匠来到了罗马，有些人现在还活着，我为尤利乌斯给我的在圣卡特里娜教堂后面的房子制备好家具，安置好石匠，安排好与陵墓相关的工作，这时，我发现自己每天都花钱如流水。我催促教皇允许我尽快推进工作，一天早上，当我去找教皇商讨这件事的时候，他命令一个车夫把我撵了出去。一个卢卡的主教看到了，对车夫说："你知道这是谁吗？"车夫回答："请原谅我，但是我必须按照吩咐办事。"我回到家，给教皇写了这么一封信："最尊敬的教皇，今天早上我在您的命令之下被撵出了皇宫。我想告诉您，今后如果您想要我为您服务，您必须要去罗马之外找找了。"我把这封信寄给管家阿戈斯蒂诺，请他把这封信交给教皇……之后我就向佛罗伦萨出发了。教皇一收到我的信，就派出了五位骑手追赶我，太阳下山三个小时之后，他们在波吉邦西（Boggi Bonsi）追上了我，并且给了我这么一封信："我们对此事非常不悦，在收到这封信之后，你必须回到罗马。"这几个骑手希望我能写一个回复，以显示他们已经把信送到了我手上。我回复说，一旦教皇兑现了他的承诺，我就会回到罗马，否则他应该不会再看到我了。后来，我在佛罗伦萨的时候，尤利乌斯给领主送去了三份通牒。后来领主派人来找我说："我们因为你的事情无法跟教皇开战，你必须回去。如果你愿意回去，我们会让你带上一封信，明明白白告诉他们，如果你受到任何伤害，我们会像自己受到伤害一样加以反击。"为了他们，我回到了罗马，后来又发生了种种状况……除了日期可能稍有误差之外，我所写的全是事实。

我请求您，为了上帝也为了真理，在有空的时候读一下我写的信，一旦有人在教皇面前说我的坏话，或者有谁在乌尔比诺公爵面前说我是个恶棍的时候，您可以为我讨个公道。尤利乌斯教皇和我之间的一切不快都是源于布拉曼特和拉法埃洛·达·乌尔比诺对我的嫉妒，正是因为他们，教皇在他在世的时候没有继续推进陵墓的工程，他们这么做只是为了毁掉我。而拉法埃洛确实应该嫉妒我，因为他关于艺术的所有知识都来自我。

✠

写于罗马, 1543年4月14日
[致佛罗伦萨的李奥纳多·迪·博纳罗托·西莫尼]

李奥纳多，你在信中告诉我，合同已经以万全的方式寄给了我，牧师[1]也告诉我这件事了。而我确实还没有收到合同，如果一切顺利的话，贝帝诺应该已经把合同送到了我家，因此我怀疑合同被耽搁在了你交付合同的那些银行家手里。如果你还希望把合同给我，那就把它交给弗朗切斯科·安托尼奥·萨尔韦蒂 (Francesco d' Antonio Salvetti)，告诉他把合同交给路易吉·德尔·里乔。

1　即法图奇。

左图 | 耶稣复活，c.1532—1533 年。黑色色粉
右上图 | 切基诺·布拉奇 (Cecchino Bracci) 之墓的草图，c.1544—1545 年。黑色炭笔
右下图 | 为切基诺·布拉奇之墓中的施洗者约翰而作的素描，以及为卡比托利欧广场（Campidoglio）
的元老宫（Palazzo dei Senatori）而作的草图。c.1544—1545 年。黑色炭笔

这样一来，合同就能很快寄到我这里，我就能签字了。就说这么多。我没时间
给牧师写信。请代我向他问好，感谢他愿意给我们帮忙。你再写信给我的时候，
不要把收信人的名字写成"米开朗琪罗·西莫尼"，也不要在我的名字后面加
上"雕刻家"。写"米开朗琪罗·博纳罗蒂"就行了，因为在这里大家都是这
么称呼我的。也把这件事情告诉牧师。

1543年4月14日
－米开朗琪罗·博纳罗蒂，于罗马

✠

我初次见到
A pena prima

（为路易吉·德尔·里乔而作，在他的侄子切基诺·布拉奇去世之际）

我初次见到他的双眼
在你看来，它们是生命之光
死亡的不祥之光合上它们
他在天堂向着上帝睁开眼

现在我懂了并为之哭泣，却为时已晚
但这并非我的过错，因为死亡无情
它虽将欢乐从我身边夺取
但会永远活在你的记忆里

因此，路易吉，如果我的任务是
让切基诺的微笑永远在石头中绽放
因为他在世上的痕迹已经模糊

如果被爱的人在爱他的人心中发光
既然艺术无法脱离他而独立存在
为了重现他，我应当描绘你的形象

42 Deposto aqui Cechi si nobil salma
p morte chelsol ma' simil no' vide
roma me piage el ciel sigloria cride
che scarca delmortal sigode lalma

43 Qui giace il braccio e me' no si desia
sepulcro al corpo alalma il sacro ufitio
se piu che vivo morto adegnio ospitio
i terra e ciel morte glie dolce e pia

44 Qui stese il braccio e colse acerbo ilfrueto
morte azil fior caquindic'anni cede
sol questo sasso ilgode chelpossiede
elresto po' delmodo ilpiage tucto

45 I fu Cechi mortale e or so' divo
poco ebbil modo ep sepre il ciel godo
disi bel cabio edi morte milodo
che molti morti e me' partori nivo

为切基诺·布拉奇而作的四段墓志铭，后寄给路易吉·德尔·里乔，1544 年。墨水

✠

写于罗马，1544年3月29日
[致佛罗伦萨的李奥纳多·迪·博纳罗托·西莫尼]

李奥纳多，你在信里告诉我大理石[1]的估价是170个库朗，也告诉了我大理石卖来的钱会怎么处置。如果我的兄弟们也同意的话，我认为这笔钱应该用于投资商店，但决定权在他们手里。你应该能成为最终受益人，但过程中你不能未经他们的同意就动用这笔钱。我觉得你还应该卖掉存放大理石的作坊，你把卖大理石的钱投资在哪里，就把这笔钱也投进去。在这之后我会再寄给你一些钱，但是这要看你的表现，目前看来你连写封得体的信都做不到。

我已经就公爵胸像[2]的事情给焦万·弗朗切斯科先生[3]写信了，我告诉他我没法接下这份工作。这是事实，因为我现在已经工作缠身，老眼昏花了。

你让我从路易吉·杰拉尔迪 (Luigi Gerardi) 那儿买农场，我觉得在佛罗伦萨继续投资地产不是一件明智的事情：因为在同一个地方的地产越多，烦恼就越多，尤其是现在它们对我也派不上用场。因此，我觉得最好在其他地方买一块地，等我老了可以以此生活，因为一旦我无法为教皇工作了，他可能就会不再给我报酬。我已经有两次不得不为了报酬而竭力自保了。所以，你最好告诉牧师，让他写信给我说说他的看法。就说这么多。请保重。

–米开朗琪罗，于罗马

1　指米开朗琪罗在佛罗伦萨的家里的大理石。
2　佛罗伦萨公爵科西莫·德·美第奇的胸像。
3　即法图奇。

✠

写于罗马，1544年7月11日

李奥纳多，我最近一直在生病，而你却在焦万·弗朗切斯科[1]的唆使下跑来这里，满心想把我送上死路，看看自己能继承到什么。难道我在佛罗伦萨给你的财产还不够吗？不得不承认有其父必有其子，我当初在佛罗伦萨就是被你的父亲赶出了家门。听好了，我已经写下遗嘱，你想得到我在罗马的任何财产，都只会是白费时间。走吧，希望上帝保佑你，不要再出现在我面前，也别再给我写信了，好好听从牧师的建议。

– 米开朗琪罗

✠

写于罗马，1544年
[致焦万·西莫内与吉斯蒙多]

我最近一直在思考，如果李奥纳多能好好做人，要不要帮他投资点儿羊毛生意，总计大约1 000个库朗。当然，他不能在没有得到你们允许的情况下把钱取出来或者挪作他用。我已经准备好第一笔200个库朗的投资，如果你们同意我的想法，我会让人在佛罗伦萨把钱给你们。一旦你们同意了，就要保证这笔投资是稳妥的，因为我的钱可得来不易。把你们的看法告诉我，你们比我更清楚李奥纳多的品性，可以告诉我这个想法到底可不可行。

– 米开朗琪罗·博纳罗蒂，于罗马

1　即法图奇。

✠

写于罗马，1544年12月27日
[致佛罗伦萨的李奥纳多·迪·博纳罗托·西莫尼]

李奥纳多，我已经把200个库朗付给了这边科沃尼的银行，你可以在佛罗伦萨取出这笔钱，用在我上一封信里提到的用途上。跟吉斯蒙多或者焦万·西莫内一起去卡波尼的银行，你会拿到那笔钱，也就是200个金库朗。焦万·西莫内和吉斯蒙多会代表你，以他们的名义投资在合理的羊毛生意上。我不希望自己的名字出现在这笔交易里。我的要求是，投资收益是你的，但是除非你们三人——焦万·西莫内、吉斯蒙多还有你——都同意，投资的本钱不能被取走、挪用或者以其他任何形式动用。在做这笔投资之前，你应该去找米凯莱·圭恰迪尼，让他看看草拟的文件是不是符合规定，这是为了避免发生任何差错，我相信他对这种事情是最清楚的。他会看在我的面子上帮这个忙。之后，让焦万·西莫内和吉斯蒙多写信给我，确认款项的交接和事情的安排。代我向米凯莱问好。如果西莫内和吉斯蒙多没法陪着你一起去取钱，你可以一个人去，然后把钱交给他们，好让他们照着我信里说的那样去做。

等你从卡波尼那里取了钱，做好记录，记清楚这笔钱是米开朗琪罗从罗马寄来的，你从科沃尼那里取出来的。

我附上了科沃尼写给卡波尼的信，信中有提取款项的授权。

交易完成之后，给我寄一份合同的附件。

于罗马，1544年12月27日

为《圣彼得受难图》(The Crucifixion of Saint Peter) 而作的跪着的人像，保禄小教堂，c.1542—1550 年。黑色色粉

✠

写于罗马，1545年2月3日[1]

萨尔韦斯特罗殿下，正如您所知，我正在为保罗教皇服务，为他的小教堂制作壁画，这让我无力顾及圣伯多禄锁链堂的尤利乌斯之墓。因此，教皇大人从中协调，促使乌尔比诺公爵大人的使者希罗尼莫·蒂拉诺 (Hieronimo Tiranno) 和我签了一份合同。这份合同后来也得到了教皇大人的批准。同时，我在您名下存了一笔钱用于支付工程款项。其中，要支付给拉法埃洛·达·蒙特卢波445个库朗，这是之前承诺支付给他的550个库朗中的剩余部分。这笔钱是由我创作了一部分、由乌尔比诺公爵大人的使者委派给他的五座雕像的报酬，也就是由巴尔托洛梅奥·卡佩罗起草的，卡梅拉公证的，1542年8月21日签订的合同里所提到的那五座雕像，包括圣母子像和男女预言家、动静人像各一座。在这五座雕像里，我已经亲自完成了两座动静人像，这是在我的恳求下，教皇恩准我从他的委托中暂时抽身，我才得以完成的。我的报价和拉法埃洛的是一样的，实际拿到的钱也是一样的。拉法埃洛已经完成了剩下的三座雕像并将它们安置妥当，如今我们可以在陵墓里看到了。因此，当他向您申请这笔款项时，

---

1 致罗马的萨尔韦斯特罗·达·蒙塔古托（Salvestro da Montaguto）。

请支付给他170个库朗，让他在公证人面前写下收据，证明他已经全额领取。请从您名下的钱款中减去这笔钱。祝好。

写于罗马1545年2月3日
– 您的米开朗琪罗·博纳罗蒂，于罗马

✠
写于罗马，1545年5月9日
[致佛罗伦萨的李奥纳多·迪·博纳罗托·西莫尼]

李奥纳多，我认为把钱借给别人对我们有害无益，除非是高利贷，否则我们只会承担收不回钱的风险。你提到的要把钱用在所谓比我的建议更加保险的用途上，我猜你是打算拿这笔钱投资点儿什么——尼科洛·德拉·布卡(Nicolo dlella Buca)的地产，或者类似的投资。我不知道你是否愿意把钱放在银行里，因为其他的投资都有风险。

我还想告诉你，另外一笔相同金额的钱已经准备好了，但是因为你还没找到合适的投资，你应该给我写一封信告诉我要不要寄出这笔钱。把你的想法告诉我，我会自己权衡。

你在信里提到你找到一份工作。你还太年轻了，没见过太多世面，我建议你最好不要一直待在佛罗伦萨。

告诉焦万·西莫内，最近刚出了一本关于但丁的评论集，作者叫卢基西[1](Lucchese)，不过专业人士对它的评价并不高。我知道的就这么多。

1　即卢基西·亚历山德罗·贝卢太罗（Lucchese Alessandro Velutello）。

代我向米凯莱·圭恰迪尼问好，告诉他我没事，但是过度焦虑让我食不下咽，所以我没有写信给他，请他原谅。你也可以直接把这封信读给他听。至于弗朗切丝卡，让她为我向上帝祷告。

我要再次提醒你，任何声称是我寄来的信，除非信中有我的笔迹，否则千万不要相信。

《圣保罗皈依图》(*The Conversion of Saint Paul*)，保禄小教堂，梵蒂冈宗座宫，罗马，1542—1545 年。湿壁画

✠

他的灵魂来自天堂

Dal ciel discese

(关于但丁)

他的灵魂来自天堂，以凡尘为衣
在正义与慈悲的领域
他一睹上帝
让真理如白昼般清晰

如此闪烁的明星
照射着我出生的角落
全世界都无法回报他
除了你，创造他的主，他别无所求

我谈论但丁，他的杰作
被不识好歹的后人所遗忘
这些人总是以怨报德

多愿我是他！为了伤痛而生
在流浪中保持美德
我愿牺牲一切换取这样的人生

✠

写于罗马，1546年1月9日

[致我视如己出的佛罗伦萨的李奥纳多·博纳罗蒂]

李奥纳多，今天，也就是1546年1月9日，我在罗马把600个金库朗交给了
路易吉·德尔·里乔，他会派人在佛罗伦萨把钱交给你，这样一来，我答应

《圣彼得受难图》，保禄小教堂，梵蒂冈
宗座宫，罗马，1545—1550 年。湿壁画

给你的 1 000 个库朗就齐了。去找皮耶罗·迪·基诺·卡波尼 (Piero di Gino Capponi)，他会把钱给你。给他写一份收据，证明你收到了这笔钱。

接下来会由路易吉写下我希望你做的事情，因为我不太舒服，没法亲自动笔。不过我现在已无大碍，之后应该也不会再被病痛困扰，感谢上帝。我祈祷自己身体健康，你也是。

除了上面提到的钱，我打算给焦万·西莫内、吉斯蒙多，还有你 3 000 个金库朗——也就是说，每人各 1 000 个库朗，一笔汇过去——这笔钱要用来投资地产或是其他类似的资产，收益可以属于你们个人，但是资产要留在家族名下。请留意合适的投资机会，找到之后告诉我，我会把钱寄给你们。我没有其他可说的了。愿上帝保佑你。

日期如上

−米开朗琪罗·博纳罗蒂，于罗马

✠

平静的表面之下

Nel dolce d'una

（为路易吉·德尔·里乔而作）

平静的表面之下

未经探索的海域，往往藏着

威胁生命与名誉的阴谋，想到这儿

重获健康也不再让我欢喜

那展开希望之翼的人

却悄悄布下背叛的陷阱

他熄灭爱的火焰

让酣然的友谊失色

因此，我亲爱的路易吉

请守护好我们的老交情

让它不受风雨的侵害

伤痛让我们忘记感恩

若要说出我理解的爱的真相

那便是一份煎熬远超过一千份愉悦

✠

写于罗马，1546年2月6日

［致佛罗伦萨的李奥纳多·迪·博纳罗托·西莫尼］

李奥纳多，在科尔博利（Corboli）家的地产的问题上，你向我交代得很草率，

我甚至不知道你已经到佛罗伦萨了。你是不是担心我会阻止你，是不是有人跟

你说我会这么做？我要告诉你，我是想三思而后行，像你这样一出生就不愁吃穿的人是无法理解我赚钱的辛苦的。

你急急忙忙地跑来罗马，哪怕我遇到麻烦事，我都不知道你能不能这么快赶过来。你这是在浪费别人辛苦赚来的钱，我已经受够了。为了拿到遗产，你真是什么都做得出来！你还说你这么做是出于对我的爱——照我看来，这大概相当于蛆虫对腐木的爱吧！如果你真的关心我，你就应该给我写这么一封信："米开朗琪罗，把 3 000 个库朗留给你自己吧，因为你给我们的东西已经太多，我们什么也不缺。比起你的钱财，我们更关心你本人。"

你已经依靠我活了四十年，而我从你身上没得到任何东西，甚至一句好话都没有。

去年，你受到不少责骂，只好给我寄了些特雷比亚诺酒（Trebbiano）；而现在，我宁愿你连这个都没寄给过我！

我写这封信，不是因为我不想投资。我希望为自己做些投资，确保得到一份稳定的收入，因为我已经不能再接新的工作了。但是我希望谨慎行事，不至于给自己招来新的麻烦。所以，不要着急。

–米开朗琪罗，于罗马

另，如果有人以我的名义跟你说些什么，或者向你要什么，不要理他们，除非我在信里写了一样的话。至于我寄给你的 1 000 个杜卡特，如果你能停下来想想一个不老实的助手或者其他意外将给一家商店造成什么样的损失，你会认为还是投资地产更为保险。不过，你们还是自己好好商量一下，按照自己的想法去做吧。

✠

写于罗马，1546年4月26日
[致最尊贵的法兰西国王 [1]]

神圣的殿下，您屈尊给像我这样的人写信，并且询问我是否可以呈送给您几件
作品（虽然我没有作品能配得上您的尊贵），我不知该如何表达心中的感慨和感
激。您可能知道，我一直渴求服侍您，但是由于您不在意大利，我无法将作品
呈献给您。如今，我已垂垂老矣，还得在接下来几个月把保罗教皇交给我的工
作完成，但是如果在那之后，我还一息尚存可以继续工作，我会竭尽所能来为
您服务，也就是说，我会为您创作几尊大理石像、一尊铜像以及一幅绘画。如
果死神在我完成工作之前就带走了我，如果来生我能够继续创作，我将在那里
完成我的承诺。我向上帝祈求您长命百岁。

写于罗马，1546年4月26日
最尊贵的殿下的
最卑微的仆人

✠

写于罗马，1546年6月5日
[致佛罗伦萨的李奥纳多·迪·博纳罗托·西莫尼]

李奥纳多，我刚拿到授权书文件就照着样子写好了一份，我委托你做我的代表，
并且随信附上这份授权书。你要好好检查一下，如果你能满意，我也就满足
了——我还有别的事情需要担心。不要再写信给我了，每次一收到你的信，我
就会心烦意乱，大病一场！真不知道你到底是从哪里学会写信的。即使是给世

1　弗朗索瓦一世。

上最愚钝的人写信，你也该比现在多花一些心思。我的麻烦已经够多了，不需要你来火上浇油。你已经拿到授权书了，你要认真看，仔细检查，如果你疏忽大意了，损失是你自己的。

– 米开朗琪罗， _{于罗马}

✠

写于罗马，1546年9月4日
[致佛罗伦萨的李奥纳多·迪·博纳罗托·西莫尼]

李奥纳多，你写了长篇大论来抱怨鸡毛蒜皮的小事，这只会让我生气。钱的事情，你们自己去商量，然后花到该花的地方。我不想说什么，也没有时间。

– 米开朗琪罗， _{于罗马}

✠

写于罗马，1546年12月4日
[致佛罗伦萨的李奥纳多·迪·博纳罗托·西莫尼]

李奥纳多，我收到了16块玛佐里诺奶酪，付了骡夫4居里[1]。我之前给你写信说了买房子的事，现在收到了你的回信，你在信上说你会去找米凯莱和弗朗切丝卡，把我的想法告诉他们。代我向他们问好。至于买房子的事情，我重复一下我之前说的话，你要尽量在我们附近[2]买一栋状况良好的房子，价格在1 500到2 000个库朗。一旦找到了理想的房子，我会把钱转到佛罗伦萨。我之所以这

---

1 居里 (Julii)，货币单位。——译者注
2 圣十字区（Quartiere di Santa Croce）。

马的解剖素描与建筑细节，c.1540 年。
黑色色粉，红色色粉

么做，是因为在佛罗伦萨拥有一栋体面的房子是一件增光添彩的事，比拥有几亩农田更有面子，毕竟我们是城里人，并且拥有高贵的血统。我总是竭尽全力振兴家业，可惜我的兄弟中没人愿意帮助我。你要好好照着我说的去做，并且让吉斯蒙多改过自新，回佛罗伦萨重新开始体面的生活，我再也不想听到别人说我有个兄弟在塞提捏亚诺整天追着牛跑，这实在让我羞愧难当。你买下房子之后，我们就可以开始置办其他东西了。

等我有时间的时候，我会告诉你我们家族的历史以及我们何时来到佛罗伦萨，你可能还不知道这些。我们不能把上帝的恩赐抛诸脑后。

—米开朗琪罗·博纳罗蒂，于罗马

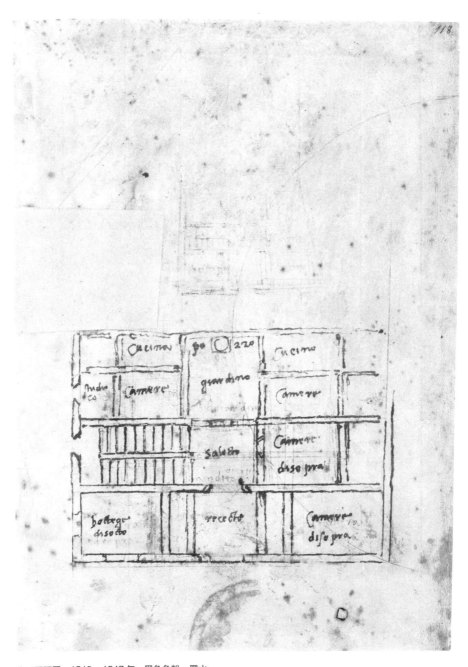

房屋平面图，1546—1547 年。黑色色粉，墨水

我意识到绘画和雕刻其实并无区别，

除非更加敏锐的判断、更高超的技艺、

更严格的限制和更刻苦的工作让其中一项提升到更高的水平。

比起画家和雕刻家，我更像一个掌柜的。

5

伤痛、婚事与圆顶

克里奥佩特拉胸像，c.1533 年。黑色色粉

1547年，米开朗琪罗深爱的维多利亚·科隆纳去世了。他在十四行诗《把过去还来》(Tornami al tempo) 中表达了自己的悲痛。短短几个月前，他刚失去了路易吉·德尔·里乔，他最初是米开朗琪罗的商业顾问，后来成了忠实的伙伴。艺术家塞巴斯蒂亚诺·皮翁博也在同一年去世，尽管他和米开朗琪罗因为《最后的审判》而闹翻，但在那之前他们的友谊维系了多年。第二年，他的弟弟焦万·西莫内去世了。在那几年中，米开朗琪罗两度身患重病，并一直忍受着肾结石带来的病痛。他在信中哀叹自己的衰老和苦难，很自然地，他开始谈论他自己的死亡，安排各类事项，并开始做起善事。

规模大大缩小的尤利乌斯二世之墓终于在1545年完工，这肯定会让米开朗琪罗如释重负。然而，1547年，他又被指派了另一项劳心费时的工作，那就是负责设计圣彼得大教堂 (Basilica of St.Peter's)[1]。他把这项工作当作对上帝的供奉，拒绝接受任何报酬。尤利乌斯二世在任期间，这座大教堂就不断重建，米开朗琪罗的敌手布拉曼特和拉斐尔都曾经参与到重建工程之中。米开朗琪罗推翻了许多之前的提案，尤其是小安托尼奥·达·圣加洛 (Antonio da Sangallo the younger) 的方案，他在1547年的一封信中说道，如果按照圣加洛的设计来，那么最后只能得到一座阴暗的危房。

圣加洛的支持者和米开朗琪罗的反对者并不赞成这些改变，以至教皇保罗三世不得不公开任命米开朗琪罗为圣彼得大教堂的首席建筑师，拥有全部的设计权。米开朗琪罗重新设计并翻修了这座建筑，为它，尤其是为了那巨大的圆顶，奉献了17年的光阴，在此期间关于建筑并非自己专长的抱怨一刻也没有停止过。但是，在米开朗琪罗死后，教皇的命令也没能改变大教堂再次被改建的命运。

1　这之前他设计了罗马的卡比托利欧广场（Campidoglio）。

1547年，米开朗琪罗得知科西莫·德·美第奇签署了一份针对流亡在罗马的反美第奇的佛罗伦萨人的法令。他曾经在1544年和1545年生过两场大病，路易吉·德尔·里乔当时在斯特罗齐家族名下的房子中照顾他，而众所周知，斯特罗齐家族是反对美第奇的。米开朗琪罗不得不费力解释说，他是住在里乔家里，而非斯特罗齐家，并且谎称他和这些流亡者没有任何关系。

同时，身为单身汉的米开朗琪罗却张罗起李奥纳多的婚事，并且要给他和新娘找一处新房。尽管他说自己对婚姻的了解不多，还是不断地提出建议。李奥纳多花了六年，写了数十封信，其间不计其数的年轻女性找上门来又被拒绝，最后终于找到了合适的伴侣。

毫无疑问，米开朗琪罗这么做是为他侄子的幸福着想，但同时也是为了家族的延续，毕竟他为了提升"博纳罗蒂"这个姓氏的地位付出了无数心血。然而，他的这些努力只是多此一举，仅是米开朗琪罗一人，就足以让"博纳罗蒂"的姓氏流传千古。

✠

把过去还来
Tornami al tempo

（为维多利亚·科隆纳逝世而作）

把过去还来，当缰绳还未收紧
欲望盲目而自由
把那张面孔还来，她曾经圣洁而平静
如今却与美德一起被埋葬

我踟蹰的步伐
因积了年岁而沉重缓慢
把湍流和烈火还来我的心房
如果你[1]还想再一次蚕食我

但是，爱！若你只能
靠眼泪的甘露存活
就别在一个老人身上期望太多

因为我即将往生的灵魂
将躲过你的利箭
而火焰对枯朽的木头也无计可施

✠

写于罗马[2]

巴尔托洛梅奥先生，我亲爱的朋友，不可否认布拉曼特是位技术高超的建筑师，放在任何时代都是一流水平。他为圣彼得大教堂所做的最初设计简洁明了，光线充足，且不会与周边建筑相接，不至于影响到皇宫。这是个好设计，任何想要背离布拉曼特的想法的设计师都会走入歧途，就像圣加洛那样。不管是谁，只要用毫无偏见的眼光去看他的设计，都会得出同样的结论。首先，圣加洛设计的大教堂的外围把布拉曼特方案里的自然光完全排除在外，不仅如此，他还没有提供任何新的光源，教堂上上下下有不少阴暗的角落，简直足给不法行为提供了最好的场所，比如说藏匿罪犯、制造假币、侵犯修女，等等。到了晚上要关闭教堂的时候，起码需要25个人来确定没有人逗留在里面，即使这样也并

---

1 "你" 指爱情，参见 James M. Saslow, *The Poetry of Michelangelo*。——译者注
2 1547 年 1 月，致罗马的巴尔托洛梅奥·阿马纳蒂先生（Bartolomeo Ammanati）或巴尔托洛梅奥·菲拉蒂尼先生（Bartolomeo Ferratini）。

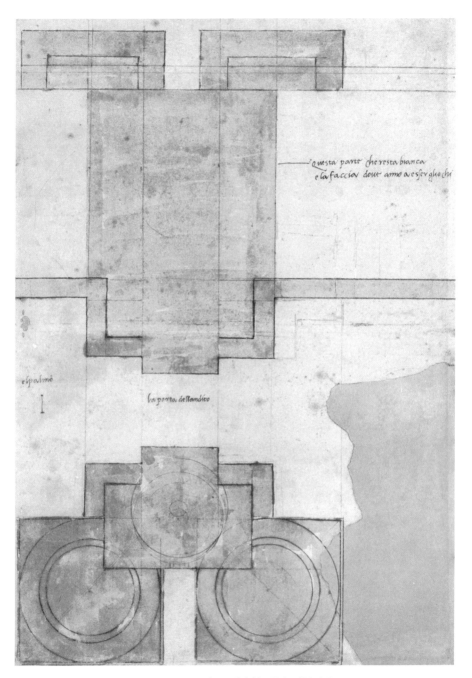

圣彼得大教堂的圆顶鼓座平面图，1546—1547 年。黑色色粉，墨水，棕色水彩

非易事。除此之外，在布拉曼特的方案上加上这圈外墙就必须拆除保禄小教堂、皮翁博的办公室以及很多其他建筑。我认为甚至西斯廷小教堂都很难幸免。听说已经建好的那部分外墙花了十万库朗，这不太可能，一万六千库朗就足够了。就算把它拆了，我们也没什么损失，因为为之准备的石料和地基都可以另作他用，而要想把现在的工程继续完成起码要花上二十万库朗和三百年时间。这就是我的意见，没有任何主观偏见，因为要终止这项工程对我来说完全没有好处。我希望你能传话给教皇[1]，让他知道我的想法，我觉得我直接写信给他不太妥当。

– 你的米开朗琪罗

另，如果按照圣加洛的方案建造，之后的事情还会更糟。希望我有生之年的成果不会毁于一旦，因为那将成为遗臭万年的笑话。

– 米开朗琪罗·博纳罗蒂，于罗马

✠
写于罗马，1547年3月26日
[致佛罗伦萨的李奥纳多·迪·波纳罗多·西莫尼]

李奥纳多，我收到了通知，得知我交给阿尔多维第的钱，已经由卡波尼交到了你手里。我很惊讶吉斯蒙多没有和你一起去取这笔钱以及上次我寄给你的钱，因为这些钱是给你的，也是给他们的。你写信给我，说感谢我为你做的一切，事实上你应该说的是，"我们感谢你为我们做的一切"。这笔钱的使用条件和上次商店那笔钱一样：除非取得我的兄弟们的同意，否则你不能动这笔钱。我已经给他们写信商量过买房子的事了，因为等你结婚的时候，你现在住的这

1　指保罗三世。

间房子就不够大了。如果没找到合适的房子，你可以把你在吉贝利纳街（Via Ghibellina）的房子扩建一下，把阳台往街角方向延伸，到路边的位置，然后把边上的小房子买下来。不过，如果你能找到合适的房子，那是再好不过了。我会给你寄钱。至于你的婚事，有人向我推荐了一些人选，有的合适，有的不合适。我猜大概也有人找你谈论此事，如果你有任何意向，告诉我，如果你已经有了心上人，也要告诉我，我会给你我的建议。就说这么多。

– 米开朗琪罗·博纳罗蒂，于罗马

墨丘利或阿波罗的素描及其他，1500—1502 年。
棕色墨水，黑色色粉的痕迹

✠
写于罗马,1547年[1]

尊贵的卢卡先生,巴尔托洛梅奥·贝蒂尼已经把您的信交给了我,随信附上的
书中有对我的十四行诗的评论。评论里提到的那些诗是我写的不假,但是对于
这些诗的评价实在是过誉了。我并非自谦,而是基于其他人的客观意见,尤其
是多纳托·詹诺蒂(Donato Gianotti),他一直是我的忠实读者。他也向您问好。
至于那些诗歌,我当然非常清楚其真实价值,尽管如此,如此华美有见地的评
价还是让我感到飘飘然。从作者对我的评论看来,显然他把我想得过于伟大,
因此我恳求您将我的这些话转达给他,以表达我对他的厚爱与慷慨的感激。我
请您代我转告他,因为我知道自己的才能远远不够,而且一个珍惜声誉的人更
要谨慎行事,因此低调才是最安全的。我已经老了,死亡已经提前夺走了我年
轻时的才思。不懂衰老为何物的人只能耐心等待,直到那一刻到来,在那之前,
谁都不会明白衰老到底意味着什么。正如之前说的,请代我向瓦尔基(Varchi)
问好,代我表达我对他的敬仰之情,告诉他我随时愿意为他效劳。

您的仆人
−米开朗琪罗·博纳罗蒂,于罗马

✠
每当我的偶像
Ognor che l'idol mio

每当我的偶像
显现于我那脆弱而坚强的心灵

---

1 3月,致卢卡·马蒂尼先生。

死亡立刻降临，将我与她的灵魂分开
用恐惧将她越逐越远

但这艰难，为我的灵魂
带来更大的欢乐
而爱神，用伶牙俐齿
为自己辩护：

若凡人只能降生一次
也只能死亡一次
何不在死前与我同在？

那燃烧的爱让灵魂
自由飞翔
如真金淬炼自火焰

✠

写于罗马，1547年[1]
[致贝内迪托·瓦尔基 (Benedetto Varchi) 先生]

贝内迪托先生，我收到了您的书，尽管我对文学一窍不通，但还是要斗胆就您提出的问题做出回复。照我看来，呈现出浮雕一般效果的绘画其比例一定是非常完美的，但是犹如绘画般的浮雕其比例必定不佳。我曾认为雕像是绘画的指路灯，二者之间的区别犹如日月。但是现在我读了您的书，看到了您作为哲学家做出的论断：如果两个事物的目的相同，那么它们的本质也是相同的。这改变了我之前的想法，我意识到绘画和雕刻其实并无区别，除非更加敏锐的判断、

---

1 3月。

左图 | 大卫 – 阿波罗，c.1530年。大理石

右图 | 圣马太，c.1505 年。 大理石

更高超的技艺、更严格的限制和更刻苦的工作让其中一项提升到更高的水平。若这是真的，那么画家就不应该重绘画而轻雕像；雕刻家也不应该重雕像而轻绘画。我这里提到的雕像指的是由石块中雕刻而成的雕像，至于那种用材料堆砌出来的塑像则更像绘画。我要说的就是这个，绘画和雕像出自一家，我们要在它们之间寻求和谐，而非继续把我们创作的时间浪费在无谓的舌战上。至于那位声称绘画比雕像更加高贵的先生，说得就好像他对雕像也是了如指掌一般，但其实我的助手都比他知道得多！我还有许多话要说，但是正如我之前提到的，这需要太多时间，而我已行将就木，没有那么多时间来一一写明了。我就此搁笔，希望您能谅解。向您问好，并从心底感谢您为我带来的荣耀——这份错爱让我自惭形秽。

–您的米开朗琪罗·博纳罗蒂，于罗马

✠

铁匠用火制伏钢铁
Non più ch''l foco il fabbro

（疑为托马索·德·卡瓦列里而作）

铁匠只有用火才能制伏钢铁
造出构思的形象[1]
艺术家只有用火才能锻造金子
达成至纯的色调

凤凰只有经过火的洗礼
才能重生：如果燃烧着死去
我将重获更好的生命
因为死亡正是新生

火焰是我最大的欢乐
它在我垂死之际
给予我重生与向上的力量

既然火焰注定会上升
而我正身着烈焰
我必将踏上去往天堂的旅程

1　构思 (concetto) 是米开朗琪罗艺术理论中的中心概念，理念之美需要通过构思来寻找到具体的表达方式。参见 James M. Saslow, *The Poetry of Michelangelo*。——译者注

✠

写于罗马，1547年4月29日

[致佛罗伦萨的李奥纳多·迪·博纳罗托·西莫尼]

李奥纳多，我并不看好马尔泰利大街 (Via de'Martelli) 的那栋房子，因为那不是我们这种人应该住的地方。羊毛工会在塞尔维大街 (Via de' Servi) 上的房子还不错，如果房间够用，其他各方面也合适的话，你可以考虑买下来，不过首先要记得确认房子的所有权没有什么问题。告诉我你还需要多少钱，我会立刻寄给你。但是小心不要被骗了，因为一旦你想买房子的消息走漏出来，很多无赖都会找上门来。我认为你应该先实地看看，也就是说，在问价钱之前，先把这块房产仔细调查一遍。如果你觉得价格太高，就把这块宝地让给别人吧，毕竟钱不是那么容易赚的。当然，就像我之前说的，我会寄给你你需要的金额，好让你自由选择理想的住所。我就说这么多。告诉我这件事的进展。

4月29日

另，关于买房子的事，我并非要你斤斤计较，只是希望你不要被别人漫天要价。

–米开朗琪罗·博纳罗蒂，于罗马

✠

写丁罗马，1547年7月30日

[致佛罗伦萨的李奥纳多·迪·博纳罗托·西莫尼]

李奥纳多，你在上封信里告诉我买房子的进展，提到乔瓦尼·科尔西 (Giovanni Corsi) 去世了，而你不知道他的继承人们打算怎么处置房产。你还说你觉得扎诺比·布翁德尔蒙特 (Zanobi Buondelmonte) 的房子可能会出售。和科尔西的房子比起来，我认为他的房子更加合适。不过，不论选择哪栋房子，只要房子保养得好，不会给投资造成什么隐患，我们就不要因为区区100个库朗的差别而犹豫不决。我们应该尽快决定，如果你想娶老婆，就应该在我死之前娶进门，不要等到我进坟墓之后才行动。不论买哪栋房子，现在的钱都还不够，所以下周我可能会再寄些钱给你。你还在信里提到了想做一件善事，你可以从我寄给你的钱里拨出一些，送给那位需要帮助的夫人。就说这么多。代我向圭恰迪诺和弗朗切丝卡问好。也向焦万·弗朗切斯科[1]问好，请他原谅我没能好好履行自己的义务。我现在被太多事情困扰了。

–米开朗琪罗，于罗马

另，我希望你去找焦万·弗朗切斯科先生问一下圣母百花大教堂圆顶的高度，包括从地面到圆顶基座的高度以及包含圆顶在内的高度，然后把这些数据告诉我。用三分之一布拉恰的纸给我画一个示意图。

✠
写于罗马，1547年9月3日
[致佛罗伦萨的李奥纳多·迪·博纳罗托·西莫尼]

李奥纳多，我收到了你的信，还有我通过贝蒂诺汇给你的那550个金库朗的收据。你说出于对上帝的爱，你会给那位夫人4个库朗，对此我感到非常高兴。至于剩下的钱，我希望你再施舍出去一些，凑成50个金库朗，这一方面是为了你的父亲博纳罗托的灵魂，同时也是为了我自己的灵魂。到处打听一下，看看

1　即法图奇。

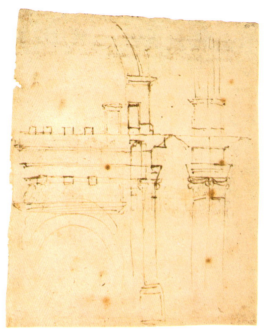

圣母百花大教堂草图，c.1516 年。墨水

有没有佛罗伦萨人需要钱来嫁女儿或者想把女儿送进修道院的，把钱给他们。但是要秘密进行，同时小心别被骗了。让对方写张收据，然后寄给我。我之所以说要秘密进行，是因为有些人觉得受别人施舍是可耻的。至于你的婚事，我再说一遍，我没有任何偏好，因为我已经离开佛罗伦萨太久，不了解那里的情况了，你必须自己做决定。但是当你找到合适的人选时，我希望你能够告诉我。

你给我寄了个黄铜做的测量仪，就好像我是一个石匠或木匠，想要扛着它到处跑似的。把那个东西放在家里我都觉得丢人，我已经把它扔了。

弗朗切丝卡给我写信，说她身体不太舒服，因为她还要照顾四个孩子，所以很担心自己的身体状况。她很明白我也是病痛缠身，因此，也没办法帮她什么。我敢肯定我自己要忧虑的事情比她多，除此之外，我年老力衰，也无暇照顾自己的亲戚。尽管如此，还是代我劝告她，让她保持耐心，并且代我向圭恰迪尼问好。

我建议你把我寄给你的钱用在一些可靠的投资上，比如说地产或其他类似的资产，因为把钱留在身边是很危险的，尤其是现在这段时间。睁大你的眼睛，即使是睡觉的时候也要保持警惕。

–米开朗琪罗·博纳罗蒂，于罗马

✠

写于罗马，1547 年 10 月 15 日
[致佛罗伦萨的李奥纳多·迪·博纳罗托·西莫尼]

李奥纳多，你在信里说，我们不用着急买下科尔西的房子，因为房子还没建好，我们应该把钱用来投资商店，因为你已经找到了合伙人。我的意见是，因为这房子的外墙造得很好，还不需要贷款，我们应该买下来，把钱用在这上面。至于内部装修，我们可以买下后慢慢来。买了房子之后，我们可能还会剩下一些钱，足够你和别人合伙开商店了，尽管我不认为现在是做出这种高风险举动的合适时机。在佛罗伦萨，我还没听说有人不是通过投资地产来发家致富的。不过决定权在你手上，不要顾虑别人，自己考虑清楚。至于做慈善的事情，我觉得你太欠考虑，如果你不愿意为了你父亲的灵魂把我的钱布施出去，那你自己又愿意拿出多少钱来呢？代我向弗朗切斯科先生[1]问好并表示感谢，关于你的婚事，告诉他我在等一个朋友来罗马，他有三四个新娘人选要介绍给我。我会告诉弗朗切斯科先生具体情况，我们来看看是否有合适的。

–米开朗琪罗·博纳罗蒂，于罗马

1　即法图奇。

✠

没有言语可以形容他
Quante dirne si de'

(关于但丁，为多纳托·詹诺蒂而作)

没有言语可以形容他
他耀眼的光芒令观者目盲
谴责那些低估他的人很容易
而给他公正的评价则很难

他探索痛苦的荒漠
用韵律引导我们的灵魂
天堂敞开大门欢迎他的脚印
但他的家乡却背弃了他

在千万真相中只有一个幸存：
命运对他最为不公
能与他比肩的人从未诞生

✠

写于罗马，1547年10月22日
[致佛罗伦萨的李奥纳多·迪·博纳罗托·西莫尼]

李奥纳多，从你的信里得知驱逐令的消息之后我很高兴，虽然之前我一直在竭力避免与流亡者[1]产生直接接触，但难免还是为此感到提心吊胆。当我在斯特罗齐的房子里养病的时候，我并没有觉得是在他们家里，因为我当时住的是路易

1　指来自佛罗伦萨的流亡者。

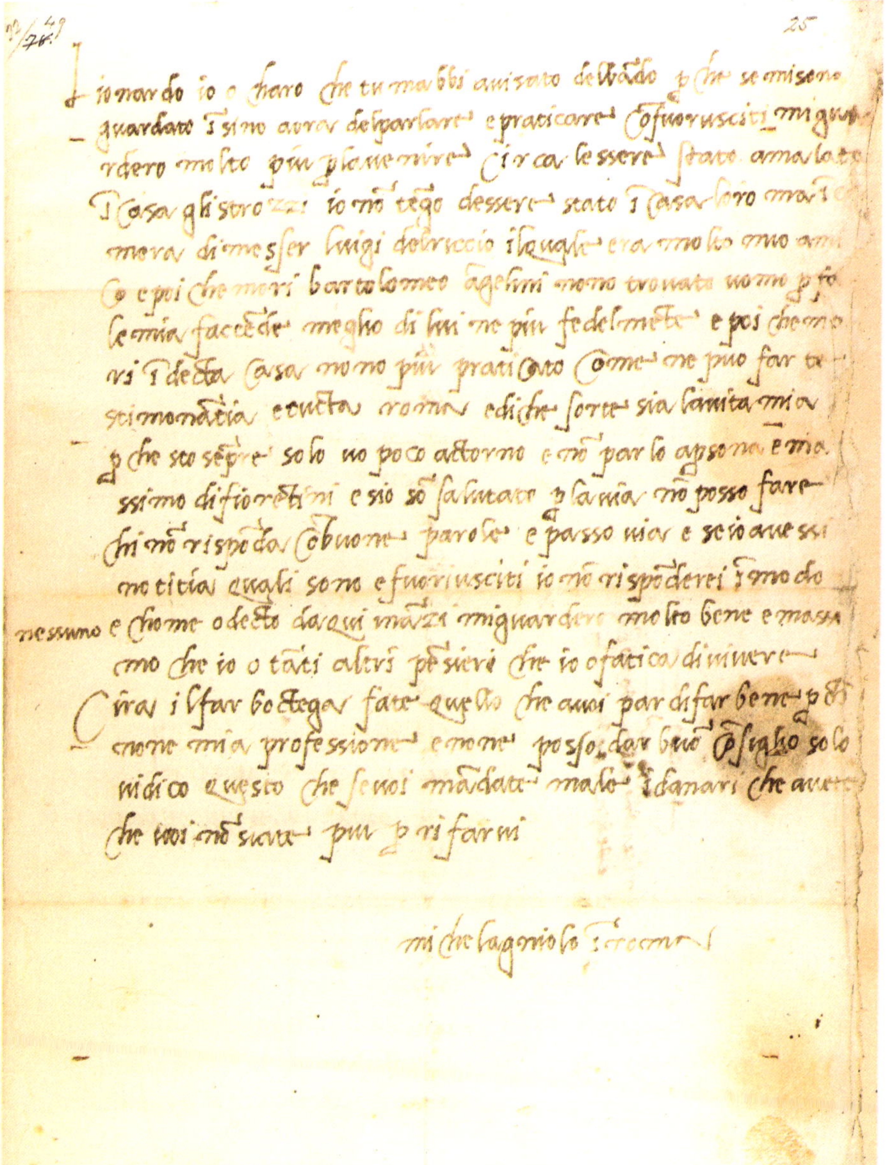

致侄子李奥纳多的信，1547 年 10 月 22 日

吉·德尔·里乔先生的房间，而他是我的挚友。自从巴尔托洛梅奥·安杰利尼去世之后，再没有比他更关心我，也更加真诚的人了。他去世后，我和那所房子再没有任何关系，所有罗马人都能为此做证，他们也知道我的为人：我一向低调，从不跟别人说闲话，尤其是佛罗萨人。如果街上有人向我打招呼，我除了一句简单的问候，不会说其他的。如果我知道碰到的人中有流亡者，我会一言不发，直接走过去。正如我之前说过的，我倾向于独善其身，尤其是在已经自顾不暇的时候。

至于开商店的事情，就照你想的去做吧，因为这不是我的本行，我也无法给你很好的建议。我只是要提醒你，如果你把手头的钱白白浪费，就别指望能赚回来。

– 米开朗琪罗，于罗马

✠

罗马，1547年11月12日
［致佛罗伦萨的李奥纳多·迪·博纳罗托·西莫尼］

李奥纳多，我之前就你的婚事给你写过信，告诉你别人向我推荐了三个女孩。一个是阿拉曼诺·德·美第奇（Alamanno de' Medici）的女儿，第二个是多梅尼科·圭尼（Domenico Gugni）的女儿，第三个是凯鲁宾·福尔蒂尼（Cherubin Fortini）的女儿。我不认识她们，所以也不知道她们孰优孰劣，更无法建议你从中选择哪一个。但是如果米凯莱·圭恰迪尼愿意跑一趟，我们可以请他打听一下她们是什么样的人，然后告诉我们。让他看在我的面子上打听一下，也代我向他问好。至于买房子的事情，我认为你应该在结婚之前就安排妥当，因为你现在的房子不够大。如果你打算给我写信说这件事，或者说你想知道我的看法，那就把信写得明白一些。焦万·弗朗切斯科先生[1]阅历丰富，也许可以在这些事情上给你些建议。代我向他问好。但是最重要的是，一定要寻求上帝的旨意，因为这是人生中的关键一步。我要提醒你，夫妻的年龄至少要相差十岁，你的妻子一定要身体健康，心地善良。我就说到这里。

– 米开朗琪罗，于罗马

✠

写于罗马，1547年12月3日
[致佛罗伦萨的李奥纳多·迪·博纳罗托·西莫尼]

李奥纳多，大约一年前，我得到了一份名为《佛罗伦萨编年史》(*Florentine Chronicle*) 的手稿，在当中我发现两百多年前，如果我没记错的话，有一个叫作博纳罗蒂·西莫尼的人曾是佛罗伦萨的领主，他之后是西莫内·博纳罗蒂，后来是米凯莱·迪·博纳罗托，再后来是弗朗切斯科·博纳罗蒂。我在书中没有找到另一个领主李奥纳多，也没有找到我们的祖父洛多维科，因为这本书里没有记录更晚的事情。所以我觉得你应该把自己的签名改成"李奥纳多·迪·博纳罗托·博纳罗蒂·西莫尼"。我还没办法就你在信里写的其余事项做出回复，因为你提到的事情我还没搞清楚，房子的事情也是一样。

– 米开朗琪罗，于罗马

---

1 即法图奇。

✠

写于罗马，1547年12月17日
[致佛罗伦萨的李奥纳多·迪·博纳罗托·西莫尼]

李奥纳多，你在信里告诉我塞提涅亚诺的一块地产惹上了官司，你希望我可以给你寄一份授权书，以便你能够出庭辩护。我随信附上了授权书，另外我还打算给你寄去一套我委托乔瓦尼·达·罗梅纳 (Giovanni da Romena) 用正确的格式抄写的合同，为这个我花了18个杜卡特。那块地产的合同就在这些合同里面，我同时还会寄给你其他的合同、批准文书以及相关文件，我所有的财产都在这里面了。因此，我希望你能找到一个值得信赖的信差，来罗马找我，我会把所有的文件都交给他，加起来大概有20磅重。你要和他谈一下价钱，只要他能安全地送到包裹，就不要为了一点儿小钱和他计较。告诉他，当他把你的信件给我，确认你收到了包裹的时候，我还会再给他一些小小的报酬。关于商店的事，圭恰迪尼写信给我说你请求成为他的合伙人，而你却说是他请求你和他合伙的。真相怎样并不重要，只要你们彼此能够达成共识，因为我们的朋友并不多，不能闹得内部不和。至于我们的姓氏，我会在原来的姓氏中再加上"西莫内"，觉得这个姓氏太长不好读的人大可置之不理。

✠

写于罗马，1548年[1]
[致佛罗伦萨的李奥纳多·迪·博纳罗托·西莫尼]

李奥纳多，一个自称是洛伦佐·德尔·乔内 (Lorenzo del Cione) 之子的人带着一封你写给我的信来找我，说他是你的信使，让我把之前提到的要给你的合

1　1月6日。

同交给他。我不认识这个人，尽管我疑虑重重，但是我相信他是你派来的，还是把合同交给了他。你收到包裹之后，要派同一个信使给我送一封信，然后我会像之前说的那样，给他一些报酬。我把文书放在了一个盒子里，盖了两层防水布，如此一来文书就不会被雨水打湿了。我就说到这里。我不知道今天的日期，但是我知道今天是主显节[1]。

在我寄给你的合同之中，还有一封来自亚历山德罗·达·卡诺萨公爵（Conte Alessandro da Canossa）的信件，是我今天在家里找到的。他曾在罗马接见过我并且待我如亲生兄弟。保管好这封信。

–米开朗琪罗·博纳罗蒂，于罗马

✠

写于罗马，1548年1月16日
[致佛罗伦萨的李奥纳多·迪·博纳罗托·西莫尼]

李奥纳多，你在上一封信里告诉了我焦万·西莫内的死讯。我感到了莫大的悲伤，虽然我已经老了，但我还是希望在他或我死之前，我们能见上最后一面。不过上帝自有他的安排。唉！请告诉我他是怎么去世的，他是否忏悔了，是否受了圣礼。如果我知道他是完成了所有仪式才去世的，我会觉得稍微好受一些。

我让你请骡夫来取的那些文件和合同，已经交给那个带着你的信来找我的人了——如果没记错的话，我是在主显节给他的，因为我记得这件事大概发生在十天前。我把一个包着防水布的大盒子系好绳子，包得严严实实的，然后交给

1　主显节为每年的1月6日，不同的教派有不同的日期或庆祝方式。这是基督教的重要节日，纪念耶稣基督在降生后首次在外邦人（指东方三贤士）前显现。——译者注

防御工事的草图与人像素描，c.1528—1529 年。红色色粉，黑色色粉，墨水，棕色水彩

了他。请确认你收到了东西，然后告诉我，因为这些文件非常重要。我不能继续写下去了，因为我收到你这封信的时候已经很晚了，没有时间写太多。代我向圭恰迪诺、弗朗切丝卡还有焦万·弗朗切斯科先生[1]问好。

−米开朗琪罗·博纳罗蒂，于罗马

1　即法图奇。

✠

若靠近火苗

Qual maraviglia è

(写于维多利亚·科隆纳去世之际)

若仅仅因为靠近火苗，我便引火烧身
即使烈焰已经熄灭，黯然无光
那么，这将是多么壮烈的景象
若我在火中燃烧，一点点化作灰烬

当它仍然猛烈燃烧时
那光明让我不再悲叹
仅是一望便能让快乐流淌
死亡与痛苦显得不堪一击

而如今，天堂将我的火焰夺走
那曾经燃烧着滋养着我的火焰已经不在
我成了在灰烬边苟延残喘的煤炭

除非爱提供新鲜的木料
我将不复燃烧
转眼化为余烬！

✠

写于罗马，1548年1月28日

[致佛罗伦萨的李奥纳多·迪·博纳罗托·西莫尼]

李奥纳多，你在信中说你已经收到了装着合同的盒子，而且时机刚好，我之前
就料想到你会需要这些文件。至于科尔西的房子，我认为应该尽量多拖延一段

时间，以确保我们不会上当受骗。你不用把合伙契约的副本寄给我，因为我对这些也不太了解。如果你好好工作，收益会是你自己的。

至于焦万·西莫内的后事，根据你在信里的描述，你们处理得非常轻率，因为你没有告诉我任何细节，也没有告诉我他留下了什么。我要提醒你，他是我的兄弟，我为他哀悼，希望能像对待我父亲的亡灵一样对待他的灵魂，这是很自然的事情。你要对自己拥有的一切感恩，因为当你降临到这个世上的时候，根本一无所有。吉斯蒙多竟然没有给我写信，我觉得很奇怪，因为这件事对他和我一样关系重大，而对你而言，就没有这么重要了。

－米开朗琪罗， 于罗马

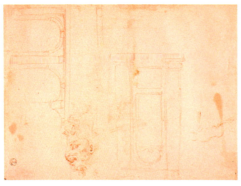

上图 | 人像素描，1501—1505 年。棕色墨水，红色色粉，黑色墨水

下图 | 建筑草图，法翁（Faun）头部及裸体人像的素描，1501—1505年。棕色墨水，红色色粉，黑色色粉

✠

写于罗马，1548年2月4日
[致佛罗伦萨的李奥纳多·迪·博纳罗托·西莫尼]

李奥纳多，我寄出给你的信之后，收到了你的一封信，你在信里列出了焦万·西莫内的财产清单。后来我又收到你的一封信，告诉我他是怎么去世的。他留下了什么，你本来可以是第一个告诉我的人，但我却是先从别人口中得知的，这让我怒不可遏。你说尽管他没能接受完整的圣礼就死去了，但死时满怀忏悔。如果真是如此，那么他的灵魂应该可以安息了。至于他的遗产，因为他没有立下遗嘱，吉斯蒙多自然是第一继承人，同时，我也希望你可以尽你所能为他做一些事情。不要在花费上太过节省，事后我都会补偿给你。我给你寄的合同和文件，你要仔细看一看，因为它们可能对你还有其他用处。至于科尔西的房子，我认为你应该坚持之前的报价，因为如果他们真的有意出售，而且事情就如你描述的那样，他们在短时间内应该找不到更高的报价。就说这么多。

－米开朗琪罗·博纳罗蒂，于罗马

✠

写于罗马，1548年4月7日
[致佛罗伦萨的李奥纳多·迪·博纳罗托·西莫尼]

李奥纳多，我没能早点儿回复你的来信，因为我确实没有时间。你说最好等到夏天结束再考虑结婚的事情，如果你这么认为，我也没有意见。你还说为了你父亲，你打算去一趟洛雷托 (Loreto)，如果这是为了履行诺言，那么你一定得去，不惜一切代价。但是如果只是为了安抚他的亡灵，我建议你还是把路费省下来，以上帝之名救济他人。因为如果你把钱交给牧师，上帝会指引他们做何用途。更何况你正在准备开商店，现在把时间浪费在其他事上，我觉得也不是个明智的选择。如果你希望生意兴隆，就必须有努力工作的决心，把一切玩乐的心思都收起来。我就说这么多。至于科尔西的房子，你最好多告诉我一些你听到的信息。代我向牧师、圭恰迪诺和弗朗切丝卡问好。

1548年4月7日

－米开朗琪罗，于罗马

✠
写于罗马，1548年5月2日
[致佛罗伦萨的李奥纳多·迪·博纳罗托·西莫尼]

李奥纳多，我收到了一小桶梨子，总共86个。我把其中33个送给了教皇[1]，教皇对这个礼物很满意。至于那一小桶的奶酪，海关职员告诉我送东西的人是个骗子，他根本就没看到什么奶酪。如果我能在罗马找到这个人，我肯定会给他点儿教训，不是为了区区的奶酪，而是为了让他明白不要小看别人。我最近几天因为排尿困难受了不少苦，现在也没有完全康复，不过我已经好转一点儿了。我之所以要告诉你这些，是为了避免一些说闲话的人拿谎话骗你，让你担心。告诉牧师不要称呼我"雕刻家米开朗琪罗"，这里的人都叫我"米开朗琪罗·博纳罗蒂"。还要告诉他，如果一个佛罗伦萨人想找人画祭坛画，他最好还是找个画家。比起画家和雕刻家，我更像一个掌柜的。我已经服务了三代教皇，但我依然不忘为我父亲和兄弟的荣誉而兢兢业业地工作。我就说这么多。对那个女孩的看法，我写在4月30日的信里了。不要跟牧师提及我在这封信里谈到了他，我会假装没收到他的信。

－米开朗琪罗·博纳罗蒂，于罗马

---

1 指保罗三世。

以撒的牺牲，c.1535年。黑色色粉，
红色色粉，墨水

✠

写于罗马，1548年5月12日

[致佛罗伦萨的李奥纳多·迪·博纳罗托·西莫尼]

李奥纳多，关于圣卡特里娜的房子和地产，我已经写信说了很多次，告诉你在
买房子的事情上应该照你自己的意思行事，而且你要把方方面面都确认妥当，
避免以后惹上官司。我还要提醒你，我在买圣卡特里娜的地产的时候并没有
贷款，之后也没有。你现在买土地的时候也不要贷款，以免每年都得还一大笔
钱。你们应该把每一份地产都分清楚，小心管理。我就说这么多。代我谢谢焦

万·弗朗切斯科先生¹对我的帮助，尽管我请他帮忙的事情都是些无关紧要的事。你应该好好保管我给你寄的那些文件，因为它们非常重要。

1548年5月12日
–米开朗琪罗·博纳罗蒂，于罗马

✠

写于罗马，1548年6月
[致佛罗伦萨的李奥纳多·迪·博纳罗托·西莫尼]

李奥纳多，我收到了一车特雷比阿诺酒，这些酒很受欢迎。尽管如此，我还是要重申，除非我写信给你，并附上了买东西的钱，否则不要寄给我任何东西。此外，我很想听听商店的事情有什么进展。我就说这么多。代我向圭恰迪诺、弗朗切丝卡还有焦万·弗朗切斯科先生²问好。

–米开朗琪罗，于罗马

✠

写于罗马，1548年8月10日
[致佛罗伦萨的李奥纳多·迪·博纳罗托·西莫尼]

李奥纳多，你写信告诉我你在考虑位于普拉托附近的一块农场，价值1 300弗洛林³。如果这确实是项好的投资，我认为你应该尽你所能买下来，只要所有权

---

1 即法图奇。
2 即法图奇。
3 弗洛林（florin），货币单位，1弗洛林大约相当于6里拉，汇率随时间有所浮动。——译者注

方面没有问题，未来也不会惹上什么官司就行。但是要小心它的地理位置，确认它不会受到阿诺河洪水的影响。如果你听说在距离佛罗伦萨10到15英里远的范围内有大块地产出售，价格在3 000到4 000库朗之间，就告诉我，我想买下来作为自己的投资。因为我失去了一块房产，不得不再找一个可靠的收入来源，最好是佛罗伦萨附近的。如果你听说在这个价格范围内的合适的投资，就悄悄地告诉我。就说这么多。代我向家里的所有人以及焦万·弗朗切斯科[1]问好。

1548年8月10日
– 米开朗琪罗，于罗马

✠

用你的双眼
Veggio co' bei vostri occhi
（致托马索·德·卡瓦列里）

用你的双眼，我看到一束迷人的光
这本是我昏花的眼所看不见的
用你的双腿，我承受着沉重的负担
这本是我虚弱的足无法负担的

我虽无羽翼，却乘着你的双翼
由你的灵魂，我感到向天堂前行
因你的意志，我忽冷忽热
在阳光中结冻，在冰雪里燃烧

1　即法图奇。

你的意志是我的主人
我的思想在你心中获得生命
我的言语因你的呼吸而灵动

我无法独自发光
如同月亮
只有在太阳的照射下才能现身

✠
写于罗马[1]
［致圣彼得大教堂建设监督委员会］

我告诉巴尔杜齐奥，他给我们运来的石灰必须是最好的，这你们是知道的。如今，他给我寄来的是劣质的石灰，毫无疑问，我必须退回去，而且我认为，他很可能和那些收下了这批石灰的人是一伙儿的。对那些曾因类似行径被我辞退的人来说，这肯定是件快事；至于那些在我严令禁止之下依然收下了劣质材料的人，他们绝对是想巴结与我为敌的人。我觉得有人在背后算计我。信誓旦旦的承诺和小惠小利只会阻碍公正的道路。因此，我以教皇赐予的权力之名请求你们，不要接受任何不符合工程要求的材料，即使它来自天堂。我不会偏袒任何一方，也不希望别人认为我厚此薄彼。

–米开朗琪罗

1　1548 或 1549 年。

✠

写于罗马，1549年1月18日
[致佛罗伦萨的李奥纳多·迪·博纳罗托·西莫尼]

李奥纳多，根据你在信里的说法，我认为你提到的房子应该是达·加利亚诺 (da Gagliano) 的，他以前住在科科梅洛街 (Via del Cocomero)，房子位于通向圣马可的道路右侧，靠近圣尼科洛广场的一角。如果你说的是他的房子，那么我确实不太了解房子的具体情况。但是，你可以去看看，如果房子的状况不错，地点也合适，你可以买下来。但是在做决定之前，一定要确认房子的所有权是有法律效力的，同时也符合我们的身份。至于你的婚事，我听说我信里提到的女孩中有两个已经结婚了。你应该往好的方面想——她们注定不适合你。你应该听从上帝的安排，相信他会赐予你最佳伴侣。你要知道，我是个老人，随时可能撒手人寰。我只有一点儿小钱，虽然不多，但也不能虚掷，毕竟这都是我辛勤劳作的成果。而我存在佛罗伦萨新圣母医院的那笔钱还没想好怎么用，所以我一直在想，这笔钱存在那儿是否安全，在我生病或其他紧急情况下是否能随时支取。跟吉斯蒙多讨论一下，告诉我你们的看法。

后来我跟一个朋友讨论了一下达·加利亚诺的房子，他对那栋房子的评价很高。如果我们说的是同一栋房子的话，我建议你不惜一切代价买下来，只要房子的所有权清晰，不要拘泥于100库朗的小钱。告诉我你需要多少钱以及通过谁把这笔钱寄给你。我就说这么多。

–米开朗琪罗·博纳罗蒂， 于罗马
1549年1月18日

另，告诉焦万·弗朗切斯科先生[1]，上个月我可以起来活动了，但是还没有完全康复。不过我会去找贝蒂诺的，因为他比我更熟悉官廷里的事情，我们会尽力而为。我在罗马的朋友屈指可数，我也找不到任何可以帮上忙的人，如果我向一个人请求帮助，他必然会以千万倍向我索取。因此，我总是保持最低限度的人际交往。尽管如此，我还是会尽我所能。代我向他问好。

✠
写于罗马，1549年2月1日
［致佛罗伦萨的李奥纳多·迪·博纳罗托·西莫尼］

李奥纳多，我在上封信里给你寄了一份适婚年龄的女孩的名单，这是一个人从佛罗伦萨寄给我的，我猜想他应该是个中间人。这个人实在有些愚钝，否则他应该明白我在罗马生活了十六七年，对佛罗伦萨的各个家族一无所知。

不过，我再说一遍，如果你想结婚的话，不要指望我，因为我没法给你建议。但是我还是想说，你要考虑的不是嫁妆，而是高尚的品格和良好的声誉。

我相信佛罗伦萨肯定有很多高贵但贫穷的人家，和他们通婚而不要求嫁妆肯定会成为美谈，这样他们也不会摆架子。你需要的是一个能陪伴你、顺从你的贤妻，而非装腔作势、寻欢作乐的那种女孩。玩乐过度会让一个女人变成荡妇，尤其是没有亲戚在身边的情况下。如果有人说你是想通过婚姻来获得高贵的身份，你不应该在意，因为大家都知道我们在佛罗伦萨是个古老的世家，和其他人家一样体面。因此，向上帝祈祷，请求他赐予你理想的妻子。如果你找到了合适的女孩，在确定婚事之前把她的详细情况告诉我，那就再好不过了。

1　即法图奇。

至于你在信里提到的房子，我已经回信告诉过你，我听说那房子很不错，你应该尽快决定，不要因为100个杜卡特而犹豫不决。

你还提到蒙泰斯佩尔托利的一座农场，我回信说我不想买了，不是因为农场本身，而是出于其他原因。如果你发现其他合适的投资，能让我获得稳定的收入，一定要告诉我，如果没有问题，我就准备掏钱了。至于房子的事情，等你商量好价格，告诉我应该寄多少钱给你。要尽快，因为时间不等人。

至于新圣母医院的地产，我听说不合适，所以不用再考虑它了。

写于1549年2月1日

✝

写于罗马，1549年2月21日
[致佛罗伦萨的李奥纳多·迪·博纳罗托·西莫尼]

李奥纳多，关于你的婚事，我已经写信说了很多次，叫你不要相信任何声称是代我传话的人，除非他带着我的亲笔信。现在我再说一次，因为巴尔托洛梅奥·贝蒂想把他的侄女嫁给你，他已经劝了我一年多。我一直对他坦诚相待，但是没有给他任何承诺。他现在又通过我的一个朋友向我发起猛攻。我回复他说我很确定你已经找到了心仪的女孩，并且已经开始筹备婚事，我不愿意横加阻拦。我告诉你这些，是为了让你知道在类似的情况下怎么回复，我相信佛罗伦萨肯定会有很多巧舌如簧的人找上门来。不要被骗，尽管他们现在提出的条件很有吸引力，但将来你必然会后悔。巴尔托洛梅奥是个值得信赖的人，而且非常忠诚，但是他家和我们家的地位并不相称——你的姐姐可是嫁给了圭恰迪尼家的人。多说无益，因为我相信你已经知道，名誉比财富更加重要。就说到这里。代我向圭恰迪诺和弗朗切丝卡问好，告诉他们我希望他们能鼓起勇气，因为有很多人和他们一样在忍受着苦难，尤其是现在，品德越高尚的人，经受的磨难反而越多。

1549年2月21日

–米开朗琪罗·博纳罗蒂，于罗马

女性半身像，c.1525年。
棕色墨水，红色与黑色色粉

✠

遥不可及的火苗
Sento d'un foco

(为托马索·德·卡瓦列里而作)

遥不可及的火苗照亮了我冰冷的脸
火苗如冰，却点燃了我
两弯手臂钳制住我的身躯
柔弱，却力大无比

我看到一个灵魂，除了我没人知晓
它不朽，却让我死去
它自由，却禁锢住我的心灵
它伤害着我，自己却享受孤独的欢愉

如果说近朱者赤，近墨者黑
为何你美丽的脸
于我的作用却恰恰相反

也许，你的可爱确实会让我憔悴
就像太阳，射出万丈光芒
灼烧万物——却兀自冰冷

写于罗马，1549年3月[1]
[致佛罗伦萨的李奥纳多·迪·博纳罗托·西莫尼]

李奥纳多，我实在看不懂你的上一封信，就把它丢进火里烧了，所以也没法回复你了。我跟你说过很多次，每次收到你的信之后，我都要费尽心力才能明白你的意思。不要再给我写信了，如果你想告诉我什么事情，就找一个会写信的人，因为我还有很多事情要处理，没空绞尽脑汁解读你的信。焦万·弗朗切斯科先生托人传话给我，说你想来罗马住几天。这个消息让我很吃惊，因为你前一阵子刚写信告诉我说你开始跟别人合伙做生意，而现在，你却想丢下自己的生意不管了。你应该好好反省一下你是怎么把我给你的钱浪费掉的。吉斯蒙多也应该好好想一想，不是自己赚来的钱就不懂得珍惜，我看到过太多出身富贵的人随意挥霍，到老一贫如洗。好好睁大你的眼睛，同时好好想一想，体谅一下我这个老人的忧虑和不幸。最近，一个佛罗伦萨人向我提起吉诺里 (Ginori) 家的女孩，说有人已经在佛罗伦萨找你商量过了，你也很喜欢她。我不知道这消息是不是真的，我也不了解更多的信息，因此没法给出具体的建议。如果她的父亲只是因为拿不出嫁妆就把女儿嫁给你，我不希望你结下这门亲事。我希望你的岳父之所以把女儿嫁给你是因为看中你的品质，而非你的财产。我觉得应该由你来决定要不要女方的嫁妆，而不是因为家里没有钱，就把女儿嫁过来。你该考虑的是健康、美德和高贵的出身，还要观察她的性格和人际关系，这些才是最重要的。

就说这么多。代我向焦万·弗朗切斯科先生问好。

–米开朗琪罗·博纳罗蒂，于罗马

---

1 2日。

✠

写于罗马，1549年3月15日
[致佛罗伦萨的李奥纳多·迪·博纳罗托·西莫尼]

李奥纳多，上封信的内容，我不再重复了。我因为排尿困难受了不少苦，日夜困扰，难以入睡。医生认为我得的是尿结石。他们还没有最终确定，但是我正在接受这方面的治疗，据说治疗效果会很理想。尽管如此，在这个年纪得了这样的疑难杂症，我对结果并不是特别乐观。有人建议我去维泰博(Viterbo)的温泉疗养，但是我要到五月初才有可能去。同时，我在尽可能地把自己的日程安排得满一点儿，也许我运气好，病痛会慢慢减弱，或者可以找到有效的治疗方法。现在我格外需要上帝的帮助。让弗朗切丝卡为我祈祷，也告诉她如果她知道我的病痛，就会明白世上并非只有她一人遇到麻烦。关于其他方面，我和三十岁时的情况差不多。多年的不适和对健康的忽视，让这病找上了我。唉！也许在上帝的帮助下，结果会比我想象的好，如果事与愿违，我会告诉你的。除非我自己写信给你，否则不要听信别人的传言。如果我得的真的是结石，医生告诉我病情还处在初期，不算严重，因此治愈的希望很大。

如果你听说一些出身高贵的人家深陷贫困——我相信这种事情是存在的——就把他们的名字和处境告诉我，我会给你寄大约50个库朗的钱，好让你为了我的福祉去救济他们。这笔钱绝对不会影响到你将来继承的遗产，所以务必照我说的去做。

1549年3月15日
–米开朗琪罗·博纳罗蒂，于罗马

Lionardo quello che io ti scrissi p(er) la mia ultima non ho ch'a di replicar(e)
altrim(en)ti circa il male mio del no potere orinare io me sono stato
poi molto male murg(g)iato di e notte s(en)za dormire e s(en)za riposo
nessuno e p(er) quello che gudicano e medici di come che io o il mal della
pietra a(n)cora non so certo pure m'ito medicando p(er) detto male
e e mi data buona sper(an)za no dimeno p(er) essere io vechio eco
m(un)si crudelissimo male non o da prometermela io so co(n)sigla
to d'andare al bagnio di viterbo e no si puo prima che al prin cipio
di maggio e (i)n questo mezzo a d'altro te p(er)eggiando il meglio che potre
e forse a ro gratia che tal male no sara desso o di qual che buo
ri paro po o bisognio della i(n)to di dio po di alla fra(n)cesca che
me facci oratione e dighi che se la sapessi co(m)o sono stato
che la vedrebbe non esser s(en)za compagni nella miseria
io del resto della p(er)sona so quasi come di trenta e mi sopra
g(i)u(n)to questo male p(er) gra(n) disagi e p poco stimar la vita mia
patuerta forse a dera meglio ch(e) non m'estimo co la i(n)to di dio
e qua(n)do altrim(en)ti ta misero p(er)che voglio a co ciar(e) le cose ma
della anima e del corpo e a questo sara necessario che tu ci
sia e qua(n)do mi parra te(m)po te ne avisero e s(en)za le mia
lectere no ti muover p(er) parole d'i nessun altro se e pietra ori
di como i medici che ci sul prin cipio e che e pichola e p(er)o come e detto
mi da mo buona sper(an)za

Qua(n)do tu avessi notitia di qualche estrema miseria o qualche casa
nobile che credo che e venesia avisami e chi che p(er) sino i(n) ci(n)qua(n)
ta studi io tegli mandero che gli dias p(er) la mia mia questi mona
mo a dimi mir niente di quello che o ordinato las crare avu
go fatto a ogni modo A di 15 di marzo 1549

Michelagniolo buonarroti
J Roma

致侄子李奥纳多的信，1549 年 3 月 15 日

✠

写于罗马，1549年3月23日
[致佛罗伦萨的李奥纳多·迪·博纳罗托·西莫尼]

李奥纳多，我在上封信里提到因为结石而受到的折磨，得过这种病的人都知道有多么痛苦。他们给了我一种药水，喝了之后，在排尿的同时还会排出很多白色黏稠的物质，里面夹杂着石头碎屑。我现在感觉好多了，医生告诉我我很快就能彻底摆脱病痛。感谢上帝，也感谢为我祈祷的人们。我会告诉你我的康复情况。关于救济穷人的事情我就不再重复了，我知道你会竭尽全力去打听的。

这次生病让我意识到，我应该把精神和物质上的事情都安排妥当。我已经草拟了一份提纲，说明如何分配财产。如果我的身体条件允许的话，我会在下一封信里说明详情，你可以告诉我你的看法。但是，一定要确保送这些信件的信使值得信赖。就先说到这里。

1549年3月23日
–米开朗琪罗·博纳罗蒂，于罗马

✠

我的爱情
Ben può talor col mio
（疑为托马索·德·卡瓦列里而作）

有时我鼓起勇气
对我的爱情希望高涨
因为，若所有的爱都是背德的
上帝又将把这个世界带向何处？

除了追寻永远的安宁
没有任何更好的理由让我爱你
我期待所有神圣的快乐的源泉
安抚着我，用圣洁的火焰温暖我们的灵魂

随着美丽而消逝的爱
只会带来虚幻的希望
如同这爱所崇拜的脸庞，转瞬即逝

而纯真的内心则会拥有真挚的希望
不会随时间或死亡而消逝
在尘世放弃对天堂的向往

✠

写于罗马，1549年4月5日
［致佛罗伦萨的李奥纳多·迪·博纳罗托·西莫尼］

李奥纳多，上周我让乌尔比诺交给贝帝诺50个金库朗，你会在佛罗伦萨收到这笔钱。我估计你已经收到了，并且已经照着我说的，把钱给了切雷塔尼（Cerretani）或其他需要钱的人。告诉我你是怎么做的。至于我之前信里提到的需要安排妥当的问题，指的是因为自己年老体弱，应该立下一份遗嘱了。我的遗嘱大致如下：我把所有财产留给吉斯蒙多和你，但必须要满足一些条件，即我的兄弟吉斯蒙多和我的侄子，也就是你，会平分所有财产，并且动用财产之前必须要征得对方的同意。你请公证人用正确的格式起草好文件之后，我就会签字确认。

我的病情已经好多了。现在已经确认我得的是尿结石，但是并不严重。感谢上帝，多亏我之前喝的药水，病痛已经渐渐消退，我相信很快就能痊愈。但是尽管如此，考虑到我的年纪和其他种种因素，我还是希望可以尽快把资产转移到佛罗伦萨，这样一来我在需要的时候就有钱可用，将来你们也能用得上。所有财产加起来大约有 4 000 个库朗。我急于推进这件事，因为我马上要去温泉[1]疗养了，我希望在离开之前把这些事都安排好。你和吉斯蒙多商量一下，考虑好之后告诉我你们的看法，因为这件事对你我同样重要。关于你的婚事，今早一个朋友来找我，他建议你娶李奥纳多·吉诺里 (Lionardo Ginori) 的某个女儿，她们的母亲是索代里尼 (Soderini) 家的。因为受人所托，我才给你传话，但是除此之外，我一无所知，也没话可说。但是，你要好好考虑，不要顾虑钱财上的问题。等你想好之后，告诉我你的决定，好让我给我的朋友一个答复。

1549 年 4 月 5 日
–米开朗琪罗·博纳罗蒂，于罗马

另，我希望你能在结婚之前找到比现在的房子更宽敞的住处，我会及时给你寄钱，把事情安排妥当。我在信里提到吉诺里家的女孩，只是受人所托，并不是说你必须选她不可。正如我之前说的，在这件事上我完全尊重你的意见，只是不希望你顾虑金钱上的问题。好好考虑，一旦做出决定，就不要犹豫。

✠
写于罗马，1549 年 5 月 2 日
［致佛罗伦萨的李奥纳多·迪·博纳罗托·西莫尼］

李奥纳多，我再说一遍上一封信里说过的话，你去看看之前提到的基安蒂 (Chianti) 的农场，如果你满意，就不惜任何代价买下它，不要因为 50 个库朗

1　位于维泰博。

的差价而犹豫不决。这件事我全权交给你处理，也就是说，如果你觉得这是项合理的投资，就不要考虑价格，尽快买下来。告诉我你的决定，我好尽快把钱寄给你。

至于你的婚事，我受朋友之托跟你提到李奥纳多·吉诺里的一个女儿。你的回复让我想起上次我说过的话。我那么写，是因为我对那些显贵家庭的虚荣和浮华心存反感，也不愿意你沦为一个女人的工具。然而，如果你觉得这门亲事不错，我不会提出任何反对意见，毕竟我对佛罗伦萨人现在的情况一无所知。所

两个女性的素描，一个抱着孩子，c.1503 年。棕色墨水覆盖之前铅尖笔的绘画痕迹

以，如果你愿意接受这门亲事，就不要管我之前说的话，如果你不愿意，就不要再理这件事了。至于那个女孩，要看你自己满不满意，你满意的话我也就没有意见。你要坦白告诉我，因为我考虑的只是你的幸福，不会顾虑朋友的意见。至于我自己的病痛，被死神放弃之后，我已经大大好转，就像重获新生一般。就说到这里。你做好决定就给我答复，不要受他人意见的左右，要确认你的决定是符合自己心意的。

–米开朗琪罗·博纳罗蒂，于罗马

✠

写于罗马，1549年5月25日
[致佛罗伦萨的李奥纳多·迪·博纳罗托·西莫尼]

李奥纳多，你在上封信里告诉我你已经买下了基安蒂的农场，价格是2 300弗洛林，汇率是1弗洛林兑7里拉。如果农场真像你说的那么理想，那么你不在意价格的做法是正确的。我已经把用于支付首期款的500个金库朗交给了巴尔托洛梅奥·贝蒂尼，他会在佛罗伦萨把钱给你，下周六我会通过阿尔多维第给你另外500个金库朗。等乌尔比诺从老家回来之后，我会寄给你余下的钱——估计在十天之内。至于蒙泰斯佩尔托利的地产，如果它是一项合适的投资，并且买家也少，那就一定要买下来，不要考虑价格。我就说这么多。去取钱，然后告诉我你收到了钱。我在这封信里附上了取款的凭据。

1549年5月25日

✠

写于罗马，1549年6月8日
[致佛罗伦萨的李奥纳多·迪·博纳罗托·西莫尼]

蒙泰斯佩尔托利的地产，他们的要价比实际价值高了400个库朗，我觉得他们很不厚道。大概是因为你表现得太过着急，他们才会提价的。我不相信他们还有其他的买家，因为要价实在太高了。如果是50到100个库朗的差距，我不会如此在意。但这件事还是由你来决定，如果你认为应该买，那就买下它，因为我相信你的判断力。我还没写好授权书，因为辨认你信里的字迹实在太困难，每次我费劲儿读你的信时都会十分气恼。如果我能研究清楚你需要我做什么，我会在下周写好文书。我已经收到了特雷比阿诺酒，但是还没有收到你在信里提到的包裹。我的病情和之前比起来已经好太多了。这两个月来，我每天早晚都要喝一种特殊的水来治疗结石。那是取自罗马四十英里外的泉水。它治好了我的疾病，我已经可以顺畅地排尿了。我应该多存些水在家里，平时喝水烹饪只用它，我也该改变自己的生活方式了。

✠

写于罗马，1549年7月19日
[致佛罗伦萨的李奥纳多·迪·博纳罗托·西莫尼]

李奥纳多，我收到了你的信，里面写着买下基安蒂的地产时发生的所有开销。你不需要告诉我这些，因为如果像你说的那样各方面都合适，那么我的钱就没有浪费。至于你在信中提到的旁边的那块地产，我也回信说了，如果所有权没有问题，你应该把那块也买下来。蒙泰斯佩尔托利的地产最近似乎毫无进展。如果它还在出售的话，最好还是买下来。最近我收到了纺织匠的妻子寄来的信，向你介绍一个新娘的人选，她的父亲是卡波尼家族的，母亲是尼科利尼

(Niccolini) 家族的，她本人目前正在坎德里 (Candeli) 的修道院。她给我写了一封信，劝导我要为人正直、积极行善，她还说她曾恳求过你按照基督教徒的方式生活——我猜她会跟你说，是上帝指引她介绍这个女孩给你做妻子。我觉得她应该在纺纱织布中得到满足，而不是像这样四处劝人向善。看起来她是想成为第二个多梅尼卡修女，但是，不要太信任她。至于你结婚的事，这是早晚的事，我无法给你一个明确的建议，因为我对佛罗伦萨的人家一无所知，这你是知道的，而我也已经告诉你很多次了。所以你应该自己多留心这件事，并且向上帝祈祷，请他赐予你理想的配偶。等你找到合适的新娘人选，在你开始筹备婚礼之前，我很希望能先了解一下她的情况。就说到这里。

1549年7月19日
－米开朗琪罗，于罗马

✛

写于罗马，1550年2月[1]
[致佛罗伦萨的焦万·弗朗切斯科·法图奇先生，圣母百花大教堂的牧师，我最亲爱的朋友]

焦万·弗朗切斯科先生，我亲爱的朋友，尽管过去几个月里我们没有写信联系对方，但这不会让我忘却我们之间长久而真挚的友谊，这也不意味着我不再关心你，没有全心全意地对待你，忘记你曾经为我做的所有事情。我们都老了，衰老让我尝尽苦头，不知你是否有类似的苦恼。请给我写一封信吧。你知道我们现在有了一个新教皇[2]，你也认识他。整座罗马城都在庆祝，因为教皇生性慷慨，大家都期待他会造福众人，尤其是那些穷人。说到我的私事，不知你是否

---

1 16日。
2 即尤利乌斯三世。

愿意帮我一个大忙，看看李奥纳多怎么样，不要有顾虑，把实情告诉我。因为他是个毛头小伙子，自己孤身一人，又没有人在身边指点他，想到这些我就备感忧虑。还有一件事，托马索·德·卡瓦列里让我代他感谢瓦尔基，因为他在最近出版的一本书里对他和我都美言了一番。他把我过去写给他的一首十四行诗交给了我，让我把这首诗寄给瓦尔基，我随信附上这首诗，如果你觉得不错，就转交给瓦尔基，如果你觉得不好，就扔进火里烧了。我现在一直在和死神赛跑，还要处理其他的事务，但偶尔还是会从这些事里得到慰藉。我请你代我感谢瓦尔基先生，谢谢他在诗中对我的美誉，我随时愿意为他服务。

– **你的米开朗琪罗**，于罗马

✠

为了回到他所来的地方
Per ritornar là

（为托马索·德·卡瓦列里而作）

为了回到他所来的地方
你以不朽的形态来到尘世的监牢
如同慈悲的天使落入人间
为了安抚心灵，照亮万物

这让我在爱的愉悦中臣服
而非美丽的精致脸庞
拥有美德的人
只会选择不因时间而黯淡的爱

没有什么比自然的造物
更高贵而稀有

男性裸体人像、手臂素描，
c.1501—1502年。棕色墨水，
棕色水彩，尖笔

他们的诞生被天堂的祝福笼罩

上帝在最完美的人身上
显现他最高的旨意
我只爱他们，因为他们就是上帝的化身

✠

写于罗马，1550年3月1日
[致佛罗伦萨的李奥纳多·迪·博纳罗托·西莫尼]

李奥纳多，我给你写的上一封信，不是为了找你要开销的记录，而是说我知道你要花多少钱之后，才能告诉你我对基安蒂那块地的看法，因为我希望把我剩下的钱投资在每年都能有回报的地方。我已经筹备好用于支付那块地产的钱，你最好仔细调查一下，看看是否稳妥，如果觉得它是项不错的投资，就赶紧买下来。我会自己考虑自己的将来。

实话说，当初如果你能找到一项投资，每年都能保证有100个库朗的收入，我会毫不犹豫地买下来，现在我还是这么想的。但是正如我之前说的，这种好事很难遇到。

1550年3月1日
－米开朗琪罗，于罗马

✠

写于罗马，1550年6月21日
[致佛罗伦萨的李奥纳多·迪·博纳罗托·西莫尼]

李奥纳多，上周六我写信给你说，比起你寄给我的八件衬衣，我宁愿要几瓶特雷比亚诺酒。现在我收到了44瓶特雷比亚诺酒。我把6瓶送给了教皇[1]，又送了一些给朋友——因为我不喝酒，所以我几乎把所有酒都送人了。尽管我在信里是那么写的，但是你不需要给我寄任何东西。只要你做个正直的人，我就心满意足了。

–米开朗琪罗，于罗马

✠

写于罗马，1550年8月1日[2]

焦万·弗朗切斯科先生，亲爱的朋友，我需要给佛罗伦萨的画家乔尔乔[3]寄一封信，因此冒昧地劳烦你，希望你能把附上的信交给他，因为你是他的朋友。虽然我没有什么事情要跟你说，但是为了避免这封信显得太过唐突，我寄给你一些我写给佩斯卡拉的侯爵夫人[4]的诗歌，我们一直彼此爱慕，她的去世让我失去了一位挚友。就此搁笔。我一切如旧，与衰老平和相处。我希望你也是如此。

1550年8月1日

1　指尤利乌斯三世。
2　致佛罗伦萨的焦万·弗朗切斯科·法图奇先生。
3　即瓦萨里。
4　即维多利亚·科隆纳。

✠

完美的理念
Se ben concetto

(为维多利亚·科隆纳而作)

当完美的理念意欲显形
大脑与双手齐心协力
依据脆弱而卑微的原型
用艺术的力量，带给顽石生命

同样，画家在用画笔
和帆布创作之前
会在纸上描绘
并用智慧来评判

因此，虽然原型粗鄙
我却得到高贵的重生
夫人，因为你，万物之源

不足或是有余，你都善加利用
我被你驯服的炙热的心
何时才能结束苦修？

圣母领报，c.1547—1550 年。黑色色粉

✠

写于罗马，1550 年 8 月 1 日

[致乔尔乔·瓦萨里]

我亲爱的乔尔乔，关于蒙托里奥的圣彼得教堂，教皇[1]不愿为了它而费心，我也就没有写信给你，因为我知道你的手下会告诉你近况。

现在，我需要告诉你一些最新情况。昨天早上教皇去了蒙托里奥，并召见了我。在他回去之前，我们在桥上见了面。我们谈论了很久陵墓[2]的事情，最后他跟我

1　尤利乌斯三世。
2　教皇的叔叔与祖父的陵墓。

说，他决定把陵墓建在佛罗伦萨的教堂里，而非这里。他问我的意见如何，我表示同意，毕竟如此一来完成教堂的可能性就大大提高了。

我收到了你的三封信，信中对我的美誉，我无言以对。我要是有任何一点可以配得上这份称赞，那也是因为沾了你的光。但是我并不惊讶，因为你的力量可以让人死而复生，让人延年益寿，或者把无益的生命交托给死亡。简而言之，我是你忠实的仆人。

－米开朗琪罗·博纳罗蒂，于罗马
1550年8月1日

✠
画笔与调色板
Se con lo stile
(为乔尔乔·瓦萨里以及他的《意大利艺苑名人传》而作)

拿着画笔与调色板
你的艺术与自然媲美
不，你的艺术更胜一筹
因为它创造出高于自然的美

而如今你聪敏灵巧的双手
用笔墨与纸张进行着更有意义的创作
你创造生命，这让你得到
创造生命的力量

和自然一试高下的人们
都将屈服于她
因为万物都将走向死亡

但是，你重新点燃记忆
战胜时间与命运
你得到了生命的永恒

✠

写于罗马，1550年8月7日
[致佛罗伦萨的李奥纳多·迪·博纳罗托·西莫尼]

李奥纳多，收到特雷比亚诺酒和衬衣之后，我没有写信给你，但是现在我需要你帮我找两份由保罗教皇下令起草的教皇通谕，内容是关于向我允诺我在罗马为他服务期间的终生俸禄。

这两份通谕封着铅印，和其他文件一起放在之前寄给你的盒子里。你很容易就能找到。它们应该是用防水布包着，装在一个小盒子里。如果你能找到一个可靠的人把东西送过来，就赶紧派人来，并且让他向你保证东西的安全。我想让教皇[1]看看这两份文件，如此一来教皇就能知道他的前任曾答应向我支付超过 2 000 个库朗的酬劳——我并不是等钱用，只是为了求得心安。这只是一个小包裹，找一个送信的人带来应该就可以。

你没再提起结婚的事，这里的每个人都催我给你找个妻子，好像这对我来说很容易似的。我对此实在无能为力，因为我对佛罗伦萨的人一无所知。我非常希

1　尤利乌斯三世。

望你能尽快结婚，你也确实该结婚了，但是正如我之前多次说过的，我帮不上什么忙。

就说到这里。代我向牧师和我的朋友们问好。

1550年8月7日

–米开朗琪罗·博纳罗蒂，于罗马

✠

写于罗马，1550年8月16日
[致佛罗伦萨的李奥纳多·迪·博纳罗托·西莫尼]

李奥纳多，你在上封信里告诉我切佩雷罗（Cepperello）打算出售靠近我们在塞提涅亚诺的房产的农场，也就是那位妇人的终身财产。如果切佩雷罗有意出售，我认为在价钱中应该考虑到她的预计寿命，因为这块地产在她去世前都归她所有，等到她死后才能转给我们。我觉得这样的安排不太稳妥，因为有太多不可控因素，在地产到手之前有很多风险。因此最好是等到她去世之后再考虑买。如果切佩雷罗来找我商量这件事，我会告诉他我的想法，但我不会主动去找他。

我在上封信里提到了两份教皇通谕，如果你可以找到一个值得信赖的人，就派他送过来；如果你找不到可靠的人，就先不要行动。

至于你的婚事，你说你希望先来罗马找我商量一下。我的生活状况非常糟糕，开销不小，你来了之后就会明白。但是我并非不希望你来，你最好九月下旬来。同时，我会尽可能找个优秀的女佣，现在的女佣大多品德败坏。告诉我你是怎么想的。我一个月会付给那个女佣10居里，我自己虽然生活窘迫，对待别人却向来慷慨大方。

今天有人向我推荐了阿尔多维第家的女儿，她父母双亡，现在在圣玛帝诺修道院。我不认识她，也不知道该给你什么建议。

1550年8月16日
–米开朗琪罗·博纳罗蒂， _{于罗马}

✠

写于罗马，1550年9月6日
[致佛罗伦萨的李奥纳多·迪·博纳罗托·西莫尼]

李奥纳多，你告诉我切佩雷罗的农场可能会被别人买走，而买主对我们来说不会是个理想的邻居。我在上封信里回复说你可以自己决定是否买下这个农场，但是我不会再给你寄钱了。从那之后我再也没有收到你的来信。我很明白你来这里看我的目的，如果你没有其他事，就可以不用来了。但是从你的信里看来，你还是想来，那样的话，就快去快回，赶在雨季到来之前回佛罗伦萨。就说到这里。

1550年9月6日
–米开朗琪罗·博纳罗蒂， _{于罗马}

✠

写于罗马，1550年10月13日
［致乔尔乔·瓦萨里］

我亲爱的乔尔乔，巴尔托洛梅奥[1]一来，我就去见了教皇，得知他决定重建蒙特里奥的小教堂，于是向他介绍了一位圣彼得大教堂的石匠。一个好事者听说了这件事，就想推荐自己的人。我不愿跟这个人斤斤计较，就退出了。我人微言轻，不想给自己惹上麻烦。不过，圣母百花大教堂似乎已经与我无关了。暂时没有其他事了，保持联系。

–米开朗琪罗·博纳罗蒂
1550年10月13日

✠

写于罗马，1550年12月20日
［致佛罗伦萨的李奥纳多·迪·博纳罗托·西莫尼］

李奥纳多，我收到了马佐里尼奶酪，总共有12块。奶酪很不错，我会分一些给朋友，剩下的自己留下。但是正如我之前跟你说的，除非我向你要，否则就不要送我什么东西了，尤其不要寄那些让你破费的东西。

至于你的婚事，除了提醒你不要在意嫁妆之外，我没有其他建议了。嫁妆只是身外之物，不能代表新娘的品行。你应该更加关注高贵的出身和健康的身体，和其他事情比起来，个人品质才是最重要的。至于相貌，因为你在佛罗伦萨也

---

1 即巴尔托洛梅奥·阿马纳蒂。

Lionardo io ebbi e marzolini cioe dodici caci sono molto begli ne
faro parte agli amici e parte p casa e come altre volte uo scri
tto no mi madate piu cosa nessuna se io no uene chieggo e ma
ssimo di quelle che mi costano damari... Circa il tor donna come
e necessario io no no che dirti se no che tu no guardi a dota
p che ece piu roba che uo mini solo ai auer lochio a la nobi
lita a la sanita e piu alla bota che a altro Circa la bellezza
no sedo tu pero el piu bel giouane di fireze no te nai da
curar troppo pur che no sia storpiata ne schifa altre no
mi chade Circa questo... ebbi ieri una lette da messer
giouan fracesco che mi domada se io o cosa nessuna della
marchesa di pescara uorrei che tu gli dicessi che io cerche
ro e rispodero gli sabato che uiene be che io no credo auer
niete p che quando stetti amalato fuor di casa mi fu tolto
di molte cose... Arei caro quado tu sapessi qualche stre
ma miseria di qualche cittadino nobile e massimo di quegli
che anno fa ciulle i casa che tu ma uisassi p che gli farrei qual
che bene p la nima mia

A di neti di dicebre 1550

Michelagnolo buonarroti
I Roma

致侄子李奥纳多的信，1550 年 12 月 20 日

不算最英俊的，只要对方没有疾病没有残疾，你也不应该在这方面要求太多。关于这件事我就说这么多。

昨天我收到了焦万·弗朗切斯科先生的信，问我有没有为佩斯卡拉的侯爵夫人写的诗歌。请告诉他我会找一下，下周六给他回复，不过我印象中没有写给她的东西了，因为在我离家养病期间遗失了很多物品。如果你听说佛罗伦萨有哪个人家为贫困所迫，尤其是家里还有个适婚的女儿，就告诉我，因为我希望能为了我灵魂的福祉做点儿好事。

1550年12月20日
—米开朗琪罗·博纳罗蒂，于罗马

受恩之人
S'alcun legato è pur
（为维多利亚·科隆纳而作）

受恩之人
死而复生
该如何回报这馈赠
或是从永恒的劳役中获得自由

但若债务可以偿还
施恩之人的善意也将失落
因为毫无疑问
善意也需要它的奴仆

因此，夫人，为了让
您的恩惠垂青我的命运
我表达的只是礼数而非感恩

若互相平等两不亏欠
我将无法拜倒在深爱之人脚下
因为在平等中，没有主仆之分

✠
写于罗马[1]

最尊敬的殿下，如果一项规划中包含了不同的组成部分，各个部分的质量和数量相差不多，那么这项规划就必须遵循统一的标准，与之对应的部分也是如此。但是如果这项规划的整体安排改变了，那么对某些部分及对应部分的装饰风格做出改变，不仅是合理的，更是必需的。独立的部分需要单独考虑，就像鼻子长在脸的中间，和双眼没有关系，而右手和左手、右眼和左眼则必须要协调，因为它们位于两侧，而且是成对存在的。因此，建筑的构造要遵循与人体构造相同的原则。而不了解人体构造，尤其是解剖知识的人，是永远无法明白这一点的。

–米开朗琪罗·博纳罗蒂

---

1 1550 年 12 月，致一位红衣主教。

✠
写于罗马，1551年2月28日
[致佛罗伦萨的李奥纳多·迪·博纳罗托·西莫尼]

李奥纳多，你在上封信里告诉我，结婚的事情还没有着落。这对我来说不是个好消息，因为你必须得尽快结婚了。基于你目前的状况和未来的前景，我已经多次跟你说过，希望你不要考虑嫁妆，而是应该考虑美德、健康以及教养。迎娶一位出身良好、品德优良、身体健康、血统高贵却家境贫寒的女孩，这本身就是一件有功德的事情。这样也能让你避免娶到一个轻浮放纵的妻子。这是和谐婚姻的保障。你在上封信里说，有人说你想通过联姻来抬高自己的身份，这完全是无稽之谈，因为大家都知道我们在佛罗伦萨是个古老的家族。好好想想我说的话，以你的财力和外貌，没法娶到佛罗伦萨的绝世佳人。小心，不要欺骗自己。

圣彼得教堂圆顶、两种穹隆顶塔的设计，以及人像素描，1546—1549年。黑色色粉，一些线条由尖笔绘成

至于我之前提到的想要救济佛罗伦萨的穷人的事情，你写信问我想捐多少钱，仿佛上百个库朗对我来说不值一提似的。上次你来的时候带给我一块布料，我记得你说你花了20多个，不到25个库朗。我当时想把这块布料在佛罗伦萨捐了做慈善。后来，罗马遭遇了可怕的饥荒，我拿它换了面包，如果情况还没有好转的话，我们可能要因为饥饿而死了。

就说到这里。代我向牧师问好，告诉他我会尽快写信给他。

1551年2月的最后一天

－米开朗琪罗，于罗马

✠

写于罗马，1551年3月7日

［致佛罗伦萨的李奥纳多·迪·博纳罗托·西莫尼］

李奥纳多，我收到了黄梨（bronche），一共97个。对此我没有其他想说的。至于你的婚事，我上周六写信给你，说了我的看法：你不应该考虑嫁妆，而是应该寻找血统纯正、出身高贵、教养良好、身体健康的女子。具体要选谁，我没有意见，因为我对佛罗伦萨的了解不比外乡人多。今天有人向我提起一个亚历山德里（Alessandri）家族的女孩，但是没有详细的资料。如果我得到了更多的消息，会在下一封信里告诉你。

大约一个月之前，焦万·弗朗切斯科先生[1]问我这里是否有佩斯卡拉的侯爵夫人写的诗。我这里有个羊皮纸的小本子，是她大约十年前给我的，里面有103首

1　即法图奇。

十四行诗。她后来又从维泰博寄给我一些诗，是写在植物羊皮纸上的，大约有40首。我把所有的诗装订成一个本子，借给很多人看过，后来所有的诗歌都出版了。我还有一些她从奥尔维耶托和维泰博给我的信。这就是我拥有的所有和她相关的东西，不过，你还是让牧师看一下这封信，告诉我他希望我做什么。

至于不久前我让你在佛罗伦萨施舍的钱，大概是上周六的事情——我不得不用这笔钱买面包，因为这里的饥荒形势严峻，如果情况始终没有好转，我们可能就要因为饥饿而死了。

1551年3月7日
–米开朗琪罗，于罗马

✝

尽管长久等待
Se 'l troppo indugio

尽管比起欲望的即刻满足
长久等待将带来更多欢乐
我的等待却只带来痛苦
因为老人的欢乐总是短暂

若天堂真的仁慈，就不会
在冰霜降临时燃烧爱的火苗
因为夫人，我爱你，而我的眼泪
因为有了年头而格外温柔

我多年的疑惑已经结束
尽管生命的太阳已经西沉

陷入浓重的阴影与寒冷的黑暗之中

如果只有年轻人才有爱的许可
而我已经是个暮年残喘的老人
夫人，请让我返老还童

✠
写于罗马，1551年6月28日
[致佛罗伦萨的李奥纳多·迪·博纳罗托·西莫尼]

李奥纳多，一周前我收到了特雷比亚诺酒，一共44瓶。我把几瓶给了朋友，大家都说这是今年能在罗马找到的最好的酒。为此我表示感谢，这件事就说这么多。

至于和纳西（Nasi）家的联姻，你写信说自己还没得到安德烈亚·夸拉泰西的回复。我觉得你不应该对他抱有太多期待，而你花在等待上的时间再也回不来了。我认为你应该可以找到一个女孩，她出身高贵、教养良好、性格温顺，但是家境贫寒。如果你能找到这样的伴侣，那就再好不过了，因为她能给你带来和谐的婚姻生活。出于对上帝的爱，你应该不要求嫁妆，只把她娶过门就好。我认为你可以在佛罗伦萨找到这样的人，而这将带给我莫大的宽慰，因为如此一来你就能免受轻浮放纵的恶妻之苦，成为一个能回报家庭和社会的人。不知道如何致富的人永远也不可能变富有。我刚开始工作的时候我们的家境是多么贫寒，这我就不对你多说了，我的故事起码有一本书那么厚，却得不到感恩。向上帝祷告吧，请求上帝让你看清自己，不再寻找华而不实的表象。

1551年6月28日
–米开朗琪罗，于罗马

✠

写于罗马，1551年12月19日
[致佛罗伦萨的李奥纳多·迪·博纳罗托·西莫尼]

李奥纳多，你在上封信里告诉我那个女孩近视，我觉得这不是个小问题。我在罗马没有对任何人做出任何允诺，因此，如果你在佛罗伦萨也没有做出过什么承诺，而且确认她是近视的话，我觉得最好还是放弃这份婚约。因为就像你说的，这个缺陷有可能遗传。我再强调一次之前说了无数次的话：你应该找一个身体健康的新娘，品德良好、出身高贵。你应该基于对上帝的虔诚寻找自己的配偶，而不是为了得到嫁妆。不要为她家境贫寒而困扰，未来她会带给你的是家庭的和谐。关于这个问题我就说到这里。我已经老了，也没多少资产，即便如此，我还是不愿意把自己仅有的财产留在这里。因此，如果你听说大约1500个库朗的房子或地产，我愿意买下来。好好留意一下这方面的消息，如果我在这里死去——这随时可能——你不至于不知我的财产在何处。

1551年12月19日
–米开朗琪罗·博纳罗蒂，于罗马

✠

写于罗马，1552年2月20日
[致佛罗伦萨的李奥纳多·迪·博纳罗托·西莫尼]

李奥纳多，我在这里和那个女孩的叔叔谈了一下，他说他很惊讶我们拒绝了她，还说一些贪婪的家伙想把嫁妆据为己有或者要继承她的遗产，是他们在从中作梗。我觉得应该把这个消息告诉你。

在我坐下来写这封信的时候，你的信送到了，你在信里提到卡尔洛·迪·乔瓦尼·斯特罗齐 (Carlo di Giovanni Strozzi) 的一个女儿。我年轻时就认识乔瓦尼·斯特罗齐，他是个体面的人——除此之外我没有更多的评价。我也认识卡尔洛，所以我认为这桩婚事可能不错。

至于你提到的购买地产的事情，我不想买佛罗伦萨附近的地，最好能在基安蒂找块合适的。如果你找到了合适的投资，我愿意买下来，也不会介意几百库朗的差价。

至于你选择配偶的问题，我没有听到任何新的消息，因为最近我没见过什么佛罗伦萨人，跟其他人的交流就更少了。

我在上封信里也说了，我已经老了，为了避免任何人产生虚妄的企图，我觉得最好还是先立下遗嘱，声明我在佛罗伦萨的一切都会留给我的兄弟吉斯蒙多和你，我的侄子，而你们必须要在达成一致意见之后才能动用这笔资产。如果你们没有留下子嗣，那就把所有的财产都交给圣马蒂诺教堂，也就是说，出于对上帝的爱，用这些财产来救济穷人，救济那些家境贫寒的佛罗伦萨人，或者如果你们有更好的提议，也可以听你们的。

1552年2月20日
－米开朗琪罗·博纳罗蒂，于罗马

✠

写于罗马，1552 年 4 月 1 日
[致佛罗伦萨的李奥纳多·迪·博纳罗托·西莫尼]

李奥纳多，关于你的婚事，我刚从一个朋友那里听说，你因为她的身体缺陷而
要放弃的那个姑娘并没有什么问题，她不是近视。他说是你的朋友欺骗了你，
因为那个朋友想让你娶另外一个女孩，而她还没到适婚年龄，所以他捏造了这
么个故事，好让你等到那个女孩长到合适的年龄再考虑结婚。如果这个女孩确
实没有视力问题，我认为你应该迎娶她，不要被任何人牵着鼻子走。对此我没
有别的建议。小心时间不等人，我不愿意让自己的毕生积蓄最后落到陌生人手
上，我希望在遗嘱中做好适当的安排。

4 月 1 日

–米开朗琪罗，于罗马

✠

写于罗马，1552年4月23日
[致佛罗伦萨的李奥纳多·迪·博纳罗托·西莫尼]

李奥纳多，我在上封信里向你转达了我在罗马听说的事情，也就是那个女孩并不近视。我还提到了其他的事情，这你已经知道了。如今，你告诉我，毫无疑问，她确实近视，但是如果我希望的话，你愿意娶她，对此我的回答是，如果你说的是真的，那么就不要再考虑这个女孩了，尽你所能继续寻找其他合适的人，只要是个正经人家的女儿、出身良好，就不要考虑嫁妆的事情。就算她家里亲戚反对这门婚事，也不要在意。找一个实在的姑娘，愿意自己下厨、做家务活儿的，这样的妻子不会把你的财产浪费在虚荣和享乐上。我听说佛罗伦萨有很多这样不幸的事，尤其是贵族家庭。所以如果你愿意放弃嫁妆，应该可以找到合适的女孩。就像我之前说的，就当你自己在做一件善事。

1552年4月23日

－米开朗琪罗，于罗马

✠

回到我的眼中
Rendete a gli occhi miei

（为托马索·德·卡瓦列里而作）

你的溪流，回到我的眼中
这些溪流不再是你的，它们如此丰沛强大
这让你的泉水涌动、波涛翻滚的力量
并非来自你的山丘！

你用沉重的空气冰冻我的叹息
用浓雾隐藏天堂的光芒
把悲叹归还我悲伤的心灵
别再用黑暗的面孔阻挠我的视线！

让土地归还我的脚印
让我践踏过的荒草重新繁茂
如今已经耳聋的回声女神[1]，归还我的哭喊！

我深爱的双眸，把凝视还给我的眼睛！
让我对另外一个人的爱不至于徒劳
因为我永远学不会如何取悦你！

✠

写于罗马，1552年6月24日
[致佛罗伦萨的李奥纳多·迪·博纳罗托·西莫尼]

李奥纳多，我收到了44瓶特雷比亚诺酒，对此我表示感谢。这些酒应该很不
错，但是我无缘享用，因为我送了几瓶给朋友，过了几天之后，我发现剩下的
酒都变质了。如果我有幸能在世上多活些时日，你只要在给别人寄包裹的时候，
顺便给我带10瓶就足够了。

主教德·米内贝蒂[2]（de'Minerbetti）今天来了，我和画家乔尔乔[3]一起见了他，
他向我问起你的婚事，我们就顺势讨论了整个事情。他说自己有个很合适的人
选可以介绍给你，而且这桩婚事将不只是出于善心。我没有追问，避免让他觉

1　回声女神（Echo），希腊神话中掌管山林的女神，受到赫拉诅咒，无法说话，只能重复别人的话语。——译者注
2　即阿雷佐主教。
3　即瓦萨里。

左图 | 男性裸体素描，1532—1533 年。红色色粉
右图 | 男性人像素描，1542—1545 年。黑色炭笔

得我太着急。你写信告诉我佛罗伦萨的一些朋友跟你谈起结婚的事，希望你尽快成家，还说我对此也很焦虑。这你应该已经从我之前写给你的那些信里感觉出来了。我再说一次，我希望你尽快成家，好让我们的家族不要在你这一代断了子嗣——尽管这也并不意味着世界末日，但是万物都要竭尽全力繁衍后代。因此我希望你尽快成家，一旦你找到合适的女孩——也就是说，一个身体健康、教养良好的女孩，她的父母也要有好的名声——如果她这些方面都合适，就不要再要求嫁妆了。但是如果你觉得自己的身体不太好，那么结婚之后就不要为了生育后代而消耗自己的精力。我不会在这件事情上再多说什么了，因为我发现这件事遥遥无期，而且我也不希望逼迫你做自己不愿意做的事情，这样做的结果只能是你不快乐，我不满意。我没办法在这边帮你物色妻子，因为我的生活圈子和这类事情无缘，我很少与人交流，尤其是佛罗伦萨人。但是如果你找到了喜欢的人，并且在确定婚事之前告诉我，我会很高兴的。我没有别的可说了。我向上帝祈祷，希望他能帮你找到一个合适的妻子。

1552 年 6 月 24 日
－米开朗琪罗·博纳罗蒂，于罗马

✠

写于罗马，1552 年 10 月 22 日
［致佛罗伦萨的李奥纳多·迪·博纳罗托·西莫尼］

李奥纳多，听说你找到了如意的女孩，这让我非常高兴。但是你不确定你见到的两个女孩中哪个才是要介绍给你的，你要小心一点儿，因为他们可能给你介绍的是另外一个女孩，而非你看上的那个，我的朋友就遇到过这样的事。睁大眼睛，不要着急。至于彩礼的事情，我会安排好，按你的意思去办，但是我听说根本不需要彩礼。所以说，不要着急，因为这件事一旦决定就无法回头，如果你因为嫁妆或其他事情而不满意，我会极度不悦。就像我跟你说过的，联姻的事让我很高兴，如果新娘具备所有应该具备的美德，你就不要再犹豫不决了，即便嫁妆不如你之前想象的那么丰厚。你要睁大双眼，因为事情不能只看表面，你必须承担起责任来，弄清楚方方面面的利益关系。好好调查一下，这样我们才能知道该如何采取下一步行动，因为男人一辈子只能结一次婚。

– 米开朗琪罗，于罗马

✠

写于罗马，1552 年 10 月 28 日
［致佛罗伦萨的李奥纳多·迪·博纳罗托·西莫尼］

李奥纳多，我随这封信附上了我就你的婚事给米凯莱·圭恰迪尼的回复。我告诉他，不论何时，只要你觉得合适，我愿意用自己的财产作为彩礼的担保，我还跟他说在这件事情上不要怕麻烦。把这封信给他，他会告诉你我打算以什么方式提供担保，如果你有其他建议，我愿意配合。还有，我要提醒你，这就像隔着麻袋买猫一样，你只能相信亲眼所见，仔仔细细看看你的新娘，以免她有

残疾或者其他毛病。在这件事上一定要倍加注意，向上帝祈祷吧。就此搁笔，写信让我疲乏不堪。

1552年10月28日

–米开朗琪罗·博纳罗蒂，于罗马

✝

写于罗马，1552年11月[1]
［致佛罗伦萨的李奥纳多·迪·博纳罗托·西莫尼］

李奥纳多，我认为没有善始的事情一般也不会有善终。你在上封信里告诉我女方收回了之前主动做出的所有承诺。虽然我一直在提醒你不要在意嫁妆，但是我觉得你不应该对这种背信弃义的行为忍气吞声。你不应该继续考虑和他们的联姻，因为轻视伤人至深，除非你觉得这桩婚事带来的好处能让你忽略这些细节。目前我对这件事情还不太了解，因此也不知该说些什么。把你自己交给上帝，相信他会给你安排最好的未来。我相信他的恩惠能带来圆满的结局。

我在上封信里让你帮我找一所位置合适的房子，以后我不得不回佛罗伦萨的时候就能有个落脚的地方，再加上我年纪已经大了，也希望用我仅有的财产做些投资，过上安定的生活。我没有别的话可说了。我没看懂圭恰迪诺的信，就没有回复他。我真不明白为什么你们两个都不会写信。帮我找个借口答复他，代我向他和弗朗切丝卡问好。

---

1 19日。

✜

那崭新之美
La nuova alta beltà

[为甘多尔福·波里诺（Gandolfo Porrino）而作，在他深爱的福斯蒂娜·曼奇尼·阿塔班蒂（Faustina Mancini Attavanti）去世之际]

那崭新之美独一无二
在尘世如此，在天堂亦如此
（盲目的乌合之众看不到她的美）

她只为你而生，而我无法重现
用石料如此，用纸笔亦如此
你的希望唯有生命才能满足
而我只能让你的期盼落空

她仍然占据着你我的脑海
如同太阳统治群星
这让你深知，她乃无价珍宝

为了安抚你无尽的思念，上帝在天堂
打造她崭新的美丽
只有上帝，而非我等凡人，才能如此

✜

写于罗马，1553年3月25日
[致佛罗伦萨的李奥纳多·迪·博纳罗托·西莫尼]

李奥纳多，你在上封信里告诉我，你跟里多尔菲（Ridolfi）家的女孩已经开始谈婚论嫁了。四个多月前，你在一封信里提到两个女孩，我回复说两个都很合我意。从那之后关于这件事我没有听到任何消息，所以现在我有点茫然，不知你有什么打算。这件事拖得太久，我已经厌倦了，不知道该对你说些什么。至于里多尔菲家的那个女孩，如果你对于了解到的一切都感到满意，就娶了她吧。我之前跟你提到的财产还给你留着。如果你不愿意娶那个女孩，或者其他任何女孩，我完全没有意见。六十年了，我关心的都是你们的幸福；现在我老了，不得不开始考虑自己的事情了。所以按你自己的想法去做吧，因为这是你个人的大事，而不是我的，我已时日无多。我收到你的信的同时也收到了圭恰迪尼的信，但他说的是一样的事情，所以我就不单独回复他了。代我向他和弗朗切丝卡问好。就说这么多。

1553年3月25日
—**米开朗琪罗**，于罗马

✠
写于罗马，1553年4月22日
[致佛罗伦萨的李奥纳多·迪·博纳罗托·西莫尼]

李奥纳多，你在上封信里告诉我，你与多纳托·里多尔菲的女儿的婚事协商得很顺利，感谢上帝。我祈求他的仁慈，让这桩婚事尽快谈妥。至于彩礼，我已经给你写好了授权书，随这封信寄给你，好让你能拿得出彩礼来。按照你说的，这笔钱总共1 500个杜卡特(1个杜卡特兑7里拉)，要从我的财产里拿出多少作为担保由你决定。我已经跟洛伦佐·里多尔菲先生谈过，并尽可能得体地向他表达了谢意。告诉我事情进行得如何，我会根据习俗给她准备一些礼物。

1553年4月22日
—**米开朗琪罗·博纳罗蒂**，于罗马

✠

若当初知道
s'i' avessi creduto

(为托马索·德·卡瓦列里而作)

若当初从他的眼中知道
我会被这光亮的灵魂点燃，燃烧如烈日
我会竭尽全力奔向旅途的终点
如同燃烧的凤凰直到死亡

追逐，像鹿，像猞猁，像猎豹
我将追求美好躲避痛苦
将他的言语与微笑全部收藏
而如今，我只能徒劳一场

但为何要后悔，既然我
已经看见了天使喜悦的面庞
看见了平和、宁静与救赎

也许，早些发现他
反而带来厄运，因为年老
我可以跟随他寻找天堂的宝座

芝诺比阿胸像、老人头部以及小孩胸像，c.1520—1525 年。黑色色粉

✠

写于罗马，1553年4月30日
[致佛罗伦萨的李奥纳多·迪·博纳罗托·西莫尼]

李奥纳多，得知你婚礼的合同已经写好，我立刻给你寄去了授权书，你可以用我的财产来作为担保，把拿到的钱用作彩礼，一共1 500个杜卡特。你现在大概已经收到了授权书，格式应该也没什么问题。起草授权书的公证人是非常有分量的人物，曾在佛罗伦萨领事馆和教皇那里担任公证人。

你在来信里告诉我双方对这桩婚事都非常满意，为此我要感谢上帝。乌尔比诺从老家回来之后——他大概会在两周之内回来——我会履行自己的义务。

1553年4月的最后一天

–米开朗琪罗·博纳罗蒂，于罗马

✠

写于罗马，1553年5月20日
[致佛罗伦萨的李奥纳多·迪·博纳罗托·西莫尼]

李奥纳多，你在上封信里告诉我你已经把妻子娶回了家，并且对她非常满意。你代她向我问好，还说彩礼的担保的事情还没办好。你的满意对我来说是莫大的欢喜，我们应该全心全意地感谢上帝。至于彩礼的担保，在办好之前都要看管好自己的东西并保持警惕，因为凡是涉及钱的地方总是会有麻烦。我对这类事情不太清楚，但是我觉得你应该先把这些事情都解决好再把新娘娶进门。对于她的问候，代我谢谢她，你要郑重地亲口告诉她，因为我写不出合适的话。我还要向她表示一下我的祝福，毕竟她是我兄弟的孩子的妻子，但是在乌尔比诺回来之前我暂时没法付诸行动。两天前他回来了，现在我可以表达一下我对这门亲事的祝福了。有人告诉我一串上好的珍珠项链会是合适的礼物。所以我让乌尔比诺的朋友——一个宝石商——帮我找一下，希望他能顺利找到，但现在先别跟她说。如果你想让我送给她其他礼物，就告诉我。我没别的可说了。好好照顾你自己，做个体贴的丈夫，因为世上的寡妇总是比鳏夫多。

1553年5月20日

−米开朗琪罗·博纳罗蒂，于罗马

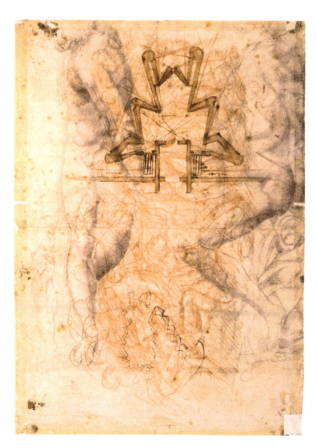

防御工事的平面图与人像素描，c.1528—1529年。红色色粉，黑色色粉，墨水，棕色水彩

✠
写于罗马，1553年6月21日
[致佛罗伦萨的李奥纳多·迪·博纳罗托·西莫尼]

李奥纳多，我收到了44瓶特雷比亚诺酒。酒的品质非常好，但是你给我寄得实在太多，我又没法像之前那样找到可以送的人。所以，如果明年我还活着，我希望你不要再寄给我酒了。

我给卡桑德拉[1]买了两枚戒指，一枚是钻石的，另一枚是红宝石的，但是我不知道该拜托谁带给你。乌尔比诺告诉我他有一个朋友，叫拉坦齐奥·达·圣·吉米尼亚诺 (Lattanzio da San Gimignano)，仲夏节[2]之后，他会从罗马出发，我可能会找他把东西带给你们，或者你们也可以找个可靠的人，不会把戒指中途掉包或偷走的，派他来找我。你们想好怎么办之后尽快告诉我。收到戒指之后，你们应该立即找人鉴定一下，看看我是不是被骗了，因为我对宝石不太了解。

1553年6月21日
–米开朗琪罗·博纳罗蒂，于罗马

1　卡桑德拉，李奥纳多的新婚妻子。——译者注
2　仲夏节 (San Giovanni's day)，从中世纪开始，佛罗伦萨等地开始庆祝这个节日，庆典从6月21日延续到24日。——译者注

✠

我比过去更珍惜自己
Io mi son caro assai più

(疑为托马索·德·卡瓦列里而作)

我比过去更珍惜自己
因为如今你在我的心里
就像一颗被精心雕琢的宝石
比原石要珍贵百倍

或者，就像白纸一张
画上了画后便身价飞涨
同样，我得到了升华
因为你的目光烙印在我身上

你的印章保我平安
如同护身符与利剑
将危险驱散

烈火与湍流无法让我忧虑
我给盲目的人带来光明
我将治愈所有伤口

✠

写于罗马，1553年8月5日
［致佛罗伦萨的李奥纳多·迪·博纳罗托·西莫尼］

李奥纳多，我收到了衬衣，一共八件，款式优美，布料更是无可挑剔。但一想
到这些衬衫原本应该是你的，我就觉得不太合适，因为我的衣服已经够穿了。

代我向卡桑德拉表示感谢，如果她想从罗马或者其他地方买什么东西，让她只管跟我说，我肯定会给她买到。你告诉我你收到了两枚戒指，也估了价。我很高兴自己没有受骗。我送给她的只是些微不足道的东西，但如果她还想要什么，尽管告诉我，我会找机会给她的。就说这么多。注意身体，要和睦相处。

1553年8月5日

–米开朗琪罗·博纳罗蒂， 于罗马

✠

写于罗马，1553年10月24日

[致佛罗伦萨的李奥纳多·迪·博纳罗托·西莫尼]

李奥纳多，你在信里告诉我卡桑德拉怀孕了，这让我喜出望外，因为不论是男孩还是女孩，总算有人可以继承我们的家业了。为此我们应该感谢上帝。切佩雷罗最近已经回到了罗马，他告诉乌尔比诺说他想要跟我谈谈。我猜他是想要讨论一下他的那块农场，就在我们家的那块旁边。告诉我他在佛罗伦萨的时候有没有和你们中的任何人讨论过，如果我们可以买下那块农场，就太好了。

就说这么多。代我向焦万·弗朗切斯科[1]问好，告诉我他最近如何。

10月24日

–米开朗琪罗·博纳罗蒂， 于罗马

---

1 即法图奇。

✠

写于罗马，1554年[1]
[致佛罗伦萨的李奥纳多·迪·博纳罗托·西莫尼]

李奥纳多，上周我收到你的信，得知你和卡桑德拉的生活依然非常美满。我们要感谢上帝，要知道幸福是多么难得的事情。代我向她表示感谢，把我的祝福带给她，如果她想要什么东西，就告诉我。至于小孩的名字，如果是男孩，我希望可以用你父亲的名字；如果是女孩，可以用我母亲的名字。也就是说，小孩可以叫博纳罗托或者是弗朗切丝卡。不过这件事应该由你决定。我不多说了。照顾好你自己，保重身体。

–米开朗琪罗·博纳罗蒂， 于罗马

✠

写于罗马，1554年4月21日
[致佛罗伦萨的李奥纳多·迪·博纳罗托·西莫尼]

李奥纳多，你在信里告诉我卡桑德拉生了个健康的男婴，母子平安，你打算给他起名为博纳罗托。这些消息让我感到莫大的欢乐。感谢上帝。希望他能成为一个好人，成为家族的荣誉和支柱。代我问候卡桑德拉并向她表示感谢。就说这么多。我没有太多时间，所以信写得很短。

1554年4月21日
–米开朗琪罗， 于罗马

---

1 3月。

也许您会说我老糊涂了，

所以会想要写十四行诗，

但是也有很多人说这是因为我迎来了第二次童年。

我跑题了，

因为我的记忆和思想都抛弃了我，

写作对我来说成了最困难的事情，

因为这并非我的本行。

6

疲倦与悲哀

带胡子的人像侧面以及腿部的素描，c.1508 年。黑色色粉

米开朗琪罗从四十岁就开始抱怨自己老了，而到了这个时候，不论以他那个时代还是我们这个时代的标准，他都成了一位货真价实的老人。他的视力减退，尽管还在圣彼得大教堂工作，却很难去现场亲自监督工程进度，这导致出现了足以让他蒙羞的错误。虽然如此，工作还是源源不断，他曾在圣母玛丽亚大教堂 (Santa Maria Maggiore) 的斯福尔扎礼拜堂 (Sforza Chapel) 中进行创作，在罗马的佛罗伦萨人还请他设计过一座教堂，很不幸，这座被称为佛罗伦萨的圣若望教堂 (San Giovanni de' Fiorentini) 最终没能建成。新教皇庇护四世 (Pius IV) 也曾委托米开朗琪罗设计罗马的一座城门，庇亚门 (Porta Pia)。

笼罩在米开朗琪罗身上的愁云始终未散，1555 年他心爱的助手乌尔比诺去世之后更是如此。乌尔比诺对于米开朗琪罗来说不只是一个助手，他为米开朗琪罗操持家务，并协助他工作 25 年有余，可以说比家人更为亲近，米开朗琪罗为他的去世悲痛欲绝，这在《上帝的恩典，十字架》(Per croce e grazia) 一诗中可见一斑。然而，他去往洛雷托 (Loreto) 朝圣更多是因为罗马再次遭受威胁，而非乌尔比诺的去世。

早年在佛罗伦萨的时候，米开朗琪罗曾经被极具煽动性的改革派修士吉罗拉莫·萨沃纳罗拉 (Girolamo Savonarola) 影响，萨沃纳罗拉善于用富有激情的长篇讲道劝说人们与耶稣建立紧密的个人联系。后来，他与维多利亚·科隆纳的友情又让他认识了一群信徒，这群教徒属于灵觉会 (spirituali)，他们认为救赎的实现是源自信念，而不能靠修行或是教会，这种理念更像是异端邪说。随着年龄的增长，米开朗琪罗的宗教感情更加深切，他晚年的诗歌，比如说《摆脱肉身》(Scarco d' un'importuna)，以及他的绘画，主题都紧密围绕着十字架，这反映了他对耶稣受难以及自己命运的思索。

他最后的两座以哀悼耶稣为主题的雕像都没有完成，在他看来，这两件作品都是不成功的。他本打算把第一座雕像放在自己的坟墓前，这座雕像是以他自己为模特的鼻子破损的尼哥底母[1](Nicodemus)。也许是因为大理石的瑕疵，有一天，米开朗琪罗砸毁了这座塑像，他的一个助手试图修复，但没有成功。第二座雕像被后人称为《隆达尼尼圣殇》(Rondanini Pietà)，它因为未完成而显得抽象简约，甚至可以被看作是二十世纪的现代派作品。尽管米开朗琪罗在这两座雕像上运气不佳，但他仍然在继续工作。根据瓦萨里的记载，他终日与大理石和凿子为伴。1564年2月18日，在挚友们的环绕下，年近九十的米开朗琪罗去世了。7月14日，一场盛大的葬礼在佛罗伦萨举行，他的好友贝内迪托·瓦尔基发表了两个小时的致辞，对他在绘画、雕像、建筑和诗歌上取得的成就给予了高度评价。

✠

或许我会明白
Forse perchè d'altrui

或许我会明白不幸的滋味
不再嘲笑他人的过错
不听劝告，一意孤行
我的灵魂开始堕落

我不知信任哪一方阵营
更别说胜利或逃亡
在敌人骚乱的怒吼中
我在你力所不逮的地方消亡

1　尼哥底母在罗马天主教和东正教中都被尊为圣徒。——译者注

肉，血，十字架，痛苦！
你让罪恶的灵魂净化
那里有我的父亲和我出生的地方

唯你是善的，
愿你的怜悯驱散我的邪恶
如此靠近死亡，如此远离上帝

✠
写于罗马，1554年4月
［致乔尔乔·瓦萨里］

乔尔乔先生，我亲爱的朋友，读了你的来信，我知道你没有忘记我这个可怜的老人，这给了我莫大的喜悦。得知你出席了仪式，见证了博纳罗托家族中又一个生命的诞生，这让我更加欢喜。我向你表示感谢，但是我并不赞成把仪式办得如此盛大，因为当全世界都在受难的时候，没有人可以独享喜悦。李奥纳多在庆祝自己孩子诞生的同时，却忘了在这个世界上还有行善一生的人正在离我们而去，这是有失考虑的。我没有其他事情要说了。我从心底感谢你对我的关爱，尽管我觉得自己受之有愧。这里一切如故。

1554年4月的某一天
–您的米开朗琪罗·博纳罗蒂，于罗马

✠

写于罗马，1554年9月19日
[致乔尔乔·瓦萨里]

乔尔乔先生，我亲爱的朋友，也许您会说我老糊涂了，所以会想要写十四行诗，但是也有很多人说这是因为我迎来了第二次童年。您在信里流露出对我无尽的关爱，毫无疑问我非常希望回到我父亲长眠的地方，但是如果我现在离开，我将给圣彼得大教堂正在进行的工程带来巨大的灾难，不少人会迁怒于我，而我也将犯下不可挽回的罪过。当我确认所有事情都已走上正轨的时候，我希望可以像您说的那样，回到佛罗伦萨，不过我同时还得小心不能让这件事成为我的把柄，落入那些对我怀恨在心的人手上，这些人时刻盼着我早点儿离开这个世界。

1554年9月19日

–米开朗琪罗·博纳罗蒂，于罗马

✠

如今我的人生
Giunto è già

（为乔尔乔·瓦萨里而作）

如今我的人生告一段落
如同穿过暴风骤雨的破旧小船
到达所有生命终将停靠的港口
在那里，善与恶都将被清算

如今我明白了自己的过错

那虚妄的幻想让我成了
艺术的崇拜者与奴隶
让人盲目追求是多么罪恶

我那曾经年少无知的爱情将会怎样？
如今我已临近双重死亡[1]
一场死亡确知，另一场未知而恐惧

绘画和塑像再也无法平复灵魂
当我走向神圣之爱
他在十字架上张开双臂拥我们入怀

✠

写于罗马，1555年3月
[致佛罗伦萨的李奥纳多·迪·博纳罗托·西莫尼]

李奥纳多，你在来信里告诉我米开朗琪罗[2]早夭了，这个消息带给我的悲伤就像他的出生带给我的快乐一样强烈。我们一定要忍耐，要让自己相信，比起衰老而死，这对他来说是更好的结局。为了我们的家业，好好照顾你自己的身体。切佩雷罗告诉乌尔比诺他要去佛罗伦萨，因为我们之前提起过的那个终身拥有农场的妇人已经去世了。我估计他会来找你。如果他提出的价格合理，条件也都合适，就把这个农场买下来，告诉我价格，我会把钱给你寄去。

– 米开朗琪罗·博纳罗蒂，于罗马

1　指肉体与灵魂的死亡。参见 James M. Saslow, *The Poetry of Michelangelo*。——译者注
2　指李奥纳多的第二个孩子。——译者注

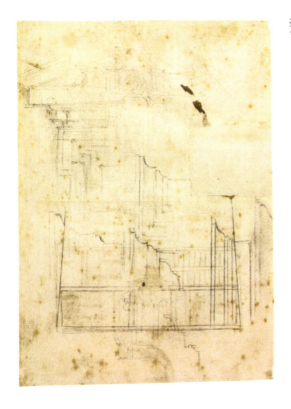

圣彼得大教堂穹隆顶塔的设计草图，
1546—1547 年。黑色色粉

✠

写于罗马，1555年5月11日

[致佛罗伦萨最杰出的画家，乔尔乔先生[1]]

当初我不得不违心接下圣彼得大教堂的工作，如今已经到了第八年，我不仅没收到报酬，还把自己搞得疲惫不堪。现在这项工作终于有进展了，我也拿到了一些钱，准备开始建造圆顶，如果在这个时候选择放弃，我认为无异于给这个建筑判了死刑。全世界的基督徒都会以我为耻，在审判日到来的时候，我会因

1　即乔尔乔·瓦萨里。

为这件罪过而永无翻身之日。因此，我亲爱的乔尔乔先生，我请求您代我向公爵[1]表示感谢，如您的信中提到的，他对我慷慨解囊，这让我得以继续完成这项工作，从而为自己带来尊严与荣誉，而不是犯下罪过。

1555年5月11日

–您的米开朗琪罗·博纳罗蒂，于罗马

✠

世间的幻象[2]
Le favole del mondo
（通过瓦萨里之手寄给焦万·弗朗切丝科·法图奇）

世间的幻象偷走了
我思考上帝的时间
他的恩典被埋于遗忘之土
上面冒出了罪恶的萌芽

让他人聪明的，却让我愚钝
迟迟未觉走上了歧路
如今希望渺茫，我徒留渴求
望从堕落中被你解救

请缩短去往天堂的路！
亲爱的王，没有你的帮助
我将无力完成这场旅途

1　即科西莫·德·美第奇。

2　幻象（favole）在意大利语中有两个含义，一是幻象，一是虚假。参见 James M. Saslow, *The Poetry of Michelangelo*。——译者注

让我学会憎恨这毫无价值的世界
憎恨我曾珍惜的事物
随死亡而来的永生将是对我的恩赐

✠

没有了你

Non è più bassa

（通过瓦萨里之手寄给焦万·弗朗切丝科·法图奇）

没有了你
我成了世间最卑微的存在
我残存微弱而疲倦的气息
向最高处的你寻求怜悯

我的主人，赐予我那连接
所有恩惠与福祉的锁链
我终生渴求但无法寻得信仰
这是我自己的过错

恩赐中的恩赐
越稀有越珍贵
它给了世界和平与欢乐

尽管你毫不吝惜自己的鲜血
但若天堂不为我们打开另一扇门
这礼物又有何用？ [1]

1　这段大意为："若我们没有获取信仰，没有相信耶稣的牺牲是为了人类的救赎，那么耶稣的牺牲就是徒劳。"参见 James M. Saslow, *The Poetry of Michelangelo*。　——译者注

✠

写于罗马，1555年6月22日
［致佛罗伦萨的亲爱的乔尔乔·瓦萨里先生］

乔尔乔先生，我亲爱的朋友，一天深夜，一个有礼貌的年轻人上门拜访我，他说自己名叫李奥纳多[1]，是公爵的管家，他代表公爵传话给我，说的事情和你在信里提到的一模一样。我给了他一样的答复，让他代我对公爵的慷慨帮助表示感谢，并用最得体的语言来表达我的这份感激之情。我还请他帮我恳求公爵，让我继续在圣彼得大教堂工作，直到我可以确认所有工作都走上正轨，不会出现任何偏差。我还对他说，如果我在那之前就离开了，将会给这个建筑带来莫大的灾难，同时我自己也会受到众人的指责。我请求你，出于对上帝和圣彼得的爱，劝说公爵同意我的请求。乔尔乔先生，想必你已经注意到我在写这封信的时候已经是午夜了，我脑中的每个想法都被死神的阴影笼罩着。上帝保佑我能让他再等上一两年。

1555年6月22日

–您的米开朗琪罗·博纳罗蒂，于罗马

✠

写于罗马，1555年9月28日
［致佛罗伦萨的李奥纳多·迪·博纳罗托·西莫尼］

李奥纳多，我从你的信中得知公爵已经来看过圣洛伦佐教堂外墙的两个模型了，他希望可以把这两个模型给他。我想告诉你的是，公爵希望你把东西寄到哪里

1　即李奥纳多·马利诺齐（Lionardo Marinozzi）。

华柱及窗户的草图，c.1559—1560 年。
黑色色粉，墨水，棕色水彩

你应该立刻就寄，不需要写信问我，如果他还想要其他东西，你也应该毫不犹豫地都给他。

我在信里还附上了一封给乔尔乔先生[1]的信，把我能找到的关于图书馆楼梯的信息都告诉了他，但是我所能回想起来的事实在微乎其微。这封信我没有封上，好让你也读一下。你读完后也不用封上，直接把信给他。听说你、卡桑德拉和你们的小孩都很好，我很高兴，尽管吉斯蒙多的情况让我很难过。不过，我自己也没少受病痛的折磨，此外还要承受种种忧虑与困扰，尤其是乌尔比诺已经卧病在床三个星期了，至今没有好转。为此我相当困扰，同时也很焦灼。但是不论好坏，我们都要对上帝心存感激。代我去照看一下吉斯蒙多，尽你所能帮助他。

1555年9月28日
–米开朗琪罗·博纳罗蒂，于罗马

1　即乔尔乔·瓦萨里。

✠

写于罗马，1555年9月28日
［致乔尔乔·瓦萨里］

亲爱的乔尔乔，如果我可以回想起图书馆楼梯最初的设计，相信我，我一定会毫不犹豫地告诉你的。那楼梯的设计我还模模糊糊有些印象，但是我可能无法回忆起原本的设计思路，因为现在回想起来，整个设计并非精心考虑的结果。不过，我会尽力而为。我设计了几级椭圆形的台阶，每一级台阶都有一掌高，宽度或长度不一，最大的那一级台阶临近过道，距离门和墙壁的长度相等。后面的台阶高度是不均匀的，每一级都比下面的一级更短、更窄，你在拾级而上的时候会感到每一级台阶都向着门的方向渐渐收窄。椭圆形台阶的两侧还有台阶，高度宽度一致，但不是椭圆形的，中间的台阶是为重要的人设计的，两侧的台阶向墙壁合拢。到了离地面一半的高度，两侧楼梯与墙面分开大约三个手掌的距离，好让建筑空间不会被分割，台阶两侧也不会受到干扰。我的描述如此粗陋，恐怕要让你见笑了，希望你能从中得到有用的信息。

–米开朗琪罗·博纳罗蒂，于罗马

1555年9月28日

✠

写于罗马，1555年11月30日
［致佛罗伦萨的李奥纳多　迪·博纳罗托·西莫尼］

李奥纳多，你在上封信里非常悲痛地告诉我，我的兄弟吉斯蒙多去世了。我们一定要忍耐，感谢上帝让他直到最后都保持着清醒，坚持完成了圣礼。

我正遭受着重重困难，乌尔比诺还在生病，而且情况很不乐观。我不知道等待着我们的会是什么。他对我来说就像亲生儿子一样，因为他已经跟随了我25年，一直兢兢业业。我已经老了，没有时间再培养一个符合我要求的助手了，因此我现在万分苦恼。如果你在佛罗伦萨认识虔诚的教徒，就让他们也帮忙为乌尔比诺祈求上帝，让他早日恢复健康。

1555年11月30日
－米开朗琪罗·博纳罗蒂，于罗马

洛伦佐图书馆台阶

✠

背负岁月
Carico d'anni

背负漫长岁月，累累罪过
与根深蒂固的恶习
两场死亡在等待着我
而我仍把毒药当作心灵的食粮

我没有力量
去改变生活、爱、习惯或命运
若离了你神圣的陪伴
离了在每一条险道上的你的指引

亲爱的主人，让我向往天堂
向往灵魂的重生
这还是不够的

在你剥去我尘世的肉体之前
我乞求你，缩短那高峻的险道
让我看清楚回到天堂的路

耶稣受难及圣母与圣约翰，1555—1564 年。黑色色粉，白色提亮

✠

写于罗马，1555年12月4日
[致佛罗伦萨的李奥纳多·迪·博纳罗托·西莫尼]

李奥纳多，你在信里提到了吉斯蒙多留下的财产，我要说的是，那些全都是你的。务必要按照他的遗嘱行事，为他的灵魂祈祷，这些就是你能为他做的所有事情了。

昨天，也就是12月3日4点，弗朗切斯科宣布乌尔比诺去世了，这让我悲痛万分。他的死让我沉浸在无边的悲伤里，我要是和他一起死了反倒更好，因为我对他爱得深切。而他也确实值得我爱，因为他为人可靠、忠心耿耿。他的死仿佛也带走了我的生命，我将永不能重新找回宁静。 虽然我不知道你是否能放下你的妻子，离开佛罗伦萨，但如果能看到你，我会感觉好受一点儿。假如公爵[1]准许，如果你决定在接下来的一个月或六周内来罗马就告诉我。我曾说过，你必须以合适的理由得到公爵的批准，但现在属于例外情况。按照你自己的意愿行事，然后把你的决定告诉我。写信给我，告诉我你是否能来，然后我会告诉你应该什么时候从佛罗伦萨出发，因为这之前我要先让乌尔比诺的妻子搬出我家。

–米开朗琪罗·博纳罗蒂， 于罗马

1　即科西莫。

✠

写于罗马，1556年1月11日
［致佛罗伦萨的李奥纳多·迪·博纳罗托·西莫尼］

李奥纳多，上周我写信告诉你乌尔比诺去世的消息，如今我的身边一团糟，情绪也非常低落。我还对你说，如果你能来看我，我将会非常高兴。我现在再说一次，如果你能把佛罗伦萨的所有事安排妥当，确保一个月内不会出什么乱子，那么你应该过来看看我。如果你不想来，或是害怕蒙受损失，或是担心路上遇到危险，或是还有其他原因让你犹豫不决，那就等到合适的时候再做决定。如果合适的时机到来了，就来吧，因为我已经老了，很想在死前再看你一眼。

我就说到这里。如果我的信里有前后不一致的地方，那就是我粗心大意了，但除了我在信里说的话，不要听信传言。

1556年1月11日

－米开朗琪罗·博纳罗蒂，于罗马

✠

我希望
Vorrei voler, Signior

我希望能做到我的心所不能的：
在我的心与火之间隔着一层冰[1]

1　"火"指对上帝的爱，"冰"指自我。这是一对彼特拉克常用的意象。参见 James M. Saslow, *The Poetry of Michelangelo*。——译者注

让火黯淡，让我说谎

言语和行动背道而驰

我用言语爱你，然后悔过

那爱从未曾温暖我的心，我也不知

于何处打开一扇门

让恩典冲刷灵魂，驱逐虚荣

撕开你的面纱，亲爱的主！

打碎那堵墙

它让你的光线黯然失色！

将允诺之光赐予你美丽的伴侣[1]

我的爱将会燃烧

无须质疑，只有你长存我心

✠

写于罗马，1556年2月23日

［致佛罗伦萨的乔尔乔先生[2]，我亲爱的朋友］

乔尔乔先生，亲爱的朋友，写信对现在的我来说并非易事，但是为了回复你，我就简短地写几句。你知道乌尔比诺死了，尽管我受到很大打击，悲痛万分，但我还是对上帝怀有无上感激。我感谢上帝，因为我因乌尔比诺之生而敢于生，却也因他之死而懂得死。我不会抗拒，而将心甘情愿地迎接死亡。他跟随我26年，对我一直忠心耿耿，如今我已经让他拥有了财富，并且渐渐把他视作我年老时的依托，他却在这个时候从我身边被夺走了，除了能在天堂再见到他之外

1　上帝的伴侣，即渴求上帝之爱的灵魂。参考 James M. Saslow, *The Poetry of Michelangelo*。——译者注

2　即乔尔乔·瓦萨里。

我别无他望。他平静地离开人世就是上天垂爱的象征。比起他自己的死，我独自在这小人横行的世上艰难过活却更让他难以释怀，我最良善的一部分已经随他一起进了坟墓，剩下的只有无尽的悲痛。如果没有给你造成太大麻烦的话，我请求你能代我向本韦努托[1]（Benvenuto）道歉，我没能回复他的信件，因为我的心已经被悲伤占据，难以提笔。代我向他问好，也向你问好。

1556年2月23日

– 你的米开朗琪罗·博纳罗蒂，于罗马

✠

上帝的恩典，十字架
Per croce e grazia

［为卢多维科·贝卡代利（Ludovico Beccadelli）而作］

上帝的恩典，十字架，还有无尽苦难
我确信，这一切将使我们在天堂相遇
但在最后一息之前，在人世间
为何无法得到一丝慰藉？

尽管山川大海和艰难路途
将我们分开，然而即使是霜冻或暴雪
也不会让灵魂放弃他那久远的爱
没有锁链可以束缚住思想的羽翼

凭借这羽翼我们将永远相伴
我哭泣，谈论死去的乌尔比诺

---

1 即本韦努托·切里尼（Benvenuto Cellini）。

若他还活着，应该正在我左右

命运便是如此安排
他的死亡让我另择他途
只为在他等待我的地方重新相遇

✠
写于罗马，1556年3月7日
［致佛罗伦萨的李奥纳多·迪·博纳罗托·西莫尼］

李奥纳多，你在上封信里说你安全到家了，这让我很高兴，而听说卡桑德拉和其他人都安好，则让我更加高兴。我的情况和你来的时候差不多，关于我应得的报酬，除了口头承诺，我还什么都没拿到。我会尽量保持沉默，静观其变。

你在这儿的时候我跟你说，我打算拿出2 000个库朗在佛罗伦萨投资房子或是其他类型的地产，现在我的想法仍是如此，所以如果你打听到合适的投资，要及时告诉我。

乌尔比诺的妻子请我代她买一块7布拉恰长的黑布，要轻薄、材质好的，她说会尽快把钱寄给我。如果你可以先垫钱买下她需要的那种布料并且寄给我，我会很高兴的。你可以记录一下还需要付给你什么其他的费用，等我有机会的时候会一并寄给你。就说这么多。代我向卡桑德拉表示感谢，向她问好。

1556年3月7日
－米开朗琪罗·博纳罗蒂，于罗马

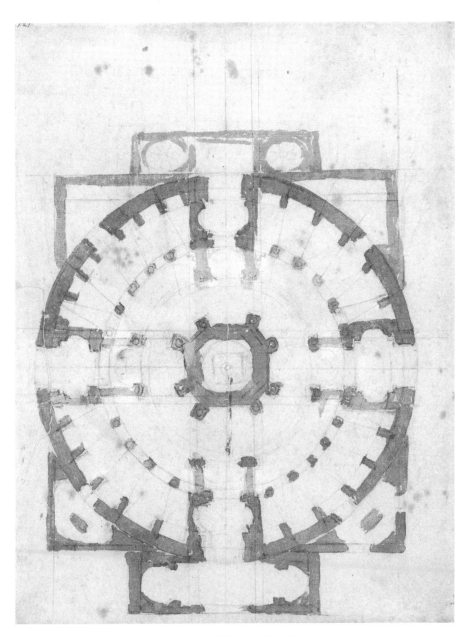

佛罗伦萨的圣若望教堂平面图，1559—1560 年。黑色色粉，棕色水彩

✠

写于罗马，1556年4月11日
［致佛罗伦萨的李奥纳多·迪·博纳罗托·西莫尼］

李奥纳多，你把布料托付给那样一个无赖，这事做得很不像话。我在这里已经等了一个月了，也告诉别人说布料已经在路上了，如今拿不到布料，大家都落得空欢喜一场。我请你去调查一下，那个无赖骡夫到底拿这布料做什么去了，如果你找回了布，就尽快把它寄过来。如果你要不回布料，但是找到了那个骡夫，就找人把这个小偷狠狠打一顿，让他还你钱，然后重新买一块7布拉恰长的布寄过来。难道我自己的问题还不够多吗？这种种麻烦事总是源源不绝地找上门来。

告诉弗朗切丝卡，现在我没有写信的心情，但我会找个机会回复她的。代我向她、米凯莱还有其他人问好。

1556年4月11日
－米开朗琪罗·博纳罗蒂，于罗马

✠

写于罗马，1556年5月31日
［致佛罗伦萨的李奥纳多·迪·博纳罗托·西莫尼］

李奥纳多，我没有回复你的上一封来信，因为我实在无力回复。现在我写信给你，为的是告诉你切佩雷罗的农场将会以合理的价格出售，你一定要把它买下来，不能有任何闪失。除了切佩雷罗的农场之外，你再拿2 000个库朗去做些合适的投资，因为如果我找不到理想的房子，也就是视野开阔的那种房子，我宁愿你拿这笔钱投资一块土地。

我从弗朗切丝卡那里收到一封信，她在信里请求我为她的忏悔神父供奉10个库朗，这位神父希望能把一个穷苦的女孩子安置在圣露西娅修道院。我希望帮弗朗切丝卡完成这个心愿，因为如果不是为了行善，她是不会对我提出这样的请求的。因此，你去问问这个神父，看他在这里有没有可以信赖的朋友，一旦有了消息，我会立刻把钱寄出去。

卡桑德拉康复的消息让我很高兴。代我向她问好，也照顾好你自己的身体。

1556年5月的最后一天
–米开朗琪罗·博纳罗蒂，于罗马

✠

写于罗马，1556年8月1日
［致佛罗伦萨的李奥纳多·迪·博纳罗托·西莫尼］

李奥纳多，你的草率[1]起码让我多花了50个库朗，但是让我更加生气的是你关注的是这么一小块地，而不是我跟你说的话。你很清楚我是怎么说的：你应该假装我不想要这块地，让他们来找我们，求我们买下。而你，一回到佛罗伦萨就忙不迭地找中介去谈价格。不过既然事情已经结束了，就好好保重身体，享受你的成果吧。

昨天我收到了你匆忙写就的信，说你马上就要签署合同了，价格是650个金库

---

1 关于切佩雷罗农场。

朗，要我把钱交给弗朗切斯科·班迪尼（Francesco Bandini）先生，他会通过卡波尼在佛罗伦萨付款。我会照你说的做，但是只能等到下周，因为巴斯蒂亚诺[1]的身体刚刚好转，需要一周时间才能康复，然后，他会把钱送去银行。除了他，我找不到其他人能帮忙。就写到这里。

1556年8月1日
－米开朗琪罗·博纳罗蒂，于罗马

✠

写于罗马，1556年10月31日
[致佛罗伦萨的李奥纳多·迪·博纳罗托·西莫尼，我最亲爱的侄子。我将这封信寄给科尔泰西（Cortesi），请他立刻转交给李奥纳多]

李奥纳多，我最亲爱的侄子，几天前我收到你的信，一直没有找到机会回复。现在我写信给你，不是因为想要让你吃惊，而是想告诉你发生了什么事情。一个多月之前，圣彼得教堂的工程进度减缓之后，我决定去洛雷托朝圣。当我到达斯波莱托(Spoleto)的时候，感觉特别疲倦，便在那里休息了一会儿。结果有个人奉命来找我，让我回罗马去，因此我没能完成自己的旅程。为了不忤逆教皇的意愿，我起程返回罗马，在上帝的旨意下现在已经抵达。万事上帝自有安排，宁静终将降临，所以我就不多说了。照顾好你的身体，请求上帝的保佑。

写于罗马，1556年10月的最后一天
你亲如生父的，
－米开朗琪罗·博纳罗蒂，于罗马

1　即马莱诺蒂·达·圣·吉米尼亚诺（Malenotti da San Gimingnano）。

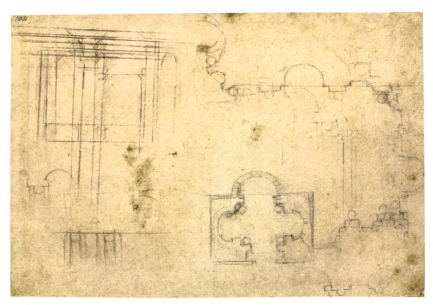

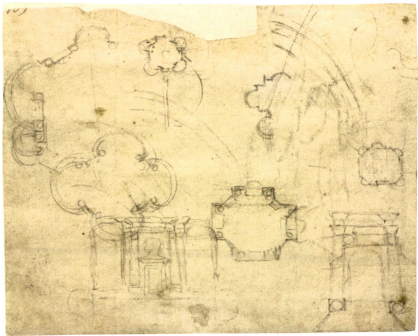

上图 | 斯福尔扎小教堂的平面图与立面图，c.1560 年。黑色色粉
下图 | 斯福尔扎小教堂圆顶的平面图与立面图，c.1560 年。黑色色粉

✚

写于罗马，1556年12月18日
[致佛罗伦萨的乔尔乔·瓦萨里]

亲爱的乔尔乔，我收到了科西莫的书，我随这封信附上了一封感谢信，希望你能为我转交给他。

最近我遇到不少麻烦，花费颇多，但是在拜访斯波莱托的山间的僧侣时，我感受到了极大的快乐。尽管现在我已经回到罗马，但我把自己最纯良的那一部分留给了他们。说真的，在这痛苦的生活中，只有归隐林间才能得到真正的快乐。我就说这么多，听说你身体健康生活幸福，我很高兴。再见。

–米开朗琪罗·博纳罗蒂

✚

死亡终将来临
Di morte certo

死亡终将降临，但不知何时
生命短暂，我已时日无多
我的肉体向往着活
灵魂却向往着死后去往天国

尘世盲目
罪恶战胜了诚实
光熄灭了，正义随之消失
谎言占据上风，真相隐而不示

主，虔诚之人期待的黎明何时到来？
漫无止境的等待
摧毁了他们的希望

为何天堂之门还要向我们投来光芒？
若死亡阻挡我们的前路
让灵魂陷入无法逃脱的困境

✚
写于罗马，1556年12月19日
[致佛罗伦萨的李奥纳多·迪·博纳罗托·西莫尼]

李奥纳多，我已经写信告诉过你我回到罗马的消息。后来我收到你的信，得知
卡桑德拉生下一个女儿，但没过几天就夭折了。这消息让我非常难过，但我并
不意外，因为我们的家族注定无法在佛罗伦萨兴盛。我们祈求上帝，希望你唯
一的孩子能够平安成长。你也要照顾好你自己，别把我们的财产都留给了孤儿
院。就说这么多。代我向卡桑德拉问好，为我向上帝祈祷，因为我现在需要他
的帮助。

我随信附上了给画家乔尔乔先生的信，尽快把信转交给他。

1556年12月19日
－**米开朗琪罗·博纳罗蒂**，于罗马

✠

对生命的热爱
S'avvien che spesso

若对生命的热爱
延长了我在尘世残喘的时日
死亡仍然一天天临近
对悲伤的灵魂而言他姗姗来迟

为何渴求长寿与欢乐
如果我们只在悲伤中盼望上帝?
幸福长寿的人生,到头来
只会伤害寄望于它们的灵魂

若神圣的恩典
鼓舞了灵魂的热望
敲击了我的内心

那便是我到达天堂的时刻
因为仅凭我的力量是不够的
在尘世逗留越久,希望越渺茫

✠

写于罗马,1557年2月13日
[致佛罗伦萨的李奥纳多·迪·博纳罗托·西莫尼]

大概两年前,佛罗伦萨公爵的管家李奥纳多先生[1]来罗马找我,他告诉我公爵殿下非常希望我可以回到佛罗伦萨,还代表公爵殿下提出了丰厚的条件。我回复

1　即李奥纳多·马里诺齐。

他说我希望公爵可以等我一段
时间，让我把圣彼得大教堂的建
造工作告一段落，这样我离开之
后别人就没办法修改我的原始
设计了。后来我没有得到什么新
的消息，于是就继续投身这项工
作，但是到现在为止，还远没有
达到预期的结果。不仅如此，我
还得制作一个大尺寸的圆顶穹
隆顶塔的木制模型，来模拟建造
的具体细节。整个罗马都在等着
我完工，尤其是最尊敬的红衣主
教迪·卡尔皮 (di Carpi)，我估
计我还得在罗马工作至少一年。
我请求公爵，为了上帝与圣彼得
大教堂，允许我延迟归期，完成
这项拖延多时的工程之后再回佛
罗伦萨，如此一来我也不用再回
到罗马了。至于工程被迫终止的

庇亚门的拱门草图，c.1560 年。黑色色粉，
棕色水彩，白色提亮

传言，这不是真的，因为还有60个石匠、砖匠和劳工正在工作，大家都希望能早
日完工。

我希望你可以把这封信读给公爵听，请求他允许我在回到佛罗伦萨之前再多待
一阵子。因为如果我的设计被改动了，那么长久以来的努力就付诸东流，而这
正中了那些一直想加害于我的人的下怀。

✠

写于罗马，1557年4月28日 [1]

我知道你在生我的气，但我并不知道你为什么生气。现在，从你的来信里，我终于找到了原因。你给我寄奶酪的时候，提到你还想给我寄其他东西，但是当时手绢还没准备好。我不想让你为我花钱，就写信给你说不用寄东西了，但是如果你需要什么东西，我非常愿意为你效劳，你是知道的，虽然乌尔比诺去世了，我仍对他和他的家人怀有深厚的感情。至于我去看望孩子们，或者把米开朗琪罗 [2] 送到我这儿来，我必须把我的现状告诉你。把米开朗琪罗送来不是个明智的决定，因为我没有女眷，也没有人帮忙料理家务。况且，孩子还太小，万一出了什么意外，我将后悔莫及。除此之外，大约一个月之前，佛罗伦萨公爵向我提供了丰厚的条件，催促我回到佛罗伦萨。我恳求他给我一些时间，好让我把这里的事务处理好，并把圣彼得大教堂的建造工程安排妥当。因此，我会在这里多待一个夏天。当我处理好一切，并且把你和蒙特·德拉·费德 (Monte della Fede) 的事情安排好之后，我希望能回到佛罗伦萨，在那里度过余生，因为我已经老了，不可能再回罗马了。我会路过你住的城市，如果你希望把米开朗琪罗交给我，我倾向于把他带到佛罗伦萨去，比起和我侄子李奥纳多的孩子一起生活，我觉得这样更好。我会尽自己所能教导他，不辜负他的父亲对他的期望。我于昨天，也就是3月27日收到你的来信。

－米开朗琪罗·博纳罗蒂，于罗马

1　致科尔内利娅（Cornelia），乌尔比诺的遗孀。
2　乌尔比诺的儿子，米开朗琪罗是他的教父。

庇亚门草图和人像素描，c.1561 年。黑色色粉，墨水，棕色水彩，白色提亮

✠

写于罗马，1557年5月4日
[致佛罗伦萨的李奥纳多·迪·博纳罗托·西莫尼]

李奥纳多，我拜托弗朗切斯科·班迪尼先生寄给你50个金库朗，你帮我买一块8布拉恰的黑色羊毛布料，尽可能找最轻薄质地最好的那种，再买2布拉恰丝绸。乌尔比诺的妻子请我帮她买这些东西，尽快寄过来，告诉我价格。把50个库朗中剩下的钱用于行善，花在你认为合适的地方。关于这件事我就说这些。

你也知道，我老了，身体虚弱，离死也不远了，如果到了明年9月，我还活着，我希望你可以来罗马，帮我打理我自己的和家庭的事务。为我向上帝祈祷。当然，前提是那时我还没回到佛罗伦萨。我随信附上关于钱款的信件和写给乔尔乔·瓦萨里先生的信。尽快把这封信转交给他，代我向他问好。这些事情都办好之后，给我回信。我之前也说过，不要轻信关于我的传言，除非是我自己写信确认的。

巴斯蒂亚诺·迪·圣·吉米尼亚诺为了把我赶回佛罗伦萨，也可能是为了巩固自己在罗马的势力，编造了很多关于我的谎言，也许他有自己的苦衷。

1557年5月4日
–米开朗琪罗·博纳罗蒂，于罗马

✠

让我看见你，主
Deh fammiti vedere

让我看见你，主，不论我在何处
若我因凡尘的美丽而燃烧
那火焰将因靠近你而熄灭
我将只为对你的爱而发光

我亲爱的主，我祈求你消去
让我灵魂苦恼不堪的折磨
只有你能够重生
我的意志、理性与勇气

你赐我不朽的灵魂
却将它囚禁于这弱小的躯体
我的生活多么悲惨！

该如何摆脱这可鄙的人生？
没有你，主，所有祝福离我而去
只有你能扭转我的命运

✠

写于罗马，1557年5月
[致最尊敬的科西莫大人，佛罗伦萨公爵]

尊敬的公爵阁下，大约3个月之前，或者更晚一些的时候，我请人转告您，我
不能把圣彼得大教堂的工作抛下，置其于极大的风险之中，这也会让我自己蒙
羞。我还说，如果我可以拿到所有必要的材料，我希望至少再工作一年，将工

程推进到令我满意的阶段，然后再离开。我向您提出这一请求，以为您会同意。如今，我收到您的信，催促我在自己预期的时限之前回来。这让我左右为难，因为我在建造过程中遇到了一个问题，复杂程度超出以往。我指的是法王小教堂的拱顶，这是个设计独特、施工难度很大的建筑，但是因为我上了年纪，无法经常在现场监督工作，因此出现了一些差错。为了纠正这些问题，我必须拆掉大部分已经建好的工程。巴斯蒂亚诺·达·圣·吉米尼亚诺是这项工程的负责人，他很了解这座小教堂的结构以及它在整个建筑中的重要地位。小教堂的问题纠正了之后，剩下的工作应该可以在夏天结束之前完成，我只需要为他们留下工程的模型，这是所有人的要求，尤其是卡尔皮[1]。如此一来，我就能回到佛罗伦萨，一心一意迎接死神的到来，我每日每夜都试着和他成为朋友，好让他对待我不至于比对待其他老伙计更糟糕。

现在，回到这封信的主题上来，为了圣彼得大教堂，我请求您赐予我一年的宽限，就像我上次写信请求您时那样，我希望您这一次也能同意。

您最卑微的奴仆，

－米开朗琪罗·博纳罗蒂，于罗马

写于罗马，1557 年 5 月[2]

乔尔乔先生，我亲爱的朋友，十年前，保罗教皇在罗马强迫我接受圣彼得大教堂的工作，当时我是多么不情愿，上帝可以做证。如果工程可以一直像刚开始的进度一样推进的话，如今的完成情况应该远超我的预期，那么我现在应该可

---

1 即红衣主教里多尔福·皮奥·达·卡尔皮（Rodolfo Pio da Carpi）。
2 22 日，致乔尔乔·瓦萨里。

左图 | 庇亚门和圣彼得大教堂圆顶的草图，c.1560 年。黑色色粉
右图 | 拱门的草图（疑为庇亚门），1561 年。黑色色粉，棕色水彩

以来看你了。但是由种种原因造成的延迟，便工程进度严重落后。眼见着就要
进入最为重要和困难的部分时，建造的进度却开始变慢，因此，如果现在我离
开了，整件事就会变成一个笑话，而我在这十年里承受的所有焦虑都将是徒劳。
我在回信中提到这件事，因为我收到了公爵的来信，他友善的言辞让我受宠若
惊。我全心全意地感谢上帝以及公爵阁下。我跑题了，因为我的记忆和思想都
抛弃了我，写作对我来说成了最困难的事情，因为这并非我的本行。我想要跟
你说的是，我希望你能理解，如果我抛下手头的工作来佛罗伦萨，将会有什么
后果。首先，各路强盗都会非常满意，他们会毁掉这项工程，可能永远都不会
建好了。其次，我在这儿还有些债务以及一所房子，还有价值几千库朗的财物，
如果我没有得到许可就离开，不知道这些东西会被怎么处理。最后，我的身体
状况不佳，我得了肾结石、尿路结石、胸膜炎，都是老年人常见的毛病。埃拉

尔多¹(Eraldo)可以替我做证，多亏了他高超的医术我才能活到今天。现在你应该明白了，我要是回了佛罗伦萨，就再没有回罗马的勇气了。为了在佛罗伦萨度过余生，我需要有足够的时间把自己的事务都安排好，以免有后顾之忧。我离开佛罗伦萨已经太久了，我来罗马的时候，克雷芒教皇还在世，两年后他才去世。乔尔乔先生，我希望你能代我向公爵求情，如果说这世上还有什么让我介怀，那就是死亡。我对自己的身体状况的描述完全属实。我打算按照如上所说的回复公爵，因为他要求我给个答复，但我没有勇气直接写信给他，尤其是在这么仓促的情况下。如果我还有体力骑马的话，我愿意亲自去一趟佛罗伦萨，然后再悄无声息地回到罗马。

–米开朗琪罗·博纳罗蒂，于罗马

✤

写于罗马，1557年6月16日
[致佛罗伦萨的李奥纳多·迪·博纳罗托·西莫尼]

李奥纳多，布料和丝绸我已经收到了，我一找到合适的人就会尽快把东西送去，然后她²会把钱寄给我。我拜托你的剩下那些事情，办好之后告诉我。至于我自己，我饱受衰老带来的各种病痛困扰：结石让我无法排尿，腰背酸痛让我无法上下楼梯。最糟糕的还是内心的担忧，因为一旦我离开，我在这里的工程三天内就会化为废墟。虽然我并不希望因此冒犯公爵，但是我也不想放弃圣彼得大教皇的工程，亦不想有辱自己的使命。我向上帝祈祷，希望他能帮助我，万一我惹上了麻烦，我会立刻派人来找你。但是不要担心，也不要在我写信让你来之前就过来。

---

1 即雷亚尔多·科隆博（Realdo Colombo），当时的名医。
2 科尔内利娅，乌尔比诺的遗孀。

代我向乔尔乔先生问好，如果他愿意的话，可以帮上我很多忙，因为他和公爵关系很好。

1557年6月16日

－米开朗琪罗·博纳罗蒂，于罗马

✝
写于罗马，1557年7月1日

李奥纳多，我宁死也不希望冒犯公爵。我做事一向诚实坦白，我没有在承诺的时间内回佛罗伦萨，因为我认为回佛罗伦萨的前提是将圣彼得大教堂的建设安排妥当，确保设计不会被改变也不会被毁掉，防止那些伺机而动想要中饱私囊的盗贼又回来作怪。这座教堂对我而言非常重要，因为许多人，包括我自己，都相信这是上帝赋予的使命。但是因为缺乏资金和人手，我没能成功将它建造成理想中的样子。我不愿放弃我的工作，因为没人能够代替我，同时也因为我是出于对上帝的爱接下这份工作的。我希望公爵能理解我推迟回去的原因，因此，我在信里做出解释，并附上一份草图，以标示出差错的成因，好让乔尔乔先生向公爵先生解释清楚。

1557年7月1日

－米开朗琪罗·博纳罗蒂，于罗马

写于罗马, 1557年[1]
[致佛罗伦萨的李奥纳多·迪·博纳罗托·西莫尼]

李奥纳多, 你在上封信里告诉我, 一场可怕的洪水毁掉了桥梁、修道院、房屋, 还有不少人被淹死了。比起其他人的遭遇, 我认为你算是幸运的。我听说了你们那里的状况, 所以我猜你应该也已经听说, 我们这里也发生了一场类似的灾难, 台伯河的泛滥造成了很大的破坏, 也有很多人因此丧生。因为我们所处的地势比较高, 状况相对好一些。我向上帝祈祷灾难不会再降临, 这样的灾难恐怕是上帝对我们犯下的罪孽的惩罚。

事情进行得不太顺利, 我指的是圣彼得大教堂的建造工作。我已经给出了明确的指示, 而工头们不知是因为疏忽还是有意为之, 总是办错事, 他们的错误带来的麻烦最终总是会落到我头上。至于我的健康状况, 你想想我的年纪, 大概就能明白。就说这么多。

–米开朗琪罗·博纳罗蒂

✠

写于罗马, 1557年12月16日
[致佛罗伦萨的李奥纳多·迪·博纳罗托·西莫尼]

李奥纳多, 圣母白花剧院的监工巴尔托洛梅奥·阿马纳托 (Bartolomeo Ammannato) 以公爵的名义给我写信, 问我圣洛伦佐图书馆里的一段台阶的详情。我用黏土制作了一个简单的模型, 根据记忆重现了台阶的设计, 我会把模

1　9月25日。

型装进盒子里放好，交给他指定的人，送去佛罗伦萨。请找到巴尔托洛梅奥，并尽快告诉他这件事。

我在上封信中让你买一栋房子，因为如果我在死神到来之前能够从现在的工作中解脱出来，那么就需要在佛罗伦萨有个落脚的地方，自己生活。为此我打算把这里所有的财物都变现，我会尽早着手准备，以免在罗马或佛罗伦萨得罪什么人，正如我一直说的，我在这里的运气始终不佳。

1558年12月16日
－米开朗琪罗·博纳罗蒂， 于罗马

✠
写于罗马，1559年1月7日
[致佛罗伦萨的李奥纳多·迪·博纳罗托·西莫尼]

李奥纳多，西蒙·德尔·贝尔尼亚 (Simon del Bernia) 交给我15块马佐里诺奶酪和14磅香肠——香肠非常受欢迎，奶酪也是，因为这些东西在这里很少见。但是我不希望你在这方面再多花钱，因为我一个人吃不了多少东西。

我给你写信，为的是讨论在佛罗伦萨买房子的事情，好在我死前把罗马这边的财产投资出去。我不知道未来将会怎样，每一件事都充满了不确定性。

告诉阿马纳托，周六时我会寄出图书馆台阶的模型，把东西交给他的亲戚，或者交给一个信差，这要看哪一个更快更可靠。

我写完以上内容之后，送模型的事情已经决定了，因为怕信差打碎模型，我会

把它交给阿马纳托的亲戚，也就是他的岳父，他会派一个骡夫在昨天或者今天（也就是周六）把东西送走。可是他岳父还没来，而现在已经是晚上了。我派人去他家找他，结果发现他不在罗马。等他回来的时候，我会按照计划把东西给他。

–米开朗琪罗， 于罗马

另，把这件事转告阿马纳托，代我向他问好。

✠

在苦中找到一丝喜悦
Mentre m'attrista

在苦中找到一丝喜悦
当我回想过去
回想犯下的错误与罪过
时间流逝，一去不返

回忆让我喜悦
让我回忆尘世短暂的欢乐
回忆又让我悲伤
明白上帝的恩赐在生命尽头多么稀有

尽管我们寄望于你的承诺
主，或许希望爱能宽恕一切
只是我们的奢望

但你的血告诉我们
你为我们做出了无尽的牺牲
因此我们对你的期待也无穷无尽

圣彼得大教堂圆顶，梵蒂冈

耶稣受难及圣母与圣约翰，c.1555—1564 年。黑色色粉，棕色水彩，白色提亮

✠

写于罗马，1559年7月15日
[致佛罗伦萨的李奥纳多·迪·博纳罗托·西莫尼]

李奥纳多，我收到了衬衣和你在信里提到的其他东西。代我谢谢卡桑德拉，即使我不说，你也应该知道怎么答谢她。

我收到了两封信，都是催促我回佛罗伦萨的。你应该不知道，四个月前我通过圣彼得大教堂建设监督委员会的成员之一红衣主教达·卡尔皮，从佛罗伦萨公爵那里得到许可，继续在罗马负责大教堂的相关工作。当时我从心底感谢上帝的仁慈，并且万分欢喜。现在你用这么激动的口吻向我问及此事，我不知是因为你希望我回到佛罗伦萨，还是因为现在情况有变。因此，你最好再说清楚一点儿，因为这件事搅乱了我内心的平静。

我还得告诉你，这里的佛罗伦萨人希望建造一座宏伟的建筑——也就是他们自己的教堂——他们一致同意请我来设计，现在还在催我回复。我回答他们，是公爵允许我留在这里完成圣彼得大教堂的，除非有他的许可，否则我不能答应他们。

1559年6月 [1]15日
–米开朗琪罗·博纳罗蒂， 于罗马

另，写信对我的手、眼睛和记忆都是很大的挑战。这就是衰老给人造成的影响！

1　实为7月。

✠

最尊敬的佛罗伦萨公爵大人，这里的佛罗伦萨人曾于多个场合，表达了他们强烈的意愿，希望在罗马建一座献给圣若望的教堂。考虑到您仍在世，现在正是最理想的时机，因此他们决心将这项计划付诸实践，并指派了5个人负责此事。这些人找了我好多次，希望我可以主持这座教堂的设计。我知道利奥教皇已经下令开始建造这座教堂，我回复说，除非得到佛罗伦萨公爵大人的许可和指示，否则我是不会参与其中的。后来我收到了您友善亲切的来信，让我对佛罗伦萨人的教堂给予关注，我欣然从命。我已经按照委员会的意见，根据选址完成了几份设计方案。委员会的成员都是聪明、有判断力的人，他们选择了其中一份我个人也最为满意的设计方案。我会找人再画一份更为清晰的设计图，因为我已经力有不逮，我会把设计图寄给您，以便在您的指示下展开工作。

一想到我因为年迈而无法在现场监督工程建设，我就很难过，但是我会竭尽全力在家中完成公爵大人交给我的任务。愿上帝让我坚强，让我完成自己担负的所有职责。

1559年11月1日
您的仆人，

米开朗琪罗·博纳罗蒂，于罗马

---

1 致科西莫·德·美第奇公爵。

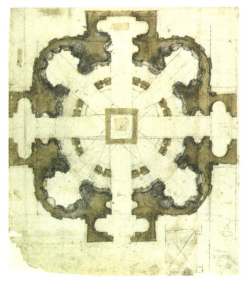

左图 | 佛罗伦萨的圣若望教堂平面图，c.1559—1560 年。黑色色粉，红色色粉，棕色水彩
右图 | 佛罗伦萨的圣若望教堂平面图，c.1559—1560 年。红色色粉，黑色色粉，墨水，棕色水彩

✠

写于罗马，1560 年 3 月 [1]

[致佛罗伦萨的李奥纳多·迪·博纳罗托·西莫尼]

李奥纳多，我之前没有时间回复你的来信。现在我要说的是，小女孩的事情让我很高兴，因为我们在这世上势单力薄，如果可以和其他家族结成有利的联姻，那将是很好的事情。你要时刻把这件事记在心上，因为到那时我应该已经不在人世了。我之前写信让你来罗马，就像我说过的，我会告知你什么时候出发。在罗马最让我心烦的事情就是回信了。

—米开朗琪罗·博纳罗蒂，于罗马

1　17 日。

✠

写于罗马，1560年9月13日
[致最英明最尊贵的主人，最敬仰的卡尔皮红衣主教]

最英明、最尊贵、我最为敬仰的主人，弗朗切斯科·班迪尼昨天告诉我，殿下您说圣彼得大教堂目前的建造情况一塌糊涂。这让我非常难过，不仅因为您所听说的并非实情，也因为我作为负责人，是最希望这项工程的进展能够令人满意的。除非我是自欺欺人，我相信我可以轻松地证明，教堂的建造进度相当理想。但是考虑到我的个人偏见和年纪对判断力的影响，有可能会让我对大教堂的评价有失公允，甚至对大教堂的建设带来危害，尽管这些都并非我的本意，基于上述原因，我请求教皇陛下赐予我自由。为了节省您的时间，我长话短说，我在这里请求您，最英明与尊贵的殿下，免除我的这项工作，您知道，我受连续几任教皇之命，已经无偿工作了17年。这几年来的工程进度本身就能作为证明。如果我能从这份工作中解脱，这将是对我最大的恩赐。带着对您的敬仰，我谦卑地亲吻最英明最尊贵的殿下的手。

写于罗马的家中，1560年9月13日
–最英明最尊贵的主人的卑微的仆人

✠

写于罗马，1561年3月22日
[致佛罗伦萨的李奥纳多·迪·博纳罗托·西莫尼]

李奥纳多，我希望你在节后[1]过来，或者是其他你觉得合适的时候，因为事情并不紧急。务必找个合适的旅伴，但是让他们不要指望在我家里留宿，因为我没

1　复活节。

有仆人，也没有足够家具。你只要待上两三天就可以回佛罗伦萨了，因为我想跟你说的事情不多，很快就能交代清楚。

1561年3月22日
–米开朗琪罗·博纳罗蒂，于罗马

✠
写于罗马，1561年7月18日
[致佛罗伦萨的李奥纳多·迪·博纳罗托·西莫尼]

李奥纳多，我之前写信告诉你特雷比亚诺酒已经收到了，最近我还写信给你，问及弗朗切丝卡的近况，但是我没有收到任何回复。现在，正如你所知，我是个老人了，希望能为我灵魂的福祉做一些事——也就是说，做一些善事，除此之外我也想不出其他合适的方式了。我打算往佛罗伦萨寄一些钱，你帮我分发给那些身陷困境的人。我大概会给你300个库朗。我已经问过班迪尼能否把钱转到佛罗伦萨，他跟我说，他会在四个月内亲自把钱带过去。我不希望等那么久，所以如果你认识佛罗伦萨的朋友，能够把钱安全带到的，告诉我，我会立刻行动。一旦钱寄到了，就告诉我。

1561年7月18日
–米开朗琪罗·博纳罗蒂，于罗马

✠

写于罗马，1561年9月20日
[致佛罗伦萨的李奥纳多·迪·博纳罗托·西莫尼]

李奥纳多，我希望你能在我父亲洛多维科留下的文件里找一下，看看是否有一份按照教皇侍从室（Apostolic Chamber）规定格式起草的合同的复件，上面提到我承诺在庇护三世去世后为他制作几座雕像[1]。大约五十年之前，因为一些问题，这些雕像并没有完成，如今我已经老了，希望可以把这件事做个了结，避免我死后给你带来不必要的麻烦。我依稀记得当时在主教宫中起草合同的公证人是多纳特·钱佩利（Donate Ciampelli）。听说他的文件都被转交给了洛伦佐·维奥利（Lorenzo Violi），如果你在我们家没有找到这份文件，就去找这位洛伦佐先生的儿子，看看他有没有这份合同。如果有的话，不惜重金也要拿到一份副本。

1561年9月20日
–我，米开朗琪罗·博纳罗蒂，于罗马

✠

从重负中解脱
Scarco d'un'importuna

从重负中解脱，
摆脱尘世的束缚
我靠向你，如同残破的小舟
穿过风雨，驶向宁静的港口

1　为锡耶纳大教堂内部的皮科洛米尼小教堂而作。

荆棘，铁钉，流血的双手
还有你那温柔谦逊的脸庞
安抚苦闷的灵魂，给我带来
悔改与救赎的希望

愿你神圣的双眼，纯洁的双耳
不要发现我的过去
你审判的手不要触及我的罪过

愿你的鲜血洗刷我，解救我
在我愈加年长的岁月里
赐予我宽恕与喜悦

哀悼耶稣，1547—1555 年。大理石

✠

写于罗马，1563年8月21日
[致佛罗伦萨的李奥纳多·迪·博纳罗托·西莫尼]

李奥纳多，你在来信里告诉我有些无赖找上了你，他们知道没法从我身上骗到钱财，就拿谎言来蒙骗你。他们就是一帮贪婪的强盗，你竟然听信了他们说的那些关于我的谎话，仿佛我是个傻小子，真是愚蠢。不要再理睬他们，他们就是一群爱造谣使坏的无赖。你还在信里提到我处境悲惨，没人照顾，还有其他一些事情。关于前者，我要告诉你，我被照顾得很好，我的仆人对我忠心耿耿。关于我被抢劫的事情——我猜测你在信里是这个意思——我请进家里的人都是值得信赖的，我们相处得很好。因此，管好你自己的事情，不要为我的事操心，我不是小孩子，会照顾好自己。你要保重身体。

罗马，1563年8月21日
–米开朗琪罗

✠

欢欣与悲苦同在
Non fur men lieti

欢欣与悲苦同在
当我看到你，而非他人，经受死亡
当被祝福的灵魂
经过死得以飞升

欢欣，因为你为我们摆脱
自亚当犯下原罪后加在身上的诅咒

悲苦，因为你担下极端的疼痛
被十字架囚禁，成为奴仆的奴仆[1]

天堂遮住双眼
用神迹显示你的身份
土地开裂，山峰震颤，海涛汹涌

他让祖先从黑暗国度逃脱[2]
给堕落的天使降下无尽的痛苦
只有人类得到了洗礼，获得重生

✠

蜜糖与蜡烛
Al zucchero, alla mula

(疑为乔尔乔·瓦萨里而作)

蜜糖、蜡烛和骡马
再加上一大杯马姆齐酒[3]
我在世间的所有已经过剩
是时候将天平交还圣米迦勒[4]

在澄清的平静中
熏风蒙骗了我下沉的小舟
在大海中迷失航道

1　奴仆的奴仆，前一个"奴仆"指上帝的奴仆，即人类；后一个"奴仆"指耶稣为了人类而牺牲。——译者注
2　祖先指亚当、诺亚和摩西等。参见 James M. Saslow, *The Poetry of Michelangelo*。——译者注
3　马姆齐酒（Malvoisie），用马姆齐葡萄酿成的甜酒。——译者注
4　圣米迦勒（Sant Michael），大天使之一，通常以持天平的形象出现，传说这一天平用于衡量人在死后的灵魂的重量。——译者注

耶稣受难及圣母与圣约翰，1555—1564 年。黑色色粉，白色提亮

如同翻滚的池水中的一尾稻草

比起你慷慨的善意与礼物
美食、佳酿、车马
随时为我的需求所用

我的主，即使耗尽生命
也无法偿还我所亏欠的
因为偿还算不上馈赠

✠
写于罗马，1563年12月28日
［致佛罗伦萨的李奥纳多·迪·博纳罗托·西莫尼］

李奥纳多，我收到了你的信和12块马佐里诺奶酪。谢谢你，很高兴你们一切安好，我也很好。我最近收到你的几封信，但是没有回复，因为我的手已经不能写信了。以后我会托人帮我写信，然后亲手签字。就说这么多。

写于罗马，1563年12月28日
—我，米开朗琪罗·博纳罗蒂

✠

夫人，为何如此？
Com'esser,donna, può

（为维多利亚·科隆纳而作）

夫人，为何如此？
所有历经沧桑的人都明白
由坚石凿成的形象
将比它的创造者更加长久

果在因前低头
艺术击败了自然
一生埋头雕刻的我明白
她的奇迹不会被时间与死亡威胁

因此，我能让你我长存
通过颜料或石块
描出我们脸的轮廓

即使入土几百年后
你的美丽和我的悲伤都将无恙
见者都将知道："他对她的爱证明了他的智慧。"

《隆达尼尼圣殇》，1552—1564 年，大理石

与米开朗琪罗通信的人
及其他在信中被提到的人

（与米开朗琪罗通信的人名由**粗体**表示）

1. 阿戈斯蒂诺·吉吉（Agostino Chigi），富有的西耶那银行家。

2. 阿吉奈西斯（Aginensis），红衣主教，见李奥纳多·格罗索·德拉·罗韦雷（Liornardo Grosso della Rovere）。

3. 阿塔兰蒂·迪·马内托·米廖罗蒂（Attalante di Manetto Migliorotti），1466—c.1535，圣彼得大教堂建设的监工之一。

4. 安德烈亚·夸拉泰西（Andrea Quaratesi），1512—1585 年，来自一个著名的银行世家，米开朗琪罗的学生。

5. 安托尼奥·迪·贝尔纳多·米尼（Antonio di Bernardo Mini），1533 年去世，米开朗琪罗的助手。

6. 巴尔达萨雷·巴尔杜齐（Baldassare Balduci），在雅各布·加洛（Iacopo Gallo）的银行工作的佛罗伦萨人，米开朗琪罗的朋友。

7. 巴尔达萨雷·迪·米拉内西（Baldassare di Milanese），将做旧的《沉睡的丘比特》当作古董卖出的商人。

8. **巴尔托洛梅奥·阿马纳蒂 / 阿马纳托**（Bartolomeo Ammanati/Ammanato），1511—1595 年，雕刻家与建筑师。

9. 巴尔托洛梅奥·贝蒂尼（Bartolomeo Bettini），商人与银行家，在罗马流亡的佛罗伦萨人。

10. **巴尔托洛梅奥·费拉帝诺**（Bartolomeo Ferratino），圣彼得大教堂的主教及其建设的负责人。

11. 巴斯蒂亚诺·马莱诺蒂·达·圣·吉米尼亚诺（Bastiano Malenotti da San Gimingnano），圣彼得大教堂的监工之一，曾借住在米开朗琪罗家中。

12. 贝尔纳迪诺·安托尼奥·达尔·蓬特·迪·米拉诺（Bernardino d'Antonio dal Ponte di Milano），1504—1512 年间任佛罗伦萨共和国炮兵指挥官，协助米开朗琪罗铸造尤利乌斯二世的铜像。

13. 贝尔纳迪诺·迪·皮耶尔·巴索(Bernardino di Pier Basso)，1551 年去世，来自塞蒂尼亚诺的雕刻家。

14. **贝内迪托·瓦尔基**（Benedetto Varchi），1503—1565 年，佛罗伦萨的诗人、学者、批评家、历史学家。他曾就米开朗琪罗的诗歌开办了两场讲座，并在他的葬礼上致辞。

15. 贝尔纳多·达·比别纳（Bernardo da Bibbiena），比别纳的多维奇红衣主教，见多维奇·达·比别纳。

16. 本蒂沃利奥（Bentivoglio）家族，博洛尼亚的领主，1506 年被教皇的势力驱逐，1511 年恢复势力。

17. 本韦努托·切里尼（Benvenuto Cellini），1500–1571 年，金匠和雕刻家，曾于 1560 年写信给米开朗琪罗，劝说他回到佛罗伦萨。

18. **博纳罗托·迪·洛多维科·博纳罗蒂·迪·西莫尼**[Buonarroto di Ludovico Buonarroti (di

Simoni）], 1477—1528 年，米开朗琪罗最爱
的弟弟。

19. 博尼法齐奥·法奇（Bonifazio Fazi/Fazzi），
在佛罗伦萨为米开朗琪罗服务的银行业者。

20. 彼得罗·阿尔多布兰迪尼（Pietro
Aldobrandini），生于 1471 年，委托米开朗
琪罗设计并制作匕首的博洛尼亚人。他对匕首
不满意，因此米开朗琪罗将匕首交给了菲利
波·斯特罗齐。

21. 彼得罗·乌尔巴诺·达·皮斯托亚（Pietro
Urbano da Pistoia），1495 年出生，米开朗
琪罗的助手。

22. 彼得罗·阿雷蒂诺（Pietro Aretino），
1492—1556 年，以书信（有些是敲诈信件）
留名。他给米开朗琪罗写信，就《最后的审判》
提出了一些不合理的建议。米开朗琪罗的回复
（1537 年 9 月）招来了阿雷蒂诺的责骂。

23. 彼得罗·奥兰迪（Pietro Orlandi），见彼得罗·阿
尔多布兰迪尼。

24. 卡尔皮红衣主教（Cardinal of Carpi），见里
多尔福·皮奥·达·卡尔皮。

25. 卡桑德拉·博纳罗蒂 / 莫纳·卡桑德
拉，（Cassandra Buonarroti /Mona
Cassandra），米开朗琪罗的叔叔弗朗切斯科·博
纳罗蒂的遗孀。她曾向博纳罗蒂家要求归还她
的嫁妆。

26. 卡桑德拉·里多尔菲（Cassandra Ridolfi），
1593 年去世，米开朗琪罗的侄子李奥纳多之妻。

27. 卡瓦尔坎蒂（Cavalcanti），罗马的银行家。

28. 卡瓦尔坎蒂和吉拉尔迪（Cavalcanti and
Giraldi），银行。

29. 多梅尼科·博宁塞尼（Domenico Buoninsegni），
利奥教皇的会计。

30. 多纳托·布拉曼特（Donato Bramante），1444—
1514 年，最初设计圣彼得大教堂的建筑师。米
开朗琪罗认为他在针对自己。

31. 多纳托·本蒂（Donato Benti），1470—1536 年，
佛罗伦萨的雕刻家，米开朗琪罗在卡拉拉、皮
耶特拉桑塔与萨拉维萨的代理人。

32. 多纳托·詹诺蒂（Donato Gianotti），1492—
1573 年，佛罗伦萨作家。

33. 多维奇·达·比别纳（Dovizi da Bibbiena），
贝纳多红衣主教，1470—1520 年。

34. 费博·迪·波焦（Febo di Poggio），米开朗
琪罗的一位年轻朋友。米开朗琪罗曾因费博的
名字与福波斯（Phoebus）相近而在他的十四
行诗中提到。

35. 菲利波·斯特罗齐（Filippo Strozzi），
1489—1538 年，洛伦佐·斯特罗齐的兄弟。
阿尔多布兰迪尼对米开朗琪罗找人制作的匕首
不满，米开朗琪罗将匕首给了斯特罗齐。

36. 佛罗伦萨公爵（Duke of Florence），见科西
莫·迪·乔瓦尼·德·美第奇。

37. 弗拉·李奥纳多（Fra Leonardo），见李奥纳
多·迪·卢多维科·博纳罗蒂。

38. 弗朗切丝卡·博纳罗蒂 / 切卡（Francesca
Buonarroti /Ceca），米开朗琪罗的侄女，博
纳罗托的女儿。

39. 弗朗切斯科·阿利多西（Francesco Alidosi），
帕维亚红衣主教。

40. 弗朗切斯科·班迪尼（Francesco Bandini），
银行家，佛罗伦萨的圣若望教堂的工程代理人。

41. 弗朗切斯科·达·乌尔比诺·德利·阿马多
里（Francesco da Urbino degli Amadori），
c.1515—1555 年，米开朗琪罗最爱的助手。

42. 弗朗切斯科·迪·李奥纳多·博纳罗蒂
（Francesco di Liornardo Buonarroti），
1434—1508 年，米开朗琪罗的叔叔，洛多维
科的兄弟。

43. 弗朗切斯科·格拉纳奇 / 格拉纳乔（Francesco
Granacci/Granaccio），1469—1543 年，米
开朗琪罗在多梅尼科·基尔达约的作坊的朋
友与同学。

44. 弗朗切斯科·马利亚·德拉·罗韦雷（Francesco
Maria della Rovere），乌尔比诺公爵，
1490—1538 年，教皇尤利乌斯二世的侄子。

45. 弗朗切斯科·托代斯基尼·皮科洛米尼
（Francesco Todeschini Piccolomini），见

教皇庇护三世。

46. 弗朗西斯一世（Frances I），法国国王，1515—1547 年，曾委托米开朗琪罗创作作品。

47. 教皇阿德里安六世(Adrian VI)，即阿德里安·弗洛里松·博延斯（Adreaan Floriszoon Boyents），在位时间 1522 年 1 月 9 日至 1523 年 9 月 14 日。

48. **教皇保罗三世（Paul III）**，即亚历山德罗·法尔内塞（Alessandro Farnese），在位时间 1534 年 10 月 13 日至 1549 年 11 月 10 日。

49. 教皇保罗四世（Paul IV），即乔瓦尼·彼得罗·卡拉法（Giovanni Pietro Carafa），在位时间 1555 年 5 月 23 日至 1559 年 8 月 18 日。

50. 教皇庇护三世（Pius III），即弗朗切斯科·托代斯基尼·皮科洛米尼，在位时间 1503 年 9 月 22 日至 1503 年 10 月 18 日，曾作为西耶那红衣主教委托米开朗琪罗为西耶那大教堂制作 15 尊大理石雕像，最终作品没能完成。

51. 教皇庇护四世（Pius IV），即乔瓦尼·安杰洛·美第奇（Giovanni Angelo Medici），在位时间 1559 年 12 月 26 日至 1565 年 12 月 9 日。

52. **教皇克雷芒七世（Clement VII）**，即朱利奥·德·美第奇（Giulio de'Medici），在位时间 1523 年 11 月 18 日至 1534 年 9 月 25 日。

53. 教皇利奥十世（Leo X），即乔瓦尼·德·美第奇（Giovanni de' Medici），在位时间 1513 年 3 月 9 日至 1521 年 12 月 1 日，伟大的洛伦佐之子。

54. 教皇马塞勒斯二世（Marcelius II），即马塞勒斯·切尔维尼（Marcelius Cervini），在位时间 1555 年 4 月 9 日至 1555 年 5 月 1 日。

55. 教皇尤利乌斯二世（Julius II），即朱利亚诺·德拉·罗韦拉（Giuliano della Rovera），在位时间 1503 年 10 月 31 日至 1513 年 2 月 21 日。

56. 教皇尤利乌斯三世（Julius III），即乔瓦尼·马利亚·乔基·德尔·蒙特（Giovanni Maria Ciocchi del Monte），在位时间 1550 年 2 月 8 日至 1555 年 3 月 23 日。

57. 焦万／乔瓦尼·弗朗切斯科·法图奇（Giovan/ Giovanni Francesco Fattucci），圣母百花大教堂的牧师，米开朗琪罗的朋友与导师。

58. 焦万·西莫内·迪·洛多维科·迪·博纳罗蒂·西莫尼［Giovan Simone/Giovansimone di Lodovico Buonarroti(Simoni)］，1444—1531 年，米开朗琪罗的弟弟。

59. 科西莫·迪·乔瓦尼·德·美第奇（Cosimo di Giovanni de' Medici），1519—1574 年，佛罗伦萨公爵。

60. 科尔内莉亚·迪·圭多·科洛内洛（Cornelia di Guido Colonello），米开朗琪罗最爱的助手，乌尔比诺的遗孀。

61. 拉法埃莱·里亚里奥（Raffaele Riario），圣若望红衣主教，1451—1521 年，米开朗琪罗在罗马的第一个资助人，富有的收藏家，因为相信《沉睡的丘比特》是古董而买下。

62. 拉法埃洛·达·蒙特卢波（Raffaello da Montelupo），c.1505—1566 年，佛罗伦萨的雕刻家，参与完成了尤利乌斯二世和美第奇小教堂的部分雕像。

63. 拉法埃洛·达·乌尔巴诺（Raffaello da Urbano），见拉斐尔·桑蒂。

64. 拉斐尔·桑蒂（Raphael Santi），1483—1520 年，伟大的画家与米开朗琪罗的对手，于 1520 年英年早逝。

65. 拉普·安托尼奥·迪·拉普（Lapo d'Antonio di Lapo），佛罗伦萨雕刻家，曾在博洛尼亚协助米开朗琪罗铸造尤利乌斯二世的铜像，后被米开朗琪罗解雇。

66. **李奥纳多·迪·博纳罗托·博纳罗蒂·迪·西莫尼**［Liornardo di Buonarroto Buonarroti(di Simoni)］，1519—1599 年，米开朗琪罗的侄子，博纳罗托的儿子。

67. 李奥纳多·迪·卢多维科·博纳罗蒂（Liornardo di Ludovico Buonarroti），生于 1473 年，米开朗琪罗的兄长，多明我会修士，萨沃纳罗拉的追随者。

68. 李奥纳多·格罗索·德拉·罗韦雷（Leonardo

Grosso della Rovere）阿吉奈西斯红衣主教，1529 年去世，教皇尤利乌斯二世的侄子和遗嘱执行人。

69. 里多尔福·皮奥·达·卡尔皮（Ridolfo Pio da Carpi），红衣主教，1499—1564 年，圣彼得大教堂的大主教。

70. **卢多维科·迪·李奥纳多·博纳罗蒂·西莫尼** [Ludovico di Liornardo Buonarroti (Simoni)]，1444—1531 年，米开朗琪罗的父亲。

71. **卢卡·马丁尼**（Luca Martini），1498—1535 年，艺术资助者与佛罗伦萨学院成员。

72. 路易吉·德尔·里乔（Luigi del Riccio），1546 年去世，罗马斯特罗齐 – 乌利维耶里银行的行长。他在安焦利尼（Angiolini）去世后接手打理米开朗琪罗的事务，并成为他的挚友，在米开朗琪罗两场重病期间照顾他。

73. 洛多维科·迪·古列尔莫·洛蒂（Lodovico di Gulielmo Lotti），c.1458—1519 年，雕刻家，曾在博洛尼亚协助米开朗琪罗铸造尤利乌斯二世的铜像，后被米开朗琪罗解雇。

74. 洛伦佐·迪·彼得罗·德·美第奇（Lorenzo di Pietro de' Medici），乌尔比诺公爵（1492-1519），"伟大的洛伦佐"之孙，葬于美第奇小教堂。

75. **洛伦佐·迪·皮耶·弗朗切斯科·德·美第奇**（Lorenzo di Pier Francesco de' Medici），1463-1507 年，来自美第奇家族较为年轻的一个分支，他向米开朗琪罗建议将《沉睡的丘比特》（已佚）埋进土里，将其做旧，好卖个高价。通过银行家巴尔达萨雷·迪·米拉内西卖给了古董收藏家圣若望红衣主教拉法埃莱·里亚里奥，后来被退回。

76. 洛伦佐·迪·皮耶罗·德·美第奇（Lorenzo di Piero de' Medici），又被称为"伟大的洛伦佐"（1449-1492 年），佛罗伦萨的统治者与艺术资助者，米开朗琪罗曾在青年时代借住其家中。

77. 洛伦佐·斯特罗齐（Lorenzo Strozzi），1482-1549 年，佛罗伦萨银行家和羊毛商人，博纳罗托和焦万·西莫内曾在他的商店做学徒。

78. 蒙特（Monte），佛罗伦萨公债，公民能够拥有股份并用它作为债务保证。

79. 米凯莱·尼克洛·圭恰迪尼（Michele di Niccolò Guicciardini），弗朗切丝卡的丈夫，米开朗琪罗的侄子。

80. 莫纳·卡桑德拉（Mona Cassandra），见卡桑德拉·博纳罗蒂。

81. 莫纳·玛格丽塔（Mona Margerita），1540 年去世，博纳罗蒂家族的长期仆人。

82. **尼科洛·马尔泰利**（Martelli Niccolò），1498—1535 年，作家，佛罗伦萨学院成员。

83. 帕维亚（Pavia），红衣主教，见弗朗切斯科·阿利多西。

84. 皮耶尔·弗朗切斯科·博格里尼（Pier Francesco Borgerini/Borgherini），富有的佛罗伦萨银行家。

85. 皮耶尔·乔瓦尼·阿利奥蒂（Pier Giovanni Aliotti），早年为保罗三世的内务主管，后成为福尔利主教 (Bishop of Forli)，米开朗琪罗戏称他为"万事通"（Tantecose）。

86. 皮耶罗·德·美第奇（Piero de' Medici），1471—1503 年，"伟大的洛伦佐"的长子，被称为"不幸者"。

87. 皮耶罗·索代里尼（Piero Soderini），1452—1522 年，掌旗官，1502 年被任命为佛罗伦萨共和国的终生首领，直到美第奇家族于 1512 年夺回政权。

88. **乔尔乔·瓦萨里**（Giorgio Vasari），1511—1574 年，画家与传记作家，著作包括《意大利艺苑名人传》。

89. **乔瓦尼·巴蒂斯塔·德拉·帕拉·达·卢卡** [Giovanni Battista della Palla (da Lucca)]，c.1531 年去世，佛罗伦萨人，为弗朗西斯一世收集艺术品的代理人。

90. 乔瓦尼·巴蒂斯塔·费焦瓦尼（Giovanni Battista Figiovanni），生于 1544 年。圣洛伦佐小教堂教士，后成为修道院院长，圣洛伦佐小教堂修建的监督者。

91. 乔瓦尼·巴尔杜齐（Giovanni Balducci），在

罗马为米开朗琪罗服务的银行业者。

92. 乔瓦尼·达·皮斯托亚（Giovanni da Pistoia），可能是乔瓦尼·迪·贝内迪托（Giovanni di Benedetto），佛罗伦萨学院的秘书。

93. 乔瓦尼·德·美第奇（Giovanni de'Medici），红衣主教，见利奥十世。

94. 乔瓦尼·迪·马科·里卡索利（Giovanni di Marco Ricasoli），1468-1519 年，米开朗琪罗在佛罗伦萨的朋友。

95. **乔瓦尼·斯皮纳**（Giovanni Spina），即洛·斯皮纳（Lo Spina），佛罗伦萨的萨尔威亚蒂银行职员，负责办理美第奇小教堂和洛伦佐图书馆的资金划转。

96. **萨尔韦斯特罗·达·蒙塔古托**（Salvestro da Montaguto），银行家。

97. **塞巴斯蒂亚诺·德尔·皮翁博**（Sebastiano del Piombo），又被称为塞巴斯蒂亚诺·卢恰尼（Sebastiano Luciani）或巴斯蒂亚诺·韦内齐亚诺（Bastiano Veneziano），c.1485—1547 年，画家，米开朗琪罗的朋友，因《最终的审判》而决裂。

98. **圣彼得大教堂建设监督委员会**（Overseers of the Fabric of St. Peter's），负责监督圣彼得大教堂建设工程的组织。

99. 圣若望（San Giorgio），红衣主教，见拉法埃莱·里亚里奥。

100. 斯佩达林格（Spedalingo），新圣母医院的看守的职位名称，新圣母医院同时履行银行职能，许多佛罗伦萨人使用其服务。

101. **托马索·德·卡瓦列里**（Tommaso de' Cavalieri），1509—1587 年，米开朗琪罗一生的好友与挚爱。

102. "万事通"（Busybody），见皮耶尔·乔瓦尼·阿利奥蒂。

103. **维多利亚·科隆纳**（Vittoria Colonna），佩斯卡拉的侯爵夫人，1490—1547 年。

104. 乌尔比诺（Urbino），见弗朗切斯科·德·阿马多尔。

105. 乌尔比诺公爵（Duke of Urbino），见弗朗切斯科·马利亚·德拉·罗韦雷。

106. **西吉斯蒙多 / 吉斯蒙多·迪·洛多维科·博纳罗蒂·西莫尼** [Sigismondo/Gismondo di Lodovico Buonarroti（Simoni）]，1481—1551 年，米开朗琪罗的弟弟。

107. 西耶那（Siena），红衣主教，见教皇庇护三世。

108. 小安托尼奥·圣加洛（Antonio Sangallothe Younger），1485—1546 年，布拉曼特的学徒，在米开朗琪罗之前是圣彼得大教堂和法尔内塞宫殿的建筑师。

109. 雅各布·萨尔威亚蒂（Jacopo/Iacopo Salviati），1533 年去世，银行家，米开朗琪罗的朋友。

110. 羊毛工会（Arte di Lana/Arte della Lana），由佛罗伦萨的羊毛商人组成的公会。

111. 掌旗官（Gonfaloniere），佛罗伦萨共和国的首领的职位名。见皮耶罗·索代里尼。

112. **朱利奥·德·美第奇**（Giulio de'Medici），红衣主教，见克雷芒七世。

113. **朱利亚诺·达·圣·加洛**（Giuliano da San Gallo），1445—1517 年，尤里乌斯二世教皇的建筑师和米开朗琪罗的朋友、顾问、调解人，他将米开朗琪罗引荐给教皇。

114. 朱利亚诺·德·美第奇（Giuliano de'Medici），1453—1478 年，伟大的洛伦佐的兄弟。

115. 朱利亚诺·德·美第奇（Giuliano de'Medici），内穆尔公爵，1479—1516 年。伟大的洛伦佐的幼子，葬于羊第奇小教堂。

参考书目

关于米开朗琪罗的出版物浩如烟海，我从中选出艺术家本人的记录、传记、研究专著、图片资料以及近几十年来的艺术史研究资料，收录于此。其中也包括少量意大利语、法语和德语的重要研究资料。尽管这份参考书目覆盖了米开朗琪罗创作生涯的方方面面，包括建筑、素描、绘画、诗歌和雕塑等，它还是省略了许多探讨作品真伪、未完成品以及鉴定作品日期的学术作品。感谢劳拉·莫里斯（Laura Morris）在我完成这份参考书目时给予的帮助。

英文书目
米开朗琪罗的著作

The Complete Poems of Michelangelo. Trans. John Frederick Nims. Chicago: University of Chicago Press, 1998.

The Complete Poems of Michelangelo. Trans. Joseph Tusiani. London: Peter Owen, 1960.

The Complete Poems and Selected Letters of Michelangelo. Ed. Robert N. Linscott. Trans. Creighton Gilbert. Princeton: Princeton University Press, 1980.

The Letters of Michelangelo. Trans. E. H. Ramsden. 2 vols. Stanford, CA: Stanford University Press, 1963.

Michelangelo: A Record of His Life As Told in His Own Letters and Papers. Trans. and ed. by Robert W. Carden. London: Constable and Company, 1913.

Michelangelo: Life, Letters, and Poetry. Ed. George Bull. Trans. Bull and Peter Porter. Oxford World's Classics. Oxford: Oxford University Press, 2008.

Poems and Letters: Selections, with the 1550 Vasari Life. Trans. Anthony Robert Mortimer. Penguin Classics. London: Penguin, 2007.

The Poetry of Michelangelo: An Annotated Translation. Trans. James M. Saslow. New Haven, CT: Yale University Press, 1991 (in Italian and English).

The Sonnets of Michelangelo. Trans. Elizabeth Jennings. Garden City, NY: Doubleday, 1970.

The Sonnets of Michel Angelo and Tommaso Campanella. Trans. John Addington Symonds. London, 1878.

The Sonnets of Michelangelo Buonarroti. Trans. S. Elizabeth Hall. London: Kegan Paul, Trench, Trübner & Co., 1905.

传记

Alexander, Sidney. *Nicodemus: The Roman Years of Michelangelo, 1534 - 1564*. Athens, OH: Ohio University Press, 1984.

Beck, James H. *Three Worlds of Michelangelo*. New York: W.W. Norton, 1999.

Bull, George. *Michelangelo: A Biography*. New York: St. Martin's Press, 1996.

Condivi, Ascanio. *The Life of Michel-Angelo*. Ed. by Helmut Wohl. Trans. Alice Sedgwick Wohl. 2nd ed. University Park: Pennsylvania State University Press, 1999.

Duppa, Richard. *The Life of Michael Angelo*. 3rd ed. London: Longman, Hurst, Rees, Orme, and Brown, 1816.

Forcellino, Antonio. *Michelangelo: A Tormented Life*. Cambridge, UK: Polity Press, 2009.

Gayford, Martin. *Michelangelo: His Epic Life*. London: Penguin/Fig Tree, 2013.

Giunti, Jacopo. *The Divine Michelangelo: The Florentine Academy's Homage on His Death in 1564, a Facsimile Edition of the Esequie del Divino Michelangelo Buonarroti*. Edited, translated, and introduced by Margot Wittkower and Rudolf Wittkower. London: Phaidon Press, 1964.

Hibbard, Howard. *Michelangelo*. New York: Harper and Row, 1974. 2nd ed. New York: Harper and Row, 1985.

Hirst, Michael. *Michelangelo: The Achievement of Fame, 1475 - 1534*. New Haven, CT: Yale University Press, 2011.

Spike, John T. *Young Michelangelo: The Path to the Sistine*. New York: Vendome Press, 2010.

Symonds, John Addington. *The Life of Michelangelo Buonarroti*. 2 vols. London: J. C. Nimmo, 1899.

Unger, Miles. *Michelangelo: A Life in Six Masterpieces*. New York: Simon and Schuster, 2014.

Vasari, Giorgio. *Lives of the Most Eminent Painters, Sculptors, and Architects*. Trans. Gaston du C. de Vere. Vol. 9, Michelangelo to the Flemings. London: Philip Lee Warner, 1912 - 1915.

Vasari, Giorgio. *Lives of the Painters, Sculptors, and Architects*. Trans. Gaston du C. de Vere. 2 vols. London: Everyman's Library, 1996.

Wallace, William E. *Michelangelo: The Artist, the Man, and His Times*. Cambridge, UK: Cambridge University Press, 2010.

与米开朗琪罗有关的著作

Acidini, Cristina Luchinat, Palazzo Strozzi, Art Institute of Chicago, and Detroit Institute of Arts. *The Medici, Michelangelo, and the Art of Late Renaissance Florence*. New Haven, CT: Yale University Press, 2002. Exhibition catalog.

Ackerman, James S. *The Architecture of Michelangelo: With a Catalogue of Michelangelo's Works*. 1st ed. 2 vols. London: Zemmer, 1961. 2nd ed. 1 vol. Chicago: University of Chicago Press, 1986.

Argan, Giulio Carlo, and Bruno Contardi. *Michelangelo Architect*. Trans. Marion L. Grayson. New York:

Harry N. Abrams, 1993.

Baldini, Umberto. *The Complete Sculpture of Michelangelo*. London: Thames and Hudson, 1982.

Bambach, Carmen C. "Berenson's Michelangelo." *Apollo* 171, no. 574 (March 2010): 48 – 53; no. 575 (April 2010): 100 – 107.

Barbieri, Costanza, "The Competition between Raphael and Michelangelo and Sebastiano's Role in It." *The Cambridge Companion to Raphael*. Edited by Marcia B. Hall. Cambridge, UK: Cambridge University Press, 2005, 141 – 64.

Barkan, Leonard. *Michelangelo: A Life on Paper*. Princeton, NJ: Princeton University Press, 2011.

Barnes, Bernadine Ann. *Michelangelo's "Last Judgment" : The Renaissance Response*. Berkeley: University of California Press, 1998.

Barolsky, Paul. *The Faun in the Garden: Michelangelo and the Poetic Origins of Italian Renaissance Art*. University Park, PA: Pennsylvania State University Press, 1994.

Barolsky, Paul. "The Metamorphoses of Michelangelo." *VQR [Virginia Quarterly Review]: A National Journal of Literature and Discussion* 68, no. 2 (Spring 1992): 208 – 17.

Barolsky, Paul. *Michelangelo and the Finger of God*. Issues in the History of Art. Athens: Georgia Museum of Art, University of Georgia, 2003.

Barolsky, Paul. *Michelangelo's Nose: A Myth and Its Maker*. University Park, PA: Pennsylvania State University Press, 1990.

Beck, James. *Michelangelo: A Lesson in Anatomy*. New York: Viking Press, 1974.

Beck, James, and Michael Daley. *Art Restoration: The Culture, The Business, The Scandal*. New York: W. W. Norton, 1996. See esp. chap. 3 and chap. 4.

Beck, James, Antonio Paolucci, Bruno Santi, Aurelio Amendola, Agnese Parronchi, and Francesco Panichi. *Michelangelo: The Medici Chapel*. New York: Thames and Hudson, 1994.

British Museum, Department of Prints and Drawings. *Drawings by Michelangelo in the Collection of Her Majesty the Queen at Windsor Castle, the Ashmolean Museum, the British Museum, and other English Collections*. London: British Museum Publications, 1975. Exhibition catalog.

Brothers, Cammy. *Michelangelo, Drawing, and the Invention of Architecture*. New Haven, CT: Yale University Press, 2008.

Brothers, Cammy. "Michelangelo's Laurentian Library, Music, and the Affetti." In *Das Auge der Architektur. Zur Frage der Bildlichkeit in der Baukunst*. Ed. Andreas Beyer, Matteo Burioni, and Johannes Grave. Paderborn, Germany: Wilhelm Fink Verlag, 2011, pp. 321 – 50.

Buck, Stephanie, with Tatiana Bissolati, eds. *Michelangelo's Dream*. London: Courtauld Gallery in association with Paul Holberton Publishing, 2011. Exhibition catalog.

Cadogan, Jean K. "Michelangelo in the Workshop of Domenico Ghirlandaio." *The Burlington Magazine* 135, no. 1,078 (January 1993): 30 – 31.

Cambon, Glauco. *Michelangelo's Poetry: Fury of Form*. Princeton, NJ: Princeton University Press, 1985.

Cast, David. "Finishing the Sistine." *The Art Bulletin* 73, no. 4 (December 1991): 669 – 84.

Chapman, Hugo. *Michelangelo Drawings: Closer to the Master*. London: British Museum Press, 2005. Exhibition catalog.

Chapman, Hugo. *Michelangelo: The British Museum.* London: British Museum Press, 2006.

Chierici, Sando, ed. *Michelangelo, "The Last Judgment" : A Glorious Restoration.* New York: Harry N. Abrams, 1997.

Clements, Robert J. *Michelangelo's Theory of Art.* New York: New York University Press, 1961.

Cole, Michael Wayne. *Leonardo, Michelangelo, and the Art of the Figure.* New Haven, CT: Yale University Press, 2015.

Connor, James A. *"The Last Judgment" : Michelangelo and the Death of the Renaissance.* New York: Palgrave Macmillan, 2009.

Direzione Generale dei Monumenti, Musei e Gallerie Pontificie, Vatican City. *Michelangelo, the Sistine Chapel: The Restoration of the Ceiling Frescoes.* Ed. Fabrizio Mancinelli. 2 vols. Treviso, Italy: Canova, 2001.

Elam, Caroline. "'Tuscan Dispositions': Michelangelo's Florentine Architectural Vocabulary and Its Reception." *Renaissance Studies* 19, no. 1 (February 2005): 46 – 82.

Elkins, James. "Michelangelo and the Human Form: His Knowledge and Use of Anatomy." *Art History* 7, no. 2 (June 1984): 176 – 86.

Falletti, Franca. *Michelangelo's "David" : A Masterpiece Restored.* Trans. Joan Reifsnyder. Florence: Giunti Editore, 2004.

Falletti, Franca, and Jonathan Katz Nelson, eds. *Venere a Amore: Michelangelo e la nuova bellezze ideale/Venus and Love: Michelangelo and the New Ideal of Beauty.* Florence: Giunti and Firenze Musei, 2002 (in Italian and English). Exhibition catalog.

Francese, Joseph. "On Homoerotic Tension in Michelangelo's Poetry." *Modern Language Notes* 117, no. 1 (January 2002): 17 – 47.

Garrard, Mary D. "Michelangelo in Love: Decoding the 'Children's Bacchanal.'" *The Art Bulletin* 96, no. 1 (March 2014): 24 – 49.

Gelber, Sara. "Apocalyptic and Demonic Structures in Michelangelo's Love Poetry." *Carte Italiane* 1, no. 6 (1985): 34 – 50.

Gibaldi, Joseph. "Vittoria Colonna: Child, Woman, and Poet." In *Women Writers of the Renaissance and Reformation.* Ed. Katharina M. Wilson. Athens: University of Georgia Press, 1987, pp. 22 – 46.

Gilbert, Creighton E. *Michelangelo: On and Off the Sistine Ceiling.* New York: George Braziller, 1994.

Gilbert, Creighton E. "Texts and Contexts of the Medici Chapel." *The Art Quarterly* 34, no. 4 (April 1971): 391 – 409.

Gnann, Achim. *Michelangelo: The Drawings of a Genius.* Ostfildern–Ruit, Germany: Hatje Cantz; Vienna: Graphische Sammlung Albertina, 2010. Exhibition catalog

Goffen, Rona. *Renaissance Rivals: Michelangelo, Leonardo, Raphael, Titian.* New Haven, CT: Yale University Press, 2002.

Gould, Cecil. *Michelangelo: "Battle of Cascina."* Charlton Lectures on Art. Newcastle–upon–Tyne: Newcastle University, 1966.

Hall, James. *Michelangelo and the Reinvention of the Human Body.* New York: Farrar, Straus, and Giroux, 2005.

Hall, Marcia B., ed. *Michelangelo's "Last Judgment": Masterpieces of Western Painting*. Cambridge, UK: Cambridge University Press, 2005.

Hall, Marcia B. *Michelangelo: The Frescoes of the Sistine Chapel*. Photographs by Takashi Okamura. New York: Harry N. Abrams, 2002.

Hallock, Ann Hayes. *Michelangelo the Poet: The Man behind the Myth*. Monterey, CA: Page Ficklin, 1978.

Hartt, Frederick. "The Meaning of the Michelangelo's Medici Chapel." In *Essays in Honor of Georg Swarzenski*. Edited by Oswald Goetz. Chicago: Henry Regnery in cooperation with Verlag Gebrüder Mann, Berlin, 1951, pp. 145 - 55.

Hartt, Frederick. *Michelangelo*. New York: Harry N. Abrams, 1984.

Hartt, Frederick. *Michelangelo Drawings*. New York: Harry N. Abrams, [1970].

Hartt, Frederick. "Michelangelo in Heaven." *Artibus et historiae* 13, no. 26 (1992): 191 - 209.

Hartt, Frederick. *Michelangelo: The Complete Sculpture*. New York: Harry N. Abrams, 1968.

Hatfield, Rab. *The Wealth of Michelangelo*. Studi e testi del Rinascimento europeo 16. Rome: Edizione di Storia e Letteratura, 2002.

Hayum, Andrée. "Michelangelo's Doni Tondo: Holy Family and Family Myth." *Studies in Iconography* 7 - 8 (1981 - 82): 209 - 51.

Hemsoll, David. "The Laurentian Library and Michelangelo's Architectural Method." *Journal of the Warburg and Courtauld Institutes* 66 (2003): 29 - 62.

Hirst, Michael. *Michelangelo and His Drawings*. New Haven, CT: Yale University Press, 1988.

Hirst, Michael. "Michelangelo and His First Biographers." *Proceedings of the British Academy: Lectures and Memoirs* 94 (1997): 63 - 84.

Hirst, Michael. *Michelangelo, Draftsman*. Milan: Olivetti, 1988. Exhibition catalog.

Hirst, Michael, and Dunkerton, Jill. *Making and Meaning: The Young Michelangelo*. London: National Gallery Publications, 1994. Exhibition catalog.

Holberton, Paul, ed. *The Sistine Chapel: Michelangelo Rediscovered*. Trans. Holberton. London: Muller, Blond, and White, 1986.

Hollanda, Francisco de. *Diálogos em Roma (1538): Conversations on Art with Michelangelo Buonarroti*. Ed. Grazia Dolores Folliero-Metz. Heidelberg: C. Winter, 1998.

Hughes, Anthony. *Michelangelo*. London: Phaidon Press, 1997.

Jerrold, Maud F. *Vittoria Colonna*. London, J. M. Dent; New York: E. P. Dutton, 1906.

Joannides, Paul. *The Drawings of Michelangelo and His Followers in the Ashmolean Museum*. Cambridge, UK: Cambridge University Press, 2007.

Joannides, Paul. *Michelangelo*. Drawing Gallery. Milan: 5 Continents Editions; Paris: Musée du Louvre, 2003.

Joannides, Paul. *Michelangelo and His Influence: Drawings from Windsor Castle*. Washington, DC: National Gallery of Art; London: Lund Humphries Publishers, 1996. Exhibition catalog.

Jones, Jonathan. *The Lost Battles: Leonardo, Michelangelo, and the Artistic Duel That Defined the Renaissance*. New York: Alfred A. Knopf, 2012.

King, Ross. *Michelangelo and the Pope's Ceiling.* New York: Bloomsbury, 2014.

Levi d'Ancona, Mirella. "The Doni Madonna by Michelangelo: An Iconographic Study." *The Art Bulletin* 50, no. 1 (March 1968): 43 - 50.

Liberman, Alexander. *Campidoglio: Michelangelo's Roman Capitol.* Essay by Joseph Brodsky. New York: Random House, 1994.

Liebert, Robert. *Michelangelo.* New Haven, CT: Yale University Press, 1983.

Mancinelli, Fabrizio. *The Sistine Chapel: The Art, the History, and the Restoration.* New York: Harmony Books, 1986.

Millon, Henry A., and Craig Hugh Smyth. *Michelangelo Architect. The Façade of San Lorenzo and the Drum and Dome of St. Peter's.* Milan: Olivetti, 1988. Exhibition catalog.

Murray, Linda. *Michelangelo.* World of Art. New York: Oxford University Press, 1980.

Murray, Linda. *Michelangelo: His Life, Work, and Times.* London: Thames and Hudson, 1984.

Nagel, Alexander. "Gifts for Michelangelo and Vittoria Colonna." *The Art Bulletin* 79, no. 4 (December 1997): 647 - 68.

Nagel, Alexander. *Michelangelo and the Reform of Art.* Cambridge, UK: Cambridge University Press, 2000.

O'Grody, Jeannine. "Michelangelo: The Master Modeler." *Earth and Fire: Italian Terracotta Sculpture from Donatello to Canova.* Ed. Bruce Boucher. New Haven, CT: Yale University Press, 2001. Exhibition catalog, pp. 33 - 42.

Panofsky, Erwin. "The First Two Projects of Michelangelo's Tomb of Julius II." *The Art Bulletin* 19, no. 4 (December 1937): 561 - 79.

Panofsky, Erwin. "The Neoplatonic Movement and Michelangelo." *In Studies in Iconology: Humanistic Themes in the Art of the Renaissance.* Oxford, UK: Oxford University Press, 1939. Boulder, CO: Westview Press, 2010, pp. 171 - 229.

Paoletti, John T. *Michelangelo's "David": Florentine History and Civic Identity.* Cambridge, UK: Cambridge University Press, 2015.

Paoletti, John T. "Michelangelo's Masks." *The Art Bulletin* 74, no. 3 (September 1992): 423 - 40.

Parker, Deborah. *Michelangelo and the Art of Letter Writing.* New York: Cambridge University Press, 2010.

Partridge, Loren W., ed. Michelangelo. *"The Last Judgment": A Glorious Restoration.* Photographs by Takashi Okamura. New York: Harry N. Abrams, 1997.

Perrig, Alexander. *Michelangelo's Drawings: The Science of Attribution.* New Haven, CT: Yale University Press, 1991.

Pietrangeli, Carlo, Michael Hirst, Gianluigi Colalucci, Fabrizio Mancinelli, John Shearman, Matthias Winner, Edward Maeder, Pierluigi de Vecchi, Nazzareno Gabrieli, and Piernicola Pagliara. *The Sistine Chapel: A Glorious Restoration.* Photographs by Takashi Okamura. New York: Harry N. Abrams, 1994.

Prodan, Sarah Rolfe. *Michelangelo's Christian Mysticism: Spirituality, Poetry, and Art in Sixteenth–Century Italy.* New York: Cambridge University Press, 2014.

Ragionieri, Pina. *Michelangelo: Drawings and Other Treasures from the Casa Buonarroti, Florence.* Atlanta, GA: High Museum of Art, 2001. Exhibition catalog.

Ragionieri, Pina. *Michelangelo Public and Private: Drawings for the Sistine Chapel and Other Treasures from the Casa Buonarroti.* Seattle: Seattle Art Museum, 2009. Exhibition catalog.

Ragionieri, Pina. *Michelangelo: The Man and the Myth.* Syracuse, NY: Syracuse University Art Galleries, 2008. Exhibition catalog.

Robertson, Charles. "Bramante, Michelangelo and the Sistine Ceiling." *Journal of the Warburg and Courtauld Institutes* 49 (1986): 91‐105.

Robinson, John Charles. *A Critical Account of the Drawings by Michel Angelo and Raffaello in the University Galleries, Oxford.* Oxford, UK: Clarendon Press, 1870.

Ruvoldt, Maria. "Michelangelo's Dream." *The Art Bulletin* 85, no. 1 (March 2003): 86‐113.

Ryan, Christopher. *The Poetry of Michelangelo: An Introduction.* London: Athlone Press, 1998.

Saalman, Howard. "Michelangelo: S. Maria del Fiore and St. Peter's." *The Art Bulletin* 57, no. 3 (September 1975): 374‐409.

Saslow, James M. *Ganymede in the Renaissance: Homosexuality in Art and Society.* New Haven, CT: Yale University Press, 1986.

Saslow, James M. "Michelangelo: Sculpture, Sex, and Gender." In *Looking at Italian Renaissance Sculpture.* Ed. Sarah Blake McHam. New York: Cambridge University Press, 1998, pp. 223‐45.

Saslow, James. "The Unconsummated Portrait: Michelangelo's Poems about Art." In *The Eye of the Poet: Studies in the Reciprocity of the Visual and Literary Arts from the Renaissance to the Present.* Ed. Amy Golahny. Lewisburg, PA: Bucknell University Press; London: Associated University Presses, 1996, pp. 79‐101.

Seymour, Charles. *Michelangelo's "David": A Search for Identity.* Pittsburgh, PA: University of Pittsburgh Press, 1967.

Smyth, Craig Hugh, with Ann Gilkerson, eds. *Michelangelo Drawings.* Washington, DC: National Gallery of Art, 1992.

Steinberg, Leo. "Michelangelo's Florentine Pietà: The Missing Leg." *The Art Bulletin* 50, no. 4 (December 1968): 343‐53.

Steinberg, Leo. "Michelangelo's Florentine Pietà: The Missing Leg Twenty Years After." *The Art Bulletin* 71, no. 3 (September 1989), pp. 480‐505.

Steinberg, Leo. *Michelangelo's Last Paintings: "The Conversion of St. Paul" and the "Crucifixion of St. Peter" in the Cappella Paolina, Vatican Palace.* New York: Oxford University Press, 1975.

Steinberg Leo. "Who's Who in Michelangelo's *Creation of Adam*: A Chronology of the Picture's Reluctant Self‐Revelation." *The Art Bulletin* 74, no. 4 (December 1992): 552‐66.

Summers, David. *Michelangelo and the Language of Art.* Princeton, NJ: Princeton University Press, 1981.

Théberge, Pierre, and Denise L. Bissonnette, eds. *The Genius of the Sculptor in Michelangelo's Work.* Montreal: Montreal Museum of Fine Arts, 1992. Exhibition catalog.

Tolnay, Charles de. *The Art and Thought of Michelangelo.* Trans. Nan Buranelli. New York: Pantheon

Books, 1964.

Tolnay, Charles de. *Michelangelo*. 5 vols. Princeton, NJ: Princeton University Press, 1943 - 60.

Tolnay, Charles de. *Michelangelo: Sculptor, Painter, Architect*. Trans. Gaynor Woodhouse. Princeton, NJ: Princeton University Press, 1975.

Vecchi, Pierluigi de, and Gianluigi Colalucci. *Michelangelo: The Vatican Frescoes*. New York: Abbeville Press, 1996.

Wallace, William E. "'Dal disegno allo spazio': Michelangelo's Drawings for the Fortifications of Florence." *Journal of the Society of Architectural Historians* 46, no. 2 (June 1987): 119 - 34.

Wallace, William E. "Instruction and Originality in Michelangelo's Drawings." In *The Craft of Art: Originality and Industry in the Italian Renaissance and Baroque Workshop*. Ed. Andrew Ladis and Carolyn Ward. Athens: University of Georgia Press, 1995, pp. 113 - 33.

Wallace, William E. *Michelangelo at San Lorenzo: The Genius as Entrepreneur*. Cambridge, UK: Cambridge University Press, 1994.

Wallace, William E., ed. *Michelangelo: Selected Readings*. New York: Garland Publishing, 1999.

Wallace, William E., ed. *Michelangelo: Selected Scholarship in English*. 5 vols. New York and London: Garland Publishing, 1995.

Wallace, William E. "Michelangelo's Risen Christ." *The Sixteenth Century Journal* 28, no. 4 (1997): 1251 - 80.

Wallace, William E. *Michelangelo: The Complete Sculpture, Painting, Architecture*. New York: Hugh Lauter Levin Associates, 1998.

Wallace, William E. "A Week in the Life of Michelangelo." In *Looking at Italian Renaissance Sculpture*. Ed. Sarah Blake McHam. Cambridge, UK: Cambridge University Press, 1998, pp. 203 - 19.

Wasserman, Jack. *Michelangelo's Florence "Pietà."* Texts by Franca Trinchieri Camiz, Peter Rockwell, and Timothy Verdon. Princeton, NJ: Princeton University Press, 2003.

Weil-Garris Brandt, Kathleen. "Twenty-five Questions about Michelangelo's Sistine Ceiling." *Apollo* N. S. 126, no. 310 (December 1987): 392 - 400.

Wilde, Johannes. "The Hall of the Great Council of Florence." *Journal of the Warburg and Courtauld Institutes* 7 (1944): 65 - 81.

Wilde, Johannes *Italian Drawings in the Department of Prints and Drawings in the British Museum. Vol. 4, Michelangelo and His Studio*. London: British Museum, 1953.

Wilde, Johannes. "Michelangelo's Designs for the Medici Tombs." *Journal of the Warburg and Courtauld Institutes* 18 (1955): 54 - 66

Wilde, Juhannes. *Michelangelo: Six Lectures*. Ed. Michael Hirst and John Shearman. Oxford: Clarendon Press; New York: Oxford University Press, 1978.

Wind, Edgars. *The Religious Symbolism of Michelangelo: The Sistine Ceiling*. Ed. Elizabeth Sears. With essays by John W. O'Malley and Sears. Oxford, UK: Oxford University Press, 2000.

Wittkower, Rudolf. "Michelangelo's Biblioteca Laurentiana." In *Idea and Image: Studies in the Italian Renaissance*. Ed. Margo Wittkower. New York: Thames and Hudson, 1978, pp. 11 - 72.

法文、德文和意大利文
米开朗琪罗的著作

Die Briefe des Michelagniolo Buonarroti. Trans. Karl Frey. Berlin: Julius Bard, 1914.

Il carteggio di Michelangelo. Ed. Giovanni Poggi, Paola Barocchi, and Renzo Ristori. 5 vols. Florence: Sansoni, 1965–83.

Il carteggio indiretto di Michelangelo. Ed. Paola Barocchi, Kathleen Loach Bramante, and Renzo Ristori. 5 vols. Florence: Sansoni, 1988–97.

I contratti di Michelangelo. Ed. Lucilla Bardeschi Ciulich. Florence: Sclete, 2005.

Die Dichtungen des Michelagniolo Buonarroti. Ed. Karl Frey. Berlin: G. Grote, 1897.

Le lettere di Michelangelo Buonarroti, pubblicate coi ricordi ed i contratti artistici. Ed. Gaetano Milanesi. Florence: F. le Monnier, 1875.

Michelangelo: Gedichte und Briefe. . . . Ed. Romano A. Guardini. Trans. by Hans Grasberger, Hermann Grimm, Guardini, Sophie Hasenclever, and Bettina Jacobson. Berlin: Pan–Verlag, 1907.

Michelangelo: Lebensberichte, Briefe, *Gespräche*, Gedichte. Ed. and trans. Hannelise Hinderberger. Zurich: Manesse Verlag, 1985.

Michelangelo: Le rime. Ed. Ausonio Dobelli. Milan: Signorelli, 1933.

L'oeuvre littéraire de Michel–Ange d'après les archives Buonarroti. . . . Trans. Augustin Boyer d'Agen. 4th ed. Paris: Librairie Delagrave, 1925.

Poèmes. Ed. and trans. Pierre Leyris. Paris: Mazarine, 1983 (in French and Italian).

I ricordi di Michelangelo. Ed. Lucilla Bardeschi Ciulich and Paola Barocchi. Florence: Sansoni, 1970.

Rime. Ed. Enzo Noè Girardi. Scrittori d'Italia 217. Bari: Laterza, 1960.

Rime. Introduction by Giovanni Testori. Milan: Biblioteca Universale Rizzoli, 1988.

Rime di Michelangelo Buonarroti, pittore, scultore, e architetto. Ed. Cesare Guasti. Florence: F. le Monnier, 1863.

Rime e lettere di Michelangelo. Ed. Paola Mastrocola. Turin: Unione Tipografico–Editrice Torinese, 1992.

传记

Blanc, Alexandre Auguste Philippe Charles, Eugène Guillaume, Paul Mantz, Charles Garnier, A. Mézières, Anatole de Montaiglon, Georges Duplessis, and Louis Gonse. *L'oeuvre et la vie de Michel-Ange: Dessinateur, sculpteur, peintre, architecte, et poète.* Paris: Gazette des Beaux–Arts, 1876.

Condivi, Ascanio. *Vita di Michelagnolo Buonarroti.* Ed. Giovanni Nencioni. Florence: Studio per Edizione Scelte, 1998.

Condivi, Ascanio. *Vita di Michelagnolo Buonarroti raccolta per Ascanio Condivi da la Ripa Transone.* 1st ed. Rome: Antonio Blado, 1553.

Forcellino, Antonio. *Michelangelo: Una vita inquieta*. Rome: GLF Editori Laterza, 2005.

Frey, Karl. *Michelagniolo Buonarroti: Sein Leben und seine Werke. Vol. 1, Michelagniolos Jugendjahre*. Berlin: Verlag von Karl Curtius, 1907.

Gotti, Aurelio. *Vita di Michelangelo Buonarroti con l'aiuto di nuovi documenti*. 2 vols. Florence, 1875.

Hauchecorne, L'Abbé. *Vie de Michel-Ange Buonarroti, peintre, sculpteur, et architecte de Florence*. Paris: Chez L. Cellot, 1783.

Lang, Jack, and Colin Lemoine. *Michel-Ange*. Paris: Fayard, 2012.

Marnat, Marcel. *Michel-Ange: Une vie*. Paris: Gallimard, 1974.

Reinhardt, Volker. *Der Göttliche: Das Leben des Michelangelo*. Munich: C. H. Beck, 2010.

Rolland, Romain. *Vie de Michel-Ange*. 4th ed. Paris: Libraire Hachette, 1913.

Varchi, Benedetto. *Orazione funebre, fatta e recitata da lui pubblicamente nell'essequie di Michelangelo Buonarroti in Firenze, nella Chiesa di San Lorenzo*. Florence: Giunti, 1564. Facsimile ed. Florence: Giunti Barbèra, 1975.

Vasari, Giorgio. *La vita di Michelangelo nelle redazioni del 1550 e del 1568*. Ed. Paola Barocchi. 5 vols. Milan: Riccardo Ricciardi, 1962.

Vasari, Giorgio. *Le vite de' piu eccellenti architetti, pittori et scultori italiani, da Cimabue insino a' tempi nostri*. Ed. Luciano Bellosi and Aldo Rossi. Turin: G. Einaudi, 1986.

与米开朗琪罗有关的著作

Argan, Giulio Carlo, and Bruno Contardi. *Michelangelo architetto*. Milan: Electa, 1990.

Baldini, Umberto. *L'opera completa di Michelangelo scultore*. Milan: Rizzoli Editore, 1973.

Bardeschi Ciulich, Lucilla. *Costanza ed evoluzione nella scritture di Michelangelo*. Florence: Cantini, 1989. Exhibition catalog.

Bardeschi Ciulich, Lucilla, ed. *Michelangelo: Grafia e biografia*. Milan: Biblioteca di via Senato, 2000. Exhibition catalog.

Barrochi, Paola, ed. *Il giardino di San Marco: Maestri e compagni del giovane Michelangelo*. Cinisello Balsamo, Italy: Silvana, 1992. Exhibition catalog.

Barocchi, Paola. *Michelangelo e la sua scuola*. 3 vols. Florence: Olschki, 1962-64.

Barsella, Susanna. "Michelangelo: Le rime dell'arto." *Letteratura e arte* 1 (2003): 213-25.

Berti, Luciano, Alessandro Cecchi, and Antonio Natali. *Michelangelo: I disegni di Casa Buonarroti*. Florence: Cantini Edizioni d'Arte, 1985.

Binni, Walter. *Michelangelo scrittore*. Rome: Edizioni dell'Ateneo, 1965.

Brinkmann, A. E. *Michelangelo: Zeichnungen*. Munich: R. Piper, 1925.

Chiarini, Marco, Alan P. Darr, and Cristina Giannini, eds. *L'ombra del genio: Michelangelo e l'arte a Firenze, 1537-1631*. Milan: Skira, 2002. Exhibition catalog.

Colonna, Vittoria. *Carteggio di Vittoria Colonna, marchese di Pescara*. Edited by Ermanno Ferrero and

Giuseppe Müller. Florence: Ermanno Loescher, 1889.

Colonna, Vittoria. *Le rime di Vittoria Colonna corrette su i testi. . . .* Edited by Pietro Ercole Visconti. Rome: Tipografia Salviucci, 1840.

d'Ancona, Paolo, Anelia Pinna, and Ida Cardellini Signorini. *Michelangelo: Architettura, pittura, scultura.* Milan: Bramante Editrice, 1964.

de Angelis d'Ossat, Guglielmo, and Carlo Pietrangeli. *Il Campidoglio di Michelangelo.* Milan: Silvana, 1965.

Direzione Generale dei Monumenti, Musei e Gallerie Pontificie, Vatican City. *Michelangelo: Michelangelo e la Sistina: La tecnica, il restauro, il mito.* Rome: Fratelli Polombi Editore, 1990. Exhibition catalog.

Dussler, Luitpold. *Die Zeichnungen des Michelangelo: Kritischer Katalog.* Berlin: Gebrüder Mann, 1959.

Echinger–Maurach, Claudia. *Michelangelos "Grabmal" für Papst Julius II.* Munich: Hirmer Verlag, 2008.

Echinger–Maurach, Claudia. *Studien zu Michelangelos Juliusgrabmal.* 2 vols. Hildesheim: G. Olms, 1991.

Echinger–Maurach, Claudia, Achim Gnann, and Joachim Poeschke, eds. *Michelangelo als Zeichner: Akten des Internationalen Kolloquiums Wien, Albertina–Museum, 19. - 20. November 2010.* Münster: Rhema, 2013.

Einem, Herbert von. *Michelangelo: Bildhauer, Maler, Baumeister.* Berlin: Mann, 1973.

Elam, Caroline, ed. *Michelangelo e il disegno di architettura.* Venice: Marsilio Editore, 2006. Exhibition catalog.

Fedi, Roberto. "'L'imagine vera': Vittoria Colonna, Michelangelo, e un'idea di canzoniere." *MLN* [Modern Language Notes] 107, no. 1 (January 1992): 46 - 73.

Frey, Karl. *Die Handzeichnungen des Michelangelo Buonarroti.* Potsdam: Kiepenheuer, 1923.

Frey, Karl. *Michelagniolo: Quellen und Forschungen zu Geschichte und Kunst.* Berlin: K. Curtis, 1907.

Frey, Karl, ed. *Sammlung ausgewählter Briefe an Michelangelo Buonarroti.* Berlin: Verlag von Karl Siegismund, 1899.

Frommel, Christòph. "Capella Iulia: Die Grabkapelle Papst Julius II in Neu–St. Peter." In *Zeitschrift für Kunstgeschichte* 40 (1977): 26 - 62.

Frommel, Christoph. *Michelangelo und Tomasso dei Cavalieri.* 2nd ed. Amsterdam: Castrum Peregrini Presse, 1979.

Giannotti, Donato. *Dialoghi di Donato Giannotti, de' giorni che Dante consumò nel cercare l'inferno e 'l purgatorio.* Edited by Deoclecio Redig de Campos. Florence: Sansoni, 1939.

Girardi, Enzo Noè. *Studi sulle rime di Michelangiolo.* Milan: L'Eroica, 1964.

Haussherr, Reiner. *Michelangelos Kruzifixus für Vittoria Colonna: Bemerkungen zu Ikonographie und theologischer Deutung.* Opladen, Germany: Westdeutscher Verlag, 1971.

Hirst, Michael. "I disegni di Michelangelo per la Battaglia di Cascina (ca. 1504)." In *Tecnica e stile: Esempi di pittura murale del Rinascimento italiano.* Ed. Eve Borsook and Fiorella Superbi Gioffredi. Vol. 1. Milan: Silvana, 1986, pp. 43 - 58.

Hirst, Michael. *Michel-Ange: Dessinateur.* Trans. Marie-Geneviève de la Coste-Messelière. Paris:

Éditions de la Réunion des Musées Nationaux; Milan: Olivetti, 1989. Exhibition catalog.

Hollanda, Francisco de. *Dialoghi romani con Michelangelo*. Trans. Laura Marchiori. Milan: Rizzoli Editore, 1964.

Joannides, Paul. "À propos d'une sanguine nouvellement attribuée à Michel-Ange: La connaissance des dessins de l'artiste en France au XVIe siècle." *Revue du Louvre, Revue des Musées de France* 43, no. 3 (1994): 15‑29.

Joannides, Paul. *Inventaire général des dessins italiens*. Vol. 6, Michel-Ange, élèves et copistes. Paris: Musée du Louvre, Cabinet des Dessins, 2003.

Joannides, Paul. *Michel-Ange, élèves et copistes*. Paris: Réunion des Musées Nationaux, 2003. Exhibition catalog.

Mancinelli, Fabrizio, and Anna Maria de Strobel. *Michelangelo: Le lunette e le vele della Cappella Sistina: Liber generationis di Jesu Christi*. Rome: Leonardo-De Luca, 1992.

Mann, Thomas. "Die erotik Michelangelos." In *Altes und Neues: Kleine Prosa aus fünf Jahrzehnten*. Frankfurt am Main: S. Fischer, 1953.

Mariani, Valerio. *Poesia di Michelangelo*. Rome: Fratelli Palombi, 1941.

Masson, Michel. *La Chapelle Sixtine: La voie nue*. Paris: Cerf, 2004.

Maurer, Golo. *Michelangelo: Die Architekturzeichnungen: Entwurfsprozess und Planungspraxis*. Regensburg: Schnell und Steiner, 2004.

Millon, Henry A., and Craig Hugh Smyth. *Michelangelo architetto: La faciata di San Lorenzo e la cupola di San Pietro*. Milan: Olivetti, 1988. Exhibition catalog.

Mondzain, Marie-José. *Michel-Ange, la voûte de la Chapelle Sixtine*. Paris: Passage, 2006.

Montale, Eugenio. *Michelangelo poeta*. Ed. Armando Brissoni. Bologna: M. Boni, 1976.

Mussolin, Mauro, and Clara Altavista. *Michelangelo architetto a Roma: Disegni dalla Casa Buonarroti di Firenze*. Cinisello Balsamo, Italy: Silvana, 2009. Exhibition catalog.

Panofsky, Erwin. *Die Gestaltungsprincipien Michelangelos, besonders in ihrem Verhältnis zu denen Raffaels*. Edited by Gerda Panofsky-Soergel. Berlin: Walter de Gruyter, 2014.

Parronchi, Alessandro. *Opere giovanili di Michelangelo*. 6 vols. Studi: Accademia Toscana di Scienze e Lettere la Colombaria. Florence: L. S. Olschki, 1968‑2003.

Perrig, Alexander. *Michelangelo-Studien*. Vol. 1, Michelangelo und die Zeichnungswissenschaft: Ein methodologischer Versuch. Frankfurt am Main: H. Lang, 1976, pp. 144‑200.

Poggetto, Paolo dal. *I disegni murali di Michelangiolo e della sua scuola nella Sagrestia nuova di San Lorenzo*. Florence: Centro Di, 1979.

Portoghesi, Paolo, and Bruno Zevi, eds. *Michelangiolo architetto*. 3 vols. Turin: Einaudi, 1964.

Quasimodo, Salvatore, and Ettore Camesasca. *L'opera completa di Michelangelo pittore*. 1st ed. Milan Rizzoli, 1966.

Rabbi-Bernard, Chiara, ed. *L'anatomie chez Michel-Ange: De la réalité à l'idéalité*. Paris: Hermann, 2003.

Ragionieri, Pina, ed. *Vittoria Colonna e Michelangelo*. Florence: Mandragora, 2005. Exhibition catalog.

Rapetti, Caterina. *Michelangelo, Carrara e i maestri di cavar marmi*. Quaderni dell'Istituto di Storia della

Cultura Materiale 1. Florence: All'Insegna del Giglio, 2001.

Rohlmann, Michael, and Andreas Thielmann, eds. *Michelangelo: Neue Beiträge: Akten des Michelangelo-Kolloquiums veranstaltet vom Kunsthistorischen Institut der Universität zu Köln im Italienischen Kulturinstitut Köln, 7. - 8. November 1996.* Munich: Deutscher Kunstverlag, 2000.

Rosenberg, Raphael. *Beschreibungen und Nachzeichnungen der Skulpturen Michelangelos.* Munich: Deutscher Kunstverlag, 2000.

Ruschi, Pietro, ed. *Michelangelo architetto a San Lorenzo: Quattro problemi aperti.* Florence: Mandragola, 2007.

Salvini, Roberto. *Michelangelo.* 1st ed. Milan: A. Mondadori, 1977.

Satzinger, Georg. "Michelangelos Grabmal Julius II. in S. Pietro in Vincoli." *Zeitschrift für Kunstgeschichte* 64, no. 2 (2001): 177 - 222.

Sonnabend, Martin. *Michelangelo: Zeichnungen und Zuschreibungen: Eine Ausstellung des Städel Museums, Frankfurt am Main.* Frankfurt am Main: Städel Museum, 2009 (in German and English).

Spini, Giorgio. "Politicità di Michelangelo." *In Atti del Convegno di studi Michelangioleschi, Firenze - Roma, 1964.* Rome: Edizioni dell'Ateneo, 1966, pp. 110 - 70.

Steinmann, Ernst, ed. *Michelangelo im Spiegel seiner Zeit.* Leipzig: Buchdr. Poeschel und Trepte, 1930.

Théberge, Pierre, and Denise L. Bissonnette, eds. *Le génie du sculpteur dans l'oeuvre de Michel-Ange.* Translated by Mouna Banna et al. Montreal: Montreal Museum of Fine Arts, 1992. Exhibition catalog.

Thode, Henry. *Michelangelo: Kritische Untersuchungen über seine Werke. . . .* 3 vols. Berlin: G. Grote, 1908 - 13.

Tolnay, Charles de. *Corpus dei disegni di Michelangelo.* 4 vols. Novara: Istituto Geografico de Agostini, 1975 - 80.

Tolnay, Charles de. *Disegni di Michelangelo nelle collezioni italiani.* Florence: Centro Di, 1975. Exhibition catalog.

Tolnay, Charles de. *Michel-Ange.* Paris: Pierre Tisné, 1951.

Tolnay, Charles de, Martin Gosebruch, and Luitpold Dussler. *Michelangelo Buonarroti: Persönlichkeit und Werk.* Würzberg: Leonhardt, 1964.

Vecchi, Pierluigi de. "Studi sulla poesia di Michelangelo." *Giornale storico della letteratura italiana* 140, fasc. 429 (1963): 30 - 66; fasc. 431 (1963): 364 - 402.

Weil-Garris Brandt, Kathleen, and Cristina Acidini Luchinat, eds. *Giovinezza di Michelangelo.* Florence: Artificio Skira, 1999. Exhibition catalog.

Weil-Garris Brandt, Kathleen, Gianluigi Colalucci, and Fabrizio Mancinelli, eds. *Michelangelo, la Cappella Sistina: Documentazione e interpretazioni.* 3 vols. Novara: Istituto Geografico de Agostini, 1994.

图片来源

Vatican, Sistine Chapel. © 2015. Photo Scala, Florence: 67，75，85，229（下图），232

Medici Chapels, Florence. © 2015. Photo Scala, Florence, courtesy of the Ministero Beni e Att.
    Culturali:101，151（上图），162（下图），171，173，174，188（下图）

British Library, London. © 2015. British Library board/Robana/Scala, Florence. Images taken from
    Autograph Letters from Michelangelo Buonarroti to His Father:145. Images taken from Autograph
    Letters from Michelangelo Buonarroti to His Nephew: 293，314，333

Royal Collection, Windsor. Royal Collection Trust / © Her Majesty Queen Elizabeth II 2015:221

St. Peter's Basilica, Rome. © 2015. White Images / Scala, Florence: p. 258

St. Peter's Basilica, Vatican. © 2015. Photo Scala, Florence:401

San Pietro in Vincoli, Rome. © 2015. Photo Scala, Florence, courtesy of the Ministero Beni e Att.
    Culturali: 244，253

Paul V's Chapel, Vatican. © 2015. Photo Scala, Florence: 265，267

Teyelers Museum, Haarlem, The Netherlands © 2015: 336

Biblioteca Laurenziana (Laurentian Library), Florence, © 2015. Photo Scala, Florence, courtesy of the
    Ministero Beni e Att. Culturali:373

Museo dell'Opera del Duomo, Florence. © 2015. Photo Scala, Florence: 409

Castello Sforzesco, Milan. © 2015. Photo Scala, Florence: 415

米开朗琪罗手稿：
文艺复兴大师的素描、书信、
诗歌及建筑设计手稿

〔美〕卡罗琳·沃恩 编
文心 译

图书在版编目（CIP）数据

米开朗琪罗手稿：文艺复兴大师的素描、书信、诗
歌及建筑设计手稿 / （美）卡罗琳·沃恩编；文心译
. – 北京：北京联合出版公司，2018.1
ISBN 978-7-5596-1302-8

Ⅰ . ①米… Ⅱ . ①卡… ②文… Ⅲ . ①米开朗琪罗
(Michelangelo, Buonarroti 1475-1564) － 文集 Ⅳ .
① K835.465.72-53

中国版本图书馆 CIP 数据核字 (2017) 第 285952 号

Michelangelo's Notebooks:The
Poetry,Letters,and Art of the
Great Master

Edited by Carolyn Vaughan

Copyright © 2016 Black Dog & Leventhal
Publishers
This edition published by arrangement with
Black Dog & Leventhal Publishers, New York,
New York, USA. All rights reserved.
Simplified Chinese edition copyright © 2018
United Sky(Beijing) New Media Co., Ltd.

北京市版权局著作权合同登记号 图字：01-2017-8571 号

策　划	联合天际
责任编辑	熊　娟
特约编辑	徐立子
美术编辑	王颖会
封面设计	@broussaille 私制

未读
UnRead
—
艺术家

出　版	北京联合出版公司 北京市西城区德外大街 83 号楼 9 层　100088
发　行	北京联合天畅发行公司
印　刷	北京联兴盛业印刷股份有限公司
经　销	新华书店
字　数	300 千字
开　本	710 毫米 × 1000 毫米 1/16　28 印张
版　次	2018 年 2 月第 1 版　2018 年 2 月第 1 次印刷
I S B N	978-7-5596-1302-8
定　价	128.00 元

关注未读好书

未读 CLUB
会员服务平台